SOUL DUST
The Magic of Consciousness

ソウルダスト
〈意識〉という魅惑の幻想

ニコラス・ハンフリー＝著
柴田裕之＝訳

紀伊國屋書店

ソウルダスト――〈意識〉という魅惑の幻想

Nicholas Humphrey

Soul Dust

The Magic of Consciousness

English version was published by Princeton University Press, 2011

真理は日の光さながら、外からどのように触れようと、汚すことはできない。
とはいえ、真理の誕生には、ある不運がつきまとう。
すなわち、庶子同様、真理をこの世にもたらした者はけっして不名誉を免れえない。
だがいずれ、真理の母ではなく、その産婆たる時がこの幼子を洗い、
塩で清め、嫡子であると宣言する日が来る。

——ジョン・ミルトン『離婚の教理と規律』(一六四三年)より

●――本文中の（　）、［　］は著者による注、〔　〕は訳者による注とする。
●――*1は著者による注で、原注として巻末に付す。
●――『　』で括った書名については、邦題がないもののみ原題を初出時に併記する。

招待の口上
Invitation

数年前、『赤を見る――感覚の進化と意識の存在理由』という短い本を出したところ、思いのほか好評で、同業の専門家にさえ高く評価してもらえた。[*1] 思いのほか、というのは、「意識研究」として知られるようになったこの分野の学者は、たいてい互いの考えをはねつけるものだからだ。心理学者のウォルター・ミッシェルは皮肉たっぷりに言っている。「心理学者は他人の説を歯ブラシのように扱う。自尊心を持ち合わせている人間なら、他人のものなど使う気になれない」。[*2] 哲学者はそれに輪をかけて気難しいことが多い。

私がいちばん気に入ったのは、「アメリカン・ジャーナル・オブ・サイコロジー」誌の書評だ。「評者は、本書には少なくとも三度目を通した。そのたびに新たな解釈が得られた。最初に読み終えたときには、『まさか、著者は本気ではないだろう！』と思った。だが、二度目には確信に変わった。『いやいや、本気で書いているんだ』。そして三度目は、最も得るところが大きかったのだが、『これは参った。著者の言うとおりらしい』と思った」。[*3] とはいえ、『赤を見る』の論評にはほぼ例外なく駄目を出された。意識の問題が本当に解決されたと認めてくれる人は誰もいなかった。たとえばスティーヴン・プールは「ガーディアン」紙にこう書いている。「だが、例の『難問』は彼の主張の片隅に押し込まれて、相変わらず残っている。進化の一段階で、感覚のフィードバック・シグナルが脳のなかで『私秘化』し、『自らに関するもの』となった。するとどうだろう。反射性が、そしてそこから意識が生まれ出てくる。とはいえ、物質と思考の間には依然として、議論の余地のあるギャップが残っている。そうでなければ、本書は驚天動地の一冊となるのだが、あいにく、非常に興味深いだけの本でしかない」[*4]

もちろん彼らの言うとおりだ。私はこの問題を解決していなかった。だが、故人の考えは「非常に興味深いだけ」だったなどという墓碑銘を刻まれたい者などいるだろうか？　私は挑戦状を突きつけられたように感じた。「驚天動地の一冊」の執筆に再度取り組むように、いや、ともかく、現在の行き詰まりを打開するような本の執筆に取り組むように、と。

『ソウルダスト』は『赤を見る』の最後の数ページを出発点とする。読者がこの前作を読んでくれているとはかぎらないので、本書ではその一部を必要に応じて繰り返してある。とはいえ、それを除けば、本書の内容は新しいものだ。そして、それはまたこの分野の学者たちにはほとんど検証されていないことは認めざるをえない。今回の本では、あえてやり方を変え、従来、意識についての考察の枠組みを決めていたものとは違うルールに従うことにした。そうしながら、いったいどこに行き着くのか見守っていた私は、自分が打つ手に驚かされることもあったと言える。「本気でこんなことを考えているはずがない。だが、いや、本当にそのつもりなのだ。それならば、思いきって……」。じつのところ、話が一人歩きしていったようなものだ。本書が（わざとらしいほど）発見の旅のように読めるとしたら、それはまさに、この本の執筆がそうした発見の旅だったからなのだ。

本書は真剣な科学と哲学の作品とするつもりで書いた。したがって、そのように評価されることを願っている。だが同時に、一般読者に向けて書いた(専門的な注がたっぷりついているが)。けっきょく、「一般書」を書こうとする以外になかった。意識ある人間の興味や不安全般と結びつけて考えて初めて、そもそも意識が存在する進化上の意義が見えてくるというのが、私の主張の中心になるからだ。というわけで、意識にまつわる「なぜ」という疑問の数々を論じる段になると、生や死や、存在の意義に関する問題に、自然と焦点が定まってくる。それは、普通の人間なら誰にとっても明らかに重大な問題だ(たとえ、そうした問題について気にはしていながら、それほど口に出さないことがあるとしても)。

その結果、意識的自覚や感覚の本質についてのごく基本的な疑問で始まる本書は、精神性の進化と、私が「魂の生態的地位《ニッチ》」と呼ぶものに人間が落ち着いた経緯についての本となる。私は超自然的なものをまったく信じていないが、人間の魂を、それが本来あるべきだと私が確信している場所、つまり意識研究の中心に戻しても差し支えないと思う。

本書はおなじみの人間の関心事を現に多く取り上げることになるとはいえ、気軽に読める作品だと思ってはいけない。私もそれなりの苦労はしたから、みなさんにも多少の骨折りをしてもらわなければならない。本書ではまず、意識とは何か、意識にまつわる難問がけっきょく何を意味するかについて、私なりの説明をする。つまり、どちらかというと無味乾燥な分析で始め、続いて、答えが浮かび上がってくると、推論に基づく神経科学的な探究に乗り出す。今度は無味乾燥とはおよそ言いがたいものの、依然として少しもやさしくはない。第1部では、次の段階へと読み飛ばす機会を読者に提供する。だが、意識は何のためにあるのかを問い始める第2部では、意識とは何なのかを明らかにするそれまでの努力が活きてくることを願っている。私が論じるように、意識がマジックのように不思議な「ショー」以上のものでもそれ以下のものでもないのなら、それが何のためにあるのかということにまつわる疑問は、哲学者と心理学者がこれまでずっと問い続けてきた疑問とはまったく違うものに見えてくるからだ。そして、まったく違う疑問からは、まったく違う答えが出てくる。

　私が行き着く答えは、これまで科学が示してきたものとは似ても似つかない。これ自体は、けっしてほめられたものではないことは認めざるをえない。どう考えても、科学は革命的ではなく累積的なものであってしかるべきだから。とはいえ、人間が自分の経験にまつわる謎について抱く大きな疑問に関しては、意識についての従来の研究がほとんど何の答えも出せていない事実を考えれば、私たちにおなじみの科学には、もう頼ってはいられないのかもしれない。

　物質的世界は、人間にマジックのように不思議な魂を与えてくれた。そして人間の魂はその恩に報いて、この世界に魔法をかけた。こうした驚くべき出来事を理解するために、物事を一からたどり直してみよう。

プレリュード

第1章

目が覚めるとはどういうことか

Coming-to Explained

たぶん、あなたが目を覚ましてから、まだ一日とたっていないはずだ。目が覚めたのは、今朝、日がまた昇ってまもなくのことだろう。あなたにとって、目が覚めるというのは、どのようなことだったか？　覚えているだろうか？　牛乳瓶がぶつかり合う音、シーツの感触、青い空……。あなたは目をこすり、伸びをする。すると、いつのまにか、感覚の波があなたの存在という湖を再び満たしている。あなたは主観的現在のなかに再登場する。あなたは再び、自分が生きていると感じる。

これは、なにもあなただけのことではない。きょう、この地球上で無数の人間に同じようなことが起こった。私たちの惑星は、ただの星屑の塊で、宇宙に散らばる他の小さな天体と何の変わりもないと言われている。ところが、この惑星だけが、途方もない現象の舞台となった。ここで「センシェンス〔感覚を意識すること〕」という能力が進化した。この星で意識ある自己が本領を発揮するようになった。この地球には、魂が息づいている。

意識にまつわる難問

本書で私は、センシェンスや、自己というもの、魂を持っているという自覚が何を意味するかという疑問に取り組む。その過程で、「意識にまつわる難問」に対する解答を示すつもりだ。その難問とは、たとえば人間のような、すべて物質でできている存在物が、どうしてさまざまな意識ある心の状態を経験しうるのかを説明することだ。なぜこれが難問かと言えば、そのような意識ある心の状態は、その主体である私たちには、物質だけからはけっして引き出しえない属性を持っているように思えるからだ。私たちは、他に言いようもないので、意識があるとは「何かのようなこと（it's like something）」と表現する。だが、この「何かのようなこと」という中途半端な比喩表現には問題がある。私たちにとってその「何か」にあたるものは、物質的世界にある他のどんなものとも違うように思える。いや、実際に違うのだ〔第2章にもあるように、著者によれば、「何かのようなこと」というのは、トマス・ネーゲルが、「コウモリであるとはどのようなことか」と題する有名な論文を書いて以来、英語では意識の無類の特性を指す表現として定着したそうだ。日本語ではそういうかたちで定着はしていないが、本書では便宜上、その意味合いでこの表現を採用する〕。

哲学者のなかには、この問題はあまりに難し過ぎて解決の余地がないと考えている人もいる。コリン・マッギンにしてみれば、現象的意識を脳の産物として説明しようとするのは、「ビスケットから数が」、「ルバーブ〔食用となるダイオウ属の多年草〕から倫理体系が」生まれると説明しようとする

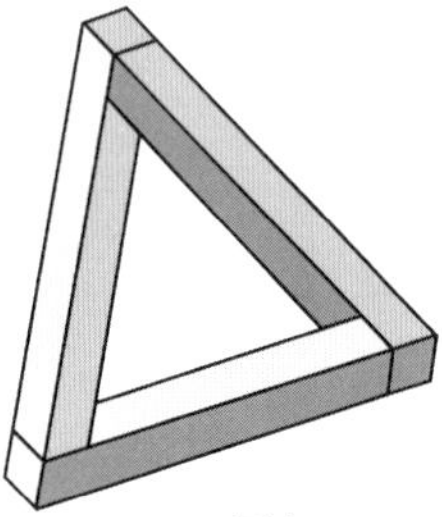

図1
ペンローズの三角形

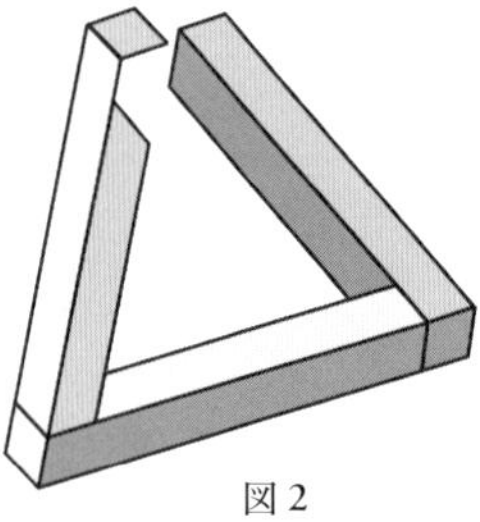

図2
グレガンドラム

ようなものだ。[*1] ジェリー・フォーダーに言わせると、「今のところ私たちには、この難問の解決策を想像することさえできない。自分たちの概念や理論を改めなければ、最終的に解決策を想像することはできないだろうが、そうした修正は、じつに深遠かつ不穏なものとなりそうだ。……この難問から解放されるには、ほとんどすべてをいったん白紙に戻す必要がありそうだ」[*2]

　私はそうは思わない。理論家たちが解決策を想像するのに苦労していることは、もちろん認める。一見すると克服不可能なこの問題には、私も誰劣らず舌を巻いている。だが、「一見」という言葉に注目してほしい。一見謎めいた不可解な特徴を持つものが、本当にそのような特徴を持っているとはかぎらない。

　不可能に見えることと不可能であることの違いを、有名な例の助けを借りて説明しよう。あなたがロジャー・ペンローズの「ありえない三角形」［図1］にそっくりな木製の物体に出くわしたとしよう。たしかに、物理的にありえないように見えるはずだ。とはいえ、それがどんなふうに見えるかということだけに基づいて、物理学の本をすべて捨て、自分の知識のいっさいと縁を切るべきだなどと言う人はいないだろう。みなさんは当然、それが目の錯覚であることに、ほどなく気づく。はたして、視点を変えることさえできれば、自分が現に目にしているのが、図2に示したような変わった物体であることがわかるはずだ。これは心理学者のリチャード・グレゴリーが巧妙に作り上げた物体で、特定の角度から眺めると、ありえない三角形であるような印象を生み出す。この物体には名前があってしかるべきだ。私は「グレガンドラム」と呼ぶことにする。グレゴリーにも許しをもらった[*3]〔「グレガンドラム」とは、「グレゴリー」という名前と、「難問」を表す「コナンドラム（conundrum）」という英単語を合わせたもの〕。

もしみなさんが、実験台の上にグレガンドラムが転がっているところを目にしたら、その機能を知らないかぎり、それが何か面白いことのカギを握っているとはけっして思わないだろう。それ自体は、少しも見栄えがしない。ペンローズの三角形ほど完璧なものが、ここまで醜いかたちで説明できるなどと、誰が思ったことだろう。だが、シャーロック・ホームズがワトソン医師に言ったとおり、「不可能なものを除外したとき、最後に残ったものが、たとえどれほどありえそうになくても、真相なのだ[*4]」

意識の真相は、もし適切な視点から眺めたときには、じつは、とてもありえそうにない生物学的エンジニアリングの成果であることがわかると私は主張したい。それは、自然の見事な芸術作品で、私たちの心のなかにありとあらゆる種類の不思議な心象を生み出すが、それでいて、割合すっきり物理的に説明できる、と。ホームズはこう続ける。「彼がドアからも窓からも煙突からも入ってこなかったのはわかっている。部屋のなかに隠れていたはずがないこともわかっている。隠れ場所などないのだから。とすれば、いったいどこから入ってきたのか？」すると、ワトソンが大声で言う。「屋根の穴から入ってきたんだ」。意識の研究をする私たちの仕事は、その屋根の穴を見つけることだ。
それが簡単だとは言わない。理論家どうし、たえず話が噛み合わない分野では、まず、用語の問題がある。言葉の上で起こりそうな誤解を少しでも防ぐため、本書で扱う概念領域の私なりの解釈をおおまかに説明しておこう（この段階では、このリストにあまりこだわらないでほしい。いずれ根拠を挙げ、これらの定義をもっと詳しく説明するので）。

◎私が意識について述べるときには、たいてい「現象的意識」を意味する。

◎主体に「現象的意識がある」（あるいは単に「意識がある」）というのは、その主体であるとは何かのようなことであるという「何か」がその瞬間に存在する場合を指す。

◎主体がさまざまな感じを経験するとき、あるいは哲学者がクオリアと呼ぶものを経験するとき、「その主体であるとは何かのようなことであるという、『何か』」が生じる。

◎「クオリア」（たとえば、炎を見て感じる赤さ、蜂蜜の甘さ、蜂に刺されたときの痛み）は、感覚の特徴である。

◎こうした奇妙な特徴を持つものとして感覚を経験している、まさにそのとき、主体には「現象的意識がある」。

◎こうした特徴を「持つものとして」感覚を経験するのは、それに相当する心的表象を形成することである（ただし、「表象する」ことの意味は、のちほど定める）。

◎したがって、心の状態としての「意識」（あるいは「意識があること」）は、そのような心的表象を抱いている認知的状態である。

◎意識は、これらの表象が将来、主体が考えることやすることに影響を与える、まさにその度合いに応じて主体の人生を変えられる。

だが、私たちが真相に行き着くのを阻《はば》むのは用語だけではないかもしれない。私たち自身が意識の主体であるために持ち込む、根深い先入観の数々もあるだろう。もちろん私たちは、自らの特権的な地位から身を引くことはできないが、少なくとも、その地位がなかったらどうなるか、想像してみることぐらいはできる。そのために、第三者にこの問題を預けることで、本書の探究を始めたい。意識が私たちのためにしていることについて、私たち自身よりも距離を置いて客観的に眺められる人に。

●——アンドロメダからの訪問者

それでは、今朝の時点に戻ろう。ただし今度は、文明が高度に発達したアンドロメダ銀河からやってきた一人の科学者が、数百キロメートル上空で地球を周回しているところを想像してほしい。彼女が地球上の生命を調査するために来たのはこれが初めてだ（「彼女」と呼ぶのは、アンドロメダ人はとうの昔に男性をお払い箱にしているだろうと思うからだ）。

彼女は地表の昼夜の境界がよく見える位置に宇宙船を落ち着け、その境目のいたるところで、生き物たちが夜の昏睡から覚める様子を観察する。鳥がさえずり始め、蝶が飛び立ち、猿が樹上の寝床を離れ、人間は階下に降りて朝のコーヒーを淹れている。

彼女はこの壮大な覚醒の光景を眺め、わけ知り顔でうなずく。彼女はもちろん気づいたのだ。これらの地球の生き物が内蔵するソフトウェアを動かす中央処理装置が、エネルギーを節約し、システムのメンテナンスを行なうために、夜の間はスリープモードになっていたことに。そして今、日が差して、明るく暖かくなり、生活を営むための課題を再開する時が来た。彼女は科学者だから、このあとがじつに楽しみだ。この生き物たちのなかに降り立ち、脳や行動を調べ、その仕組みを解き明かしたら、どんなに面白いだろう。哲学者の端くれになったところさえ頭に浮かべ、いつの日か、『目が覚めるとはどういうことか』という本を書くことを想像する。

彼女は科学的方法に全幅の信頼を置いているが、それも当然だ。これまで彼女やその仲間が宇宙のどこで科学的方法を適用したときにも、自然現象の謎が明らかになったのだから。地球に住むこれらの生き物についても、何ら違いはないし、少しも難しいことはないだろうと彼女は考える。

だが、はたして彼女は正しいのか？　意識はどうなのか？　自分が調べているこれらの生き物の少なくとも一部の暮らしには、特別な扱いをすべきものがあること、彼らが「目を覚ます」ときには、彼らの頭のなかで明かりが灯るようなものであることに、このアンドロメダからの訪問者が思い至る可能性はあるのだろうか？　彼女は外側から眺めるしかないとすれば、それにまったく気づかず、意識が存在するなどと思いもしないということはあるだろうか？[*5]

哲学的ゾンビ人間

私たちは、このアンドロメダの科学者自身は現象的意識が得られるような回路を頭のなかに持っていないと仮定するべきだろう。そうしないと、他の生き物が意識を持つことを彼女が発見したと主張しても、それは評価のしようがなくなる（彼女は自分自身の場合をもとに、類推して物を言っているだけかもしれないからだ。たとえば、あなたや私が、犬は私たちと同じように痛みを感じるに違いないと主張するようなものだ）。

現象的意識がないせいで、彼女が哲学的な問題や科学的な問題をどう考えるかに影響が出るかもしれないし、出ないかもしれない（これについては、本書も終わりに来るころには、判断を下しやすくなっているだろう）。だが、そのせいで彼女の知能（「人工知能」と呼ぶといいかもしれない。彼女は一種のロボットかもしれないから）や科学研究の技能が制約されると考える理由は今のところない。むしろ、彼女はずばぬけた分析能力を持っているとしよう。そして他の面でも、これ以上望みようのないほど科学的に優れているとしよう。彼女は、地球の生き物が自然のなかで見せる振る舞いの綿密な行動学的調査をし、このフィールドワークを受けて、研究室でいくらでも実験を行なえる。必要な研究機器は何でも揃っている。この地上では誰も夢にさえ見たこともないほど高度なスキャナー、撮像装置、計算機……。思う存分、針で突いたり刺したり、聴診器を当てたり、問いただしたりできる。お望みとあれば、地球の生き物たちの体をばらばらにし、仕組みを調べることもできる（アンドロメダの倫理委員会は、エイリアンの生体解剖には異存がない）。それから故郷に帰り、コンピューターで理論的シミュレーションをし、ロボット工場で試作品を作れる。

そのとき、彼女はいったい何を発見し、何に気づかないだろう？　いくつか可能性を考えてみよう。

◎地球に棲む一部の種《しゅ》の行動を説明するには、非常に特殊な心的状態の存在を仮定しなければならなくなり、彼女は驚く。それは、他に類のない風変わりな質的属性を持っており、それがどのようなことであるかという、まさにそのことのために、それらの生き物の生き方を変えている。

◎彼女は、現象的意識の外からも窺《うかが》える、顕在化した行動を眺めているだけでは、そのような特別な心的状態の存在を推論することはできないかもしれないが、それでも、地球の生き物の脳内で情報が流れる様子を細かく調べれば、そのような状態が存在することに気づき、どんな種類の私秘的な（つまり、現象的意識の外からは窺い知れない）心的表象が生み出されているか、想像がつく。

◎それ以上のことさえ可能だ。彼女は意識ある状態を発見するだけでなく、行動観察あるいは脳スキャンによって、特定の状態の主体であるとはどのようなことかを完全に記述できる。一個体の状態を別の個体の状態と比較できるところまでさえ行くかもしれない。その結果、たとえば、別の主体どうしが赤という感覚を同じように経験しているかどうかがわかる。

◎あるいは、こうしたことは何一つできないかもしれない。

さて、あいにくこの地球では、答えは最後の可能性しかないと考えている意識の研究者が大勢いる。過半数さえ占めるかもしれない。彼らの見るところ、この訪問者は自由になる科学的手段のどれを使っても、意識については何一つ発見できない。それは、厄介ではあるものの動かしがたい事実があるからだ。すなわち、意識は主観的にあれほど重要でありながら、物理的な特徴を持たず、姿を見せることがないという事実だ。

たとえば、心理学者のジェフリー・グレイは次のように書いている。「行動と生理機能、そしてそれらの進化、また、複雑な形態の行動を実行する自動機械の製作の可能性について、これまでに知られていることをもってすると、意識が存在するという仮説は、私たち自身の経験中の一データとして副次的に出てくるのでなければ、けっして生まれてこないことになる。また、仮に生まれたとしても、これらの領域で観察される現象の有用な説明を提供してはくれない」[*6]

これをさらに進め、哲学者のオーエン・フラナガンが「意識非本質主義」と呼んでいるものを支持する人たちもいる。これは、「いかなる知的活動（I）が、いかなる認知的領域（d）で行なわれようと、たとえ私たちが意識をもってIを行なおうと、Iは原理上、意識を伴わなくても行なえるという見方」[*7]だ。だから、ジョン・サールによれば、「二つの異なる系で同一の行動が起こりうる」そうだ――「一方は意識的な系、もう一方はまったく無意識の系で」[*8]。普通の人間と物理的には同一で、どこから見ても普通の人間のように見えるし、またそのように行動もするが、現象的意識を持たない――「内側が真っ暗な」――「哲学的ゾンビ人間」さえ存在しうるとデイヴィッド・チャーマーズは言っている[*9]。だとすれば、もしあなたか私がそのような哲学的ゾンビに通りで出会っても、違いに気づかないだろうし、気づくこともできないだろう。

たしかに、自分自身の場合には、意識が存在することを私たちの一人ひとりが確信しているはずで、したがって私たちは、他人も見るからに私たちに似ている以上、意識を持っていると解釈したくなる。だが、アンドロメダの科学者は、自分自身の体験からは意識について知らない。したがって彼女が、自分と、どれであれ自分が研究している地球の生き物との類似性に気づいたならば（この惑星の主となったらしい、あの毛のない二足動物たちは、たしかに独創的なテクノロジーを持っている！）、この点でも彼らが自分に似ていると思う可能性が高い。そして、もし意識非本質主義が正しければ、彼女は研究をしている間に、自分の意見の見直しを余儀なくされるようなことは、一つも発見しないだろう。けっきょくのところ、何か見落としたとは思わないはずだ。というわけで、アンドロメダへ戻る（そして、本を書く）――「目覚めるとはどういうことか、説明がついた」という使命の達成感に満足しながら。

私は例の難問の究明をこの訪問者の手に委ねたいと言った。「意識が私たちのためにしていることについて、私たち自身よりも距離を置いて客観的に眺められる」からだ。だが、もし本当に彼女がその立場にあるのなら、この問題は彼女の頭の片隅すらよぎらないだろう。「この難問から解放されるには、ほとんどすべてをいったん白紙に戻す必要がありそうだ」と書いたフォーダーが、このような事態を想定していたはずがないが、もし私たちが宇宙で最高の科学についていこうと望むなら、意識の概念自体と縁を切らなければならないというのが、彼の言葉から得られる教訓なのだろうか？

●――私秘的な意識

本書がここで終わらないことから考えても、私がそうは思っていないことは想像がつくだろう。意識はどれほど捉え所がなく謎めいていようと、科学的見地に立てば自然界の事実だ。そして、もし意識が自然界の明白な事実ではないとしたら、それは、これまで科学者や哲学者が証拠を探す場所を間違えていたからとしか思えない。なぜそう信じているかというと、意識には観察可能な作用がないという考え方は愚かだ（そして「哲学的ゾンビ」――物理的には意識ある人間にそっくりだが、意識を完全に欠く複製――という概念はなおさら愚かだ）と思うからだ。ただし、これは言っておく必要があるのだが、意識経験の特定の側面には観察できる作用がないと想定するのが愚かだとは思わない。というわけで、先に進む前に、意識経験が第三者にどこまで観察可能か（あるいは不可能か）考えてみたい。

もちろん、人や動物の心のなかで起こっていることが、すべて行動に現れるとはかぎらないことはわかっている。純粋に私秘的な心的状態もありうることは明らかだろう。実際、普通の心的状態はたいてい私秘的なものだ。主体以外の誰にも知られることなく起こるのだから。あなたがたった今何を考えているかは、あなたにしかわからない（そうでなければ、何を考えているか教えて、などと言う人はいない）。昨夜私が見た夢の中身は、私しか知らない（じつは私も、もう忘れてしまった）。

とはいえ、こうした状態が私秘的であるのは、条件次第だと主張できる。あなたは頼まれれば、何を考えているか私に教えることができる。夢日記をつけておけば、私は自分の夢をあなたに教えることができたはずだ。そして、たとえ言語がなくても、こうした心的状態の内容の多くを伝える方法はあるだろう。

だが、そうした内容はいわば思考であり、心の状態となると話は別のようだ。基本的な感覚経験はどうだろう？　このほうが、なおさら完全に私秘的なものに見える。どれほど努力しても、バラの香りや雪玉の冷たさを経験するのがどのようなことなのか、その内容をそっくり明かすのは難しい。一部を伝えることはたしかに可能だが、クオリア（感覚の主観的特性）はどう捉えたらいいのかわからない。

いったい何が問題なのかは、けっして明らかではない。本来、主観的属性であるクオリアには、原理上、自らを伝達不能にするようなものがあるということなのだろうか？　それとも、実際問題として、私たちには伝えるのに必要な技能が欠けているだけなのか？　私たちの心は、感覚経験の周りに一種のファイアーウォールを巡らせるようにデザインされていて、他者が私たちについて発見しうることに、適応上の限度を定めていることすらあるだろうか？

これらの可能性はどれも多少の真実を含んでいるかもしれない。だが、何が問題を引き起こしているにせよ、問題があることは、どうしても受け入れざるをえない。たとえ原理上ではないにしても、実際問題として、意識に上る感覚は、決定的に重要な点で私秘的なものであり、その感覚の主体が何を言おうと、何をしようと、それについてすべてを明かすのは不可能であることを認めざるをえない。

だが、私たちが認める必要があるのはそれだけだろう。以下の二つの、より強力な主張は、どちらも受け入れる必要はないし、また、受け入れるべきでもない。その主張とは、（1）外部の観察者は行動の研究しか許されないときには、現象的意識が存在することを感知すらできない。（2）たとえ観察者が被験者の脳への完全なアクセスを許されたとしても、中身をすべて発見することはできないだろう。

自然淘汰が目にするもの

それでは、この二つの主張を見てみよう。まず、なぜ行動のレベルを調べれば、少なくとも意識が存在することだけは明らかになると私は考えているのか？
それは究極の理由、すなわち自然淘汰の働きがあるからだ。私たちの知っている意識は地上の生き物の特徴なので、生き物の持つ他のあらゆる特徴と同様、当然、選択有利性を与えるから進化したと考えられる。意識は、生物が生き延び、子孫を残すのを、何らかのかたちで助けているに違いない。そして、もちろんそれが起こりうるのは、生き物の外部世界とのかかわり方を意識がどうにかして変える場合に限られる。

さて、こんなことがどうして起こりうるのか？　意識ある生き物は匂いが違うわけでも、外見がかわいらしいわけでもない。意識があるからといって、その分、強くなったり元気になったりすることもない。意識が生存に影響を与えられるとすれば、それは、その生き物の「心理」とでもおおざっぱに呼べそうなものを変えることによってだけだろう。言い換えれば、現象的意識を持つと、その生き物の考え方や望むもの、信じることに影響が出て、その生き物は、意識なしではしなかったような適応性のあるかたちで、この世界のなかで行動するようになる。

それが実際どんな具合になっているか、つまり、この影響がいくつかのレベルで見られ、さまざまな動物にとってさまざまな程度で重要であり、それぞれの種に特有の方向で意識の進化を推し進めてきた様子は、あとのほうの章で詳しく説明する。いずれ見るとおり、人間は「意識ある自己」について発達した感覚を持っているので、独自の部類を成すのはほぼ確実だろう。だが、さしあたって重要なのは、意識によって変化した心理が行動に与える影響（それが何であれ）を自然淘汰が「目にする」ことができるのなら、おそらく、他の外部の観察者も（目のつけ所さえ良ければ）それを目にできるだろうという点だ。そのうえ、自然淘汰が目にするものをそうした観察者が目にできるとすれば、それが持つ利点も見て取れるはずだ。そして、当然、自然淘汰がそれを優遇してきた理由も。こうして、外部の観察者は、なぜ意識が進化したかという筋書きの構築に向けて、大きく前進しているはずだ。

とはいえ、勘違いしないでほしい。意識は自然淘汰によってデザインされたのだから、そのデザインの特徴は一つ残らず外部から観察できるに違いないと言っているわけではない。ただ、そうした特徴は一つ残らず、自然淘汰が現に目にする有益な影響に寄与しているに違いないというだけだ。

この点は誤解しやすいので、はっきりさせるために、一つたとえ話をしよう。ある国の政府に幸福省という機関があったとする。幸福省の大臣は、国民全体の幸福を最大化するのが仕事だ。したがって、国民の気分を良くするようなものを常に探し求めていなくてはいけない。ある日、大臣は一群の人々がある風刺漫画を見て満面に笑みをたたえているところに出くわした。ところが、人々が眺めている絵は大臣の立っている場所からは直接見えないので、大臣には面白い理由はわからない。それでも、人々がその漫画を楽しんでいることは見て取れる。それで大臣は満足し、幸福省に帰って、同じような漫画を何枚も描かせ、その漫画を「増殖」させようと考える。さっそくそうすると、翌日、新しい漫画を見て、ますます多くの人が笑っているのが大臣の目に入る。大臣は命令を繰り返し、ほどなく、この類の漫画はいたるところで見られるようになった。この漫画のスタイルは今や、幸福省のデザインの看板のようなものだ。だが、これまでずっと、大臣自身はそれがどんな漫画なのか知る必要がなかったことに注意してほしい。それらの漫画が実在し、面白いものである証拠さえ目にできればよかったのだ。

つまり、自然淘汰も同様に、意識の主体にとって意識経験が実際にはどのようなことかを知る必要はまったくなかったということだ。自然淘汰は、意識経験が実在することを知り、それが何らかのかたちで生の質を高める証拠を目にできるだけでよかった。だとすれば、感覚の詳細な現象的内容が行動に明白に表れることは金輪際なかった可能性がある。いや、おそらくなかったのだろう。というわけで、きょう、アンドロメダからやってきた科学者は、外部からの観察に頼っているかぎり、意識の真相を発見する道のなかばまでしか到達できない。一部の生き物には特別な内的状態が存在すること、そしてその内的状態が、何であれ彼らの行動から窺えるかたちで、彼らが首尾良く生きるのを助けていることは必ず感知できるはずだが、おそらくそれが限度だ。[*10]

●——科学理論があれば記述できる

だが、もしアンドロメダの科学者に、彼らの頭のなかを探ることが可能だとしたらどうだろう？　行動のレベルにとどまらず、脳活動のレベルまで調べられる観察者なら、知るべきことをすべて発見できる。なぜ私はそう思っているのか？

理由は単純で、あらゆる科学の根底には、物質的原因なしには、面白いことは何一つ起こらないという基本原理があるからだ。ようするに、奇跡は起こらない。人間の心のなかで意識経験が生じるとき、それは脳のなかで起こるさまざまな出来事の結果だ。さらに、そうした出来事が（一つ残らず）起こった場合、結果としてその人は意識を持つことにならざるをえない（だからこそ、哲学的ゾンビという発想はナンセンスなのだ）。そこで、科学者が頭のなかに入り込み、こうした決定的に重要な出来事を観察できたら、原理上、それがもたらす結果を推論できるはずだ。ただし、脳の状態を経験と結びつける理論を持っていればの話だが。そのような理論があれば、脳活動のレベルの記述から経験のレベルの記述に移行できる。

これはどんな種類の理論だろう？　哲学者のダン・ロイドはこう書いている。「必要なのは明快な理論だ。いったんそれを手に入れたら、このように作られたものなら何であれ、このような特定の意識経験を持つだろうとわかる、そういう理論だ」[*11]。これは、水の属性を説明することにたとえられる。科学者は、バケツに入った化学組成がH_2Oの分子の群れは、室温のときに「水」として知られている物質の物理的属性（流動性や透明性など）を持つと推論できる。なぜなら彼らは、物理化学の法則を理解しており、化学的に記述した水が物理的に記述した水に相当する理由を説明する理論を持っているからだ。

それならば、神経現象学とでも呼べるものの法則についても科学者が同じように理解していて、神経科学的に記述した脳の活動が、経験に基づいて記述した心的活動に相当する理由を説明する理論を持っていれば、たとえば、脳が特定の状態にある人は、これこれのことを考えていると推論できると期待するのは、理にかなっている。[*12]

心と脳の関係を研究している人の間では、心的状態は脳のなかの情報の流れのパターンで決まるということで意見がほぼ一致している。したがって、神経現象学の諸法則は基本的に、経験がどのように計算されるかについての法則と考えていいと思う。たしかに、ここ地上にいる私たち科学者は、このたった一つの洞察を持っているだけで、それらの法則が実際にはどんなものなのかを発見する段階にはほど遠い。それでも、そうした法則が存在し、いずれ見つけ出されることを疑う必要はまったくない。だから、アンドロメダの科学者の話を続けるために、アンドロメダにいる理論家たちは地球の理論家たちよりもはるかに進んでいるとしよう。そして、地球に送り出す仲間の任務を想定して（あるいはひょっとすると、単に面白いからという理由で）、エイリアンの脳に適用するのにふさわしい法則を、あらかじめ考え出していたとしよう。

こうして、アンドロメダの科学者は、地球に暮らす生き物の脳の活動を経験的な見地から解釈するのに必要な理論的手段を用意してやってきたことにする。彼女には何がわかるだろう？　前に述べたことから考えると、彼女は純粋な行動観察に基づいて、研究対象にしている地球の生き物の一部（とりわけ、人間）のなかに、自らの生の捉え方に影響を与えている特別な内的状態が存在すると、すでに結論していると考えていいだろう。ただし、その状態の詳細な内容は、この時点では彼女には謎だ。だが、今や脳の研究を始めたので、彼女は例の理論の助けを借り、あなたと私にはすっかりおなじみの、奇妙で素晴らしい現象的内容を伴うまさにその経験をこれらの主体がしていると推論できるだろう。

「これはびっくり！　こんなことがあるなんて！」と彼女は言うかもしれない。なにしろ、クオリアの存在を推論したのだから。彼女はいわば、地球の人々の微笑みの裏にある内輪のジョークの完全な説明に行き着いたわけだ。

●――「何かのようなこと」

私の話についてこられただろうか？　それとも、まんまとはぐらかされたと思っているだろうか？

つい先ほど、経験の「記述」さえ推論できればいいかのように述べたことだし。アンドロメダの科学者（彼女自身は意識がないことを思い出してほしい）は、意識が本当にどんなものか突き止めたというのは正確なのだろうか？　それとも、意識の淡い影を見つけただけなのか？　意識に上る感覚を持っている人の脳を調べたときに、このアンドロメダの科学者は、その人の経験が実際にどういうものなのかを推論できるかどうかこそが、肝心の問題だとあなたは主張するかもしれない。その人の経験がどういうものかという説明が導き出せただけなのではないか（そして、その説明を「現象学的説明」と呼ぶのははぐらかしにすぎない）と。

だが、違う。私はあなたをはぐらかしたりはしなかった。そうではなく、そのような異議を唱えるのなら、あなたは自分自身をはぐらかしたのだと、私は言いたい。あなたは、主体が意識経験だと思うもの、すなわち意識経験から主体が作り出す心的表象とは別個に、何か意識経験の実体というものが存在するという、魅惑的な考えの罠にはまってしまったのだ。だが、その考えは間違っている。もし、今それがわからなければ、おいおい納得してもらえればと願っている。ここで少し予告をしておこう。すぐ次の章では、本書の冒頭で中途半端な表現と私が呼んだ「何かのようなこと」という言葉は、けっきょくそれほど悪い表現ではなかったと主張するつもりだ。なぜなら、つまるところ、主体が「何かのようなこと」という感覚経験をするのは、経験の対象を、とても奇妙な特徴を持った何かのようなことであるかのように表象することにほかならないからだ。ようするに、主体が「何かのような」感覚経験をするのはまさに、その感覚をそれに似たようなものとして経験することなのだ。

　哲学者のジョン・サール（意識という問題に関して、私は彼とはほとんど意見が合わない）は、次のように書いたとき、この点をしっかり捉えていた。「まさしく意識経験をしているかのように思えるとしたら、私は意識経験をしているのだ[*13]」。そのとおり。「サールにはまさしく～のように思えている」というのは、「サールによってまさしく～として心的に表象されている」ことしか意味しえない。

　ここから何がわかるだろうか？　心的表象は原理の上で、いつも何らかの顕在化した媒体で記述あるいは再表象が可能なので（そうでなければ表象とは言えない）、私秘的な経験は事実上、伝達不能な側面を伴うことについて前に述べた事柄はあるにせよ、意識があるとはどのようなことなのかを記述するのは原理の上では可能なはずだ。

　今のところ私たち人間が、それを満足に記述する方法を知らないことは、否定のしようがない。

私たちは記述のための理論も言語も持ち合わせていない。だが、それは絶対的な制約ではなく、アンドロメダではすでに克服されており、ここ地球でもいずれ克服されると考えるべきだろう。

最終的な理論で重要な役割を演じる意識経験の現象学的記述には、おそらくこれまでにない語彙が必要で、新しい文法さえ求められるかもしれないことは認めざるをえないだろう。[*14] だが、あまり心配してはいけない。まして、それを理由にして諦めるなどもってのほかだ。科学者が新しい概念的言語を手に入れ、それでようやく先に進めたという事例は、科学の歴史には以前にもあった。最初はその新しい言語に誰もがぎこちない思いをし、信じられない気持さえ抱きはするが、それでもやがて慣れる。たとえば、数学がマイナス1の平方根のような「複素数」や、どんな自然数よりも大きい「超限数」と折り合いをつける羽目になったときのことを考えてほしい。あるいは、物理学者が相対性理論を受け入れなくてはならなくなったときのことを。

将来、意識経験の記述をするためには、今日の私たちの標準的な思考法とは相容れない概念がほぼ確実に必要とされる。意識があるとは「何かのようなこと」と言うときに起こる問題は、それが似ている「何か」が、この物質的世界の何物とも似ているようには見えない、いや、実際、似ていない点にあることは、本章の始めにすでに述べた。「厚みのある時間」に存在するものとして「主観的現在」を現象的に経験するというのは（それについては以前、説明を試みたし[*15]、まもなくそこに立ち戻ることにする）、まさにそのような、どう見ても必要不可欠でありながら意味を成さないように思える概念なのかもしれない。

それはともかく、外部の観察者の話を続けることにしよう。アンドロメダの科学者たちは神経現象学の法則を識別する能力に関して、私たちのはるか先を行っていると仮定した。この仮定には、彼らが意識経験を記述するのにふさわしい深遠な言語をすでに開発済みであるという仮定が、当然含まれている（アンドロメダ人は、それまで人間のような生き物には一度も出会ったことがないので、それを応用する機会をまったく持ちえなかったはずだから、この言語の開発はいわば「投機的な」ものだったに違いないが）。[16] つまり私たちは、アンドロメダからの訪問者が、私たちにとって意識があるとはどういうことかを記述するための手段を持っていると仮定しているわけだ。地球人は現在、そのような手段を持っていないのだが。

とはいえ私は、それを絶対的な障害にはしたくない。多くの哲学者がするだろうように、意識は本質的にいわく言いがたいと主張したら、人間の創意工夫の才を見くびることになる。のちほど本書で見るように、人間には、哲学者や科学者が私たちに思い込ませたがっているよりも、意識があるとはどういうことかを顕在化したかたちで表現する能力があるかもしれない。ただしそのときに、科学ではなく芸術の言語を使うという「ごまかし」をするのだが。それは、いずれわかる。[17]

探究の方針

じつに軽い調子で始まったこの導入の章も、だいぶ重苦しくなってきた。このあたりで、まとめにかかろう。できれば、また軽いかたちで。

意識の本質という例の難問を理解する取り組みのために、私はアンドロメダの科学者に助けてもらいたかった。彼女の視点からこの問題を眺めれば、私たち自身による探究に役立つ指針が得られるかもしれないと期待したからだ。私たちと彼女の間にどんな違いがあるにせよ、宇宙のどこで行なわれようと科学は科学だと私は考えている。はるか彼方の銀河からやってきた研究者にとって証拠や結論となるものは、地上の私たちにとってもやはり証拠や結論となるはずだ。だから私は先ほど、アンドロメダ人が意識について何を発見し、何に気づかないだろうかと尋ねた。人間が持てる能力を最大限に発揮したとき、アンドロメダ人に発見できることは私たちにも発見しうると考えていいだろう。

その結果は、こうなる。

私たちは、一部の生き物に意識が存在するという重要な手掛かりをアンドロメダの科学者が行動のレベルで発見できることを立証した。最低限でも彼女は、意識が有益な影響をあれこれ及ぼしていることを発見する。それは、自然淘汰が進化の過程を通じて取捨選択の対象としてきた影響だ。彼女は意識が存在することと、より広い見地から、意識が何のためにあるかを発見する。

とはいえ、彼女が外部にとどまるかぎり、意識の内容の深い理解にはおそらく至れないだろう。なぜなら、主体にとってそれがどのようなことなのかという、その肝心の特徴が、通常の状況では、隠れていて外から見えないだろうからだ。そうした特徴が最終的には有益な影響の原因なのだが。

もっと詳しく知るためには、彼女は内部に入り込まなければならない。神経科学の分野で持てる技術を総動員してそれを行なえば、彼女は実際、意識があるとはどのようなことかにまつわる事柄をすべて発見しうる。ただし、それには理論がいる。そして、この神経現象学的理論は斬新で非凡なものでなくてはならない。それは（一部の哲学者、とくにコリン・マッギンが言うように[*18]）、私たち人間がけっして理解しえない理論ではないが、理解するためには、もうひと仕事しなくてはいけない。

それではここで、その仕事と本書の手順を示しておこう。私が計画しているのは、アンドロメダの科学者の探究を、自分なりのやり方でなぞることだ。とはいえ、そもそも私は彼女ほど賢くないし、また、探究の対象となる現象の生きた実例だから、私の戦略的目標は少し違ってくる。

アンドロメダでは、物質が原理上どのように意識を生み出しうるかという難問を解決するための理論的手段を科学者たちがすでに開発しているだろうと私は述べた。彼らが現実に意識の実例に出会ったことは一度もないとしても、だ。それとは対照的に、私たち人間は意識が現に存在することを知っているものの、今のところ意識についての理論は持っていない。というわけで、本書の第一の課題として、意識とは何か、意識は脳とどう関係しているかについて、妥当に思える理論の、せめて取りかかりぐらいは見つけなくてはいけない。そのために、このあとの数章で、感覚を経験するのは「何かのようなこと」であるというのがどういう意味かについて、根本的に新しい説明を提唱する。私は、主体が「何かのようなこと」として表象する脳のなかのものがいったい何かについて考えを示し、意識のない動物のなかに、その生物学的起源をたどる。

アンドロメダの科学者は、意識ある生き物の世界はまったく未経験だったので、私秘的レベルでも顕在化したレベルでも意識がどんな違いをもたらしているのか、当初は想像もつかなかったはずだと、私は仮定した。意識からどんな恩恵が（仮に、何か恩恵があればだが）得られるかについては、なおさらだろう。一方、私たちは、意識が自分たちの私秘的生活にどんな違いをもたらしているかについてはたっぷり知っているが、それが顕在化した利益にどうつながるかは、まったく理解できていない。そこで本書の第二の課題は、既知の事柄に基づき、意識を持つことで人々の心理が（そして、ひょっとしたら、他の意識ある動物たちの心理も）どう変わり、それが最終的に生存の機会をどのように増すかを解明することだ。

あなたはここまで読んできて、本書がむやみに科学万能主義的なものになるのではないかと不安を覚えているかもしれない。だが、心配は無用だ。たしかに、ひと仕事しなければならないし、可能なら、科学を正しく理解しなければならない。とはいえ本書は、心が魂の無数のまばゆいかけらを周りじゅうのものに振りまくさまを象徴する『ソウルダスト』というタイトルになっているし、実際それに恥じない内容となる。この先まだ難解な哲学的分析も出てくるが、本書は意識が世界を輝かせているというおとぎ話――科学に基づいたおとぎ話――で終わるのだから。

第1部

第2章

「何かのよう」であるということ

Being “Like Something”

というわけで、私たちは理論を手に入れたい。意識があるとはどういうことか、その状態が脳内の神経細胞の活動からどのように起こりうるかについての理論を。まったく、考えただけで頭がくらくらする！　ルネ・デカルトは四〇〇年前、人間の心がそれ自体の経験の本質について考えることの難しさを、こう表現している。「まるで、深い渦巻きのなかに思いがけず落ちてすっかり翻弄され、水の底に立つことも、泳いで水面に出ることもできないかのようだ」*1

足場を確保するためには、何かが必要だ。何か、独創的で斬新な発想がほしい。だが、どこで探せばいいだろう？　私たちが使う言語から始めたいと言ったら、あなたはがっかりするかもしれない。そのアプローチならもう二〇世紀の哲学者たちが徹底的に検討してみたはずで、それでも科学の重要な問題は何一つ解決できなかったのに、と思うかもしれない。たしかにルートヴィヒ・ウィトゲンシュタインのおかげで、意識にかかる霧がいくらか晴れた。彼が著書『哲学探究』のなかで示したとおり、私たちは心的状態についてどう語るかによって道を誤り、本当は存在しないような難問や謎を生み出しうる。だが、彼の分析は、何が現に存在するかを理解する上では、まったく役に立たなかったのではないか？

そう、まったく役に立たなかった。とはいえ、それは過去の話だ。あれから半世紀が過ぎた今、意識研究の時代精神《ツァイトガイスト》はずいぶん変わった。クオリアの問題が意識にまつわる難問と見なされるようになったために、検討に値する疑問が変わってしまったのだ。[*2] 金《きん》の価格が上昇すれば、とうの昔に掘り尽くしたはずの鉱脈も、掘り返す価値が出てくることがある。

◉――プラトンの洞窟

「何かのようなこと」。意識があることの本質を指すときに初めてこの言い回しが使われるようになったのはいつなのか、私は知らない（少なくとも、英語圏では）。だが、一九七四年にトマス・ネーゲルが「コウモリであるとはどのようなことか」という有名な論文を書いたときには、すっかり定着していた。その論文のなかでネーゲルは、何かのようであることは意識の典型的な属性であると、（前章で私がしたように）さらっと主張した。「基本的に生き物は、その生き物であるのと似たようなことが何か――その生き物にとって何か似たことが――存在する場合、その場合にのみ、意識ある心的状態を持つ」[*3]。ネーゲルは、自分の言わんとすることを読者が当然理解するものと思っていた。そして実際、読者は理解したようだ。その後、哲学の文献でも一般の文献でもこのような表現の仕方が広まった事実を考えると、これは、意識があるとはどういうことかについて人々が当事者として理解している内容とじつに相性が良かったのだろう。

それは、いったいどうしてなのか？　語句は言語のなかでどう使われるかによって意味を獲得するのだから、意識との絡みで「何かのような」という語句は、おそらく他の文脈での用法と何か共通点を持っているに違いない。それなら、普通の英語に手掛かりを求められるだろうか？

さて、「XはYのようなこと／もの」（たとえば、「このワインはボージョレーのようなもの」）と他の文脈で言う場合には、私たちの見るところ、XはYに似ている、つまりXはYと何らかの顕著な属性を共有することをほぼ確実に意味する。だが、それ以上のことも意味する。考えてほしい。Xが現にYであるときには、「XはYのようなこと／ものだ」とはけっして言わない。したがって、「XはYのようなこと／ものだ」と言うときには、XはYと特定の属性を共有してはいるものの、（今のところ私たちの知るかぎりでは）他の属性をすべて共有してはいない。少なくともその特定の属性を共有しているから、XはYと他の属性をすべて共有している可能性があると示唆したいことも、たしかにあるだろう。とはいえ、共有しているかどうかについて、多少なりとも不確実さがあることは否めない。Xが本当にYなのかどうかは、未確認のはずだ。「このワインはボージョレーのようなもので、実際、ボージョレーなのかもしれないが、じつはキャンティである可能性もないとは言えない」というふうに。

というわけで、「誰かが感覚を経験するとは、何かのようなことだ」と私たちが言うときには、まさにこういう具合に、主体が自分の感覚を、文字どおり何かにたとえていることを意味するとしよう。そこから、意識について何がわかるだろう？

感覚を経験していることを本人が意識するためには、その経験の対象を、何か特別で特徴的な種類の属性を持ったものとして表象することが不可欠なのは、前の章ですでに述べた。だが、これは話をかなり先まで進めることになる。感覚を経験していることを本人が意識するためには、経験の対象を、それとは違うかもしれないもの（本人にはまだ、同一だと確認できているはずのないもの）であるかのように表象する必要があるということになるからだ。

この本人というのが、あなただったとしよう。[*4] すると、たとえばあなたが「私にとって、赤い色を目にするとは、何かのようなこと」と言うとき、厳密に言えば、あなたの感覚は仮想の存在だと示唆していることになる。実際、この見方に沿うとすれば、もう一歩進めて、私はこう考える。あなたは、その感覚が本来、仮想のものであると示唆しているのだ。なぜなら、この場合を現象学的に考えれば、この表象の、「あたかも〜のような」という未確認の特性は、単なる一時的な、あるいは矯正可能な状態ではないように思えるからだ。赤い色を目にするのは何かのようなことと言うとき、あなたはその感覚が本当にその仮想のものなのかどうか、まもなくわかるという可能性を認めていない。あなたはけっして次のようには言わないだろう。「この赤という感覚は単にこれに似ているだけだと思っていたが、本当はこれだった」

そんなふうに言うことはない。感覚は常に、「あたかも〜のような」ものであるようだ。この点で、感覚が何かのようであることは、ワインが何かのようであることとは違う。ワインの場合、「ボージョレーのようなもの」と言うときには、それが本当にボージョレーなのか、それともキャンティなのかは突き止めうることを前提としている。ところが感覚の場合、「私にとって、赤い色を目にするとは何かのようなこと」と言うときには、そんな前提はない。赤いという感覚にまつわる真相が何であれ、主体であるあなた本人には突き止めようがない。それが似ているものがそれそのものかどうかは、何の助けを借りても結論が出せない。

だが、これは驚くべきことだ。Xが本当にYかどうかについて、自分の意見を変えるような証拠は原理上は絶対に手に入れようがないにもかかわらず、Xについて、Yに似ていると言うのが理にかなっているように思えるとは、いったいどうなっているのだろう？

そう言っても差し支えないかもしれない状況は、私には一つしか思いつかない。それは、物事を検証できる普通の世界に属する存在としては、Yが存在しないし、また、存在しえないとわかっているときだろう。だがYは、あなたが直接アクセスできない、異なる規則の支配する別の世界には存在するかもしれない。じつは、普通の世界ではXはそのような別世界が存在する証拠なのだ。

こんなたとえを考えてほしい。あなたは壁の方を向いている。あなたのずっと後ろでは火が赤々と燃えていて、その光によって、あなたの後ろを通過するさまざまな物の影が壁に投じられる。あなたには、そうした影がどんなふうに見えるだろう？「この影はショッピングカートのようだ」。「これは鳥のようだ」。だが、あなたは向きを変えて、物が通過している三次元の世界に直接入ることができないので、本物が、影が似ているものかどうかは確かめられない。

私が今、紹介したのは、（あなたも私同様、驚いているかもしれないが、なんと）プラトンの有名な洞窟の話だ。プラトンは『国家』のなかでこの比喩を使い、人間には間接的・部分的にしか知りえない超越的な存在（「純粋なイデア」あるいは「実体」）が属している世界があるかもしれないことを説明している。本書の考察が、これほど早くプラトンの形而上学に行き着くとは思っていなかった。だが、現に行き着いた以上、画家のブリジット・ライリーの意味深長な言葉を引くことにしよう。視覚的感覚について書いているときに、彼女はこう述べている。「私たちの誰もが、色を何かとして経験する。つまり、私たちは、実体という装いをまとったものとして色を目にする」[*5]。「実体」という言葉を使ったのは、つまり、私たちが実際に感覚を、より高いレベルの現実になぞらえると、彼女が信じているからなのだろうか？ 現象的なものは超越的なのだろうか？「～のよう」という表現を使うときには、そういうことを意味しているのだろうか？

まあ、ひょっとすると、そんなところなのかもしれない。そのうちはっきりしてくるといいのだが。とりあえず、今はこの考え方をもう少し検討してみよう。最初からあまり明快さを求めないで。仮にこの考え方どおりだとするなら、それはいったいどんな超越的／現象的世界なのか？ 洞窟のたとえをたどっていくと、まず、こう思える。それは、記述するのに新奇な次元が少なくとも一つ余計に必要な世界でなくてはならないのではないか（それが物理的な次元なのか概念的な次元なのかは、やがてわかる）？ だが、そんな世界のありようは？ そのような世界は、現実に存在しなくてはならないのだろうか？

たいていの人にとって、「意識の実在論」はきっと抗《あらが》いがたいものだろう。感覚は間違いなく存在する。そして、感覚は現象的な世界の存在物のようなものだ。したがって、現象的な世界はおそらく実体のある存在に違いないのだろう。だが、一般の人がたいていそう考えているかもしれないとはいえ、理論家までそう考えなくてはならないかどうかは、まったく別の話だ。どうやらこの別世界のものは、とても風変わりな属性を持っているし、そうしたものが存在することを個別に確認することはできないので、何らかの想像の産物――現実のものでは断じてなく、幻想――である可能性を、ぜひとも真剣に検討すべきだ。つまり、ライリーが見事に言い表したように、感覚は、実体という装いをまとったものとして、その姿を見せているだけなのかもしれない。

ところがこれは、さらに驚くべき事柄を示唆している。もし、感覚の現象的属性が幻想なら、これは単なる幸運どころの話ではない。意識経験は、あまりに素晴らしく、完璧ですらあるため、偶然でき上がったとはとうてい思えない。その背後には何らかの手順があったに違いないことは明らかだろう。端的に言えば、現象的存在が実在するとあなたに信じ込ませた証拠は、仕組まれたものに違いないということだ。私たちは、いわば「劇的トリック」に対処することになったわけだ。

●――アッラーに似たものなどない

ここでひと息ついて、おさらいをしてみよう。私たちは「意識があるとは何かのようなこと」という言い回しの検討から始めて、途方もない可能性を一つ、いや、二つ提起した。第一に、主体の視点に立つと、意識は「あたかも〜のような」という存在物に満ちた超越的な世界への入口である可能性。第二に、理論という見地に立つと、意識は一種の幻想の産物であり、見せかけにすぎないという可能性。

これが私たちの必要とする独創的で斬新な発想なのか？　意識は内なる劇場で演じられるプラトン流の影絵芝居で、魂を感心させるためのものなのだろうか？　そう考えると、私たちは興味深い新たな領域に足を踏み入れることは確実だ。そして、例の難問が単に扱いづらいだけではなく、見事なまでに扱いづらい理由の説明になっているかもしれない。

哲学者のナティカ・ニュートンはこう言っている。「現象的意識はそれ自体、独自の存在だ。それに少しでも似たものなど何一つない」[*6]。コーランには、アッラーについて次のように書かれている。「［アッラーは］天地の創造者……アッラーに似たものなどない」[*7]。話が謎めいてくると、謎めいたことが起こる。クオリアのマジックじみた属性が、突如としてもはやそれほど問題にならなくなるようだ。[*8]　マジックショーにマジックは付き物なのだから。

だが、それはまだ先の話だ。意識の科学的理論の基盤としてこの考えに満足できる当面の理由は、この考えのおかげで、意識という現象全般の脳における基盤について考え始められる点にある。もし感覚が現実離れした属性を本当に持っているとすれば、理論の探求が厄介なことになるのは間違いない。だが、感覚があたかも現実離れしたかのような属性を持っているにすぎないのなら、話はまったく別だ。

図3

グレガンドラム

ここで、プラトンの洞窟をもっとありきたりのたとえに変えてみよう。例のモデルに立ち戻りたい。第1章の冒頭で紹介した「本物の、ありえない三角形」に(最初のころからこれが私の頭にあったことには、あなたも気づいているかもしれない)。思考の流れをどちらに向けるべきか、だんだんはっきりしてきたようだ。

図3に示したように、あなたがこの木製の物体グレガンドラムに出くわした場面をもう一度考えてみよう。ただし、今回は議論を進めるために、あなたには図中の観察者Aの位置に立ってもらう。そこから見ると、グレガンドラムの上端が重なり、ぴったりくっついているように見える。

すでに述べたように、あなたが観察者Bの位置に移りさえすれば、状況は違って見えるはずだ。だが、今回は仕掛けを施しておき、あなたが動くと、グレガンドラムも目に見えない手によって向きを変えられ、常にあなたに対して同じ向きを保つようになっているとしよう（鏡を覗き込むと、そこに映ったあなたの目が常に見詰め返してくるようなものだ）。

この場合、その物体はあなたにはどんなものに見えるだろうか？　おそらく、ありえない物体に見えるだろう。あなたは心のなかで、それをありえない物体として表象する。自分が知覚しているものを他の人に説明するように頼まれたら、ここに来て、自分と同じ位置から眺めてみるように言い、実物を示すことで定義に代えようと思うことが十分考えられる。だが、他人にはそうすることができないとしたら、しかたがないから、あなたは言葉で語ることもできる。自分が知覚している物体を、自分に見えるとおりに描写できる。

ここでは、私がかわりにやってみよう（16ページの図1に戻ってもらってもかまわない。そちらのほうが大きいから）。「私が目にしているのは、切れ目のない三角形の物体で、断面が正方形で長さが同じ三本の棒でできている。棒はお互いに直角になるようにつながっている。まず、左下の角で縦の棒の下端が右に向かう棒の左端上部と直角につながっている。右に向かう棒の先端は、縦の棒とは九〇度ずれた角度で左上に向かう棒の下端手前側とつながっている。上の角では、右下から伸びている棒の先端が、縦の棒の上端右側とつながっている」

ここまでの説明は正確そのもののはずだ。個々の部分を見ると、この物体はたしかにこのように知覚できる。ところが、あなたはそんなふうにこの物体を知覚していながら、全体としては、このような三角形は普通の世界には存在しえないことも十分承知している。したがって、あなたはこうつけ加えるだろう。「私が目にしているのは、(a) 物理学の規則が当てはまらない世界が存在するという証拠か、(b) 何らかのトリックだ」。ところが、正気の人間なら、説明のしようがない木製の物体を目の当たりにしたからというだけで、非物理的世界が存在すると断定したりしないから、「すべてを考え合わせると、これはトリックに違いない」[*9]と結論する。

では、これは感覚とクオリアの謎と、どんな関係があるのか？ 私はこう言いたい。あなたが感覚を持っているときに置かれている状態のロジックは、グレガンドラムと出くわしたときの状態とほとんど同じだ、と。ただし、心理的な影響は二つの重要な面で異なる。

たとえば、あなたが熟れたトマトを眺めると、目に届く赤い光に反応して脳のなかで何かが起こり、あなたはそれを、赤の感覚として経験する。あなたは観察者Aのように、この脳の活動に対して特別の視点を持っていると、私たちは言うことができる。その経験の主体という特権的な地位にあるときにだけ、脳の活動は意識に上る感覚という印象を与える。外部の観察者は、仮にこの脳の活動を観察できたとしても、観察者Bと同じで、そうした印象はけっして得られない。

それでは、その感覚はあなたにはどんなふうに感じられるだろう？ あなたは、「赤」の現象的な特性を持っているものとしてそれを経験する。この特性は、奇妙な話だが、どういうわけかこの世界のものではない。そしてまた、あなたはそれをそうしたものとして心のなかに表象する。もし他人に説明するように頼まれたら、三角形の場合と同じで、あなたはまず、その人に自らそれを経験することでその不思議さを共有してもらおうと思うだろう。だが、そうしてもらうことができないとすれば、三角形とは話が違ってくる。なぜなら、簡単に描写できないからだ。それどころか、完全に言葉に詰まってしまうだろう。

それでは、最初の違いは何か？　感覚の現象的特性を他人に伝えることはほぼ不可能だ。どこが不可能なのか言うことすらできそうにない。もちろん、人はこれまで、自分の経験を言葉で（あるいは絵や音楽で）表そうとしてきた。意識がどのようなものかを捉え、伝えようとする大胆な試みの数々については、いずれ紹介する機会があるだろう。

画家のヴァシリー・カンディンスキーは、キャンバスがお好みの媒体で、それに絵を描いて意識を讃美してきた。彼は感覚についてこう述べている。「色は魂を直接揺さぶる力だ。色は鍵盤、目はハンマー、魂はたくさんの弦を張ったピアノである」[*10]。あなたにとって、これが当たっているように思えるかもしれないし、そうは思えないかもしれない。とはいえ、カンディンスキーの言葉は、この現象の壮麗さと謎を少なくとも示唆している。

それでは、この「魂を揺さぶる」という形容の語句に、他にはなかなか表現しにくい描写の代役を務めさせよう。そうすれば、魂を揺さぶるものとして、あなたは感覚を経験することになる。ただし、魂を揺さぶることは、物質的世界が持つと考えられるどんな特性とも一致しない。そこで、今度もまたふた通りの解釈ができる。「私が経験しているのは、(a)何か別の、超越的で、魂を揺さぶるような現実がある証拠か、(b)何らかの幻想だ」

だが、ここに二つ目の決定的に重要な違いがある。なぜなら、こと感覚に関しては、正気の人間でも、説明できない存在を目の当たりにしたというだけで、非物理的な世界が存在すると進んで断定することが多いようだからだ。「すべてを考え合わせると、私は天国に片足を踏み入れているらしい」。もちろん、これは言い過ぎだ。だが、それほど大げさでもない。あとのほうの章で意識の心理的影響を探究するときに、自己像がどれほど変化しうるかわかるだろう。

少し先走り過ぎてしまった。今の段階で言いたいのは、感覚を何かのようなものとして表象するのと、グレガンドラムを何かのようなものとして表象することの間には、形式上の類似性があるようだということだ。これらの表象をどう解釈するかは大局的に見てたしかに異なるとはいえ、経験のロジックそのものは同じだ。

志向性、イプサンドラム

それでは、ここから次にどこを目指せばいいのか？　哲学には「志向性」という用語があり、これが役に立つかもしれない。哲学者は、私たちが何かの心的表象を形成するとき（たとえば、この世界にあるXという物体を心のなかでYという物体として表象するとき）はいつも、この表象行為は一つの「志向的状態」だと言う。「志向的」という言葉によって捉えようとしているのは、表象とは、何かについてのものであり、それはYを指し示しているということだ（もともとラテン語では「〜に狙いをつける」ことを「intendere」と言う〔英語で「志向性」は「intentionality」、「志向的」は「intentional」〕）。さらに詳しく言えば、表象として形成されている物体Yは「志向的対象」であり、その表象を生み出した物体Xは、「現実世界にある源」となる。

実際には、XとYが同じものだということもある。たとえば、目を使えば、物理的対象を、物理学者が道具を使って出す結論とほぼ同じものとして知覚できるかもしれない。たとえば、クリケットのボールを、赤い革製のボールとして。その場合、実世界の源と志向的解釈の間の区別が消える。だが、XとYがまったく別のものだということがよくある。あなたは物理学者が言うもの以上、あるいは、それ以外のものとして物理的対象を知覚しうる。一枚の紙切れが一ドル札に見えたり、雲の模様が猫の顔に見えたり、ベッドルームに山積みになっている古い服が死んだおじいさんの幽霊に見えたりすることがある。

それならば、グレガンドラムはどうだろう？　これはもちろん、とりわけ興味深くて意味深長な事例だ。特定の位置からグレガンドラムを眺めると、あなたが知覚する物体（ありえない三角形）は、あなたの知覚の志向的対象となる。一方、あなたが本当に眺めているもの（あなたを欺《あざむ》くように作られた木製の物体）は、現実世界にある源だ。次に、特定の位置以外のどんな位置から眺めてみても、あなたが知覚する物体（物理的にあるがままの、奇妙な物体）が志向的対象となる。そして、今度はこれが現に現実世界にある源でもある。というわけで、図3に描かれた状態に立ち戻れば、観察者Aにとって志向的対象と実世界の源は互いに似ても似つかないが、観察者Bにとっては合致していることがわかる。

では、意識がそれと同じ種類の幻想だとしたらどうだろう？　意識の場合にも、志向的対象と実世界の源とを区別すべきということではないだろうか？　そのとおりだ。それなら、そうしてみようではないか。

ある感覚を持っているとき、それがたとえば、あなたにとって赤い色を目にするのが何かに似たことならば、赤い色を目にするのと似た、その謎めいたものが「意識の志向的対象」だ。それならば、その志向的対象には、実世界の源がなくてはならない。それは、意識ある主体としての特別な位置からあなたが関与し、現象的属性を持つものとして表象する、脳内の何らかの物理的活動だ。だが、前と同様、これが偶然の出来事ではないと推定すれば、この脳の活動は、一種の「感覚的なグレガンドラム」、つまり、意識という幻想を生み出す、まさにその目的のために創られたものにほかならないはずだ。

この素晴らしいものはいったい何で、どこにあるのだろう？　じつは、数段落前に、すでになかばそれを識別しかけた。「たとえば、あなたが熟れたトマトを眺めると、目に届く赤い光に反応して脳のなかで何かが起こり、あなたはそれを、赤の感覚として経験する」。だが、「何かが起こる」というのはあまりに曖昧過ぎるし、「目に届く赤い光に反応して」というのも同じだ。感覚は、当然、明らかに感覚的な特性を持っているから、問題となっている脳の活動は、たいてい感覚器官への刺激に対するある種の反応と推定して差し支えないだろう。だが、感覚は次章で見るように、個人的で感情に満ちたものでなければ意味がない。したがって、感覚的なグレガンドラムを形成する脳の活動は、あなたの体の表面に到達する刺激があなたにとって意味するものへの反応としてあなたが創り出すものに違いないだろう。しかし、そうなると様相がかなり変わってくる。こうした素晴らしい深遠な属性をあなたが帰するものは、じつはあなた自身の創造物であり、あなたがやっていることとなる。たとえば、もしあなたが奇術師に騙されているのなら、それは外部の動作主、たとえばリチャード・グレゴリーが自分の研究室で策を弄しているのではなく、あなたのどこか一部がやっているのだ。感覚的なグレガンドラムは、じつはイプサンドラム（「自己」を表すラテン語の「ipse」から）〔「ipse」と「難問」を表す「コナンドラム」という英単語を合わせたもの〕にほかならない。

感覚刺激に対する反応として誕生し、幻想を生み出すこの仮定上の内的創造物のことを、今後、「イプサンドラム」と呼ぶことにする。珍妙な単語だが、不満はない。なにしろイプサンドラム自体が珍妙なものなのだから。

●――意識というマジックショー

こんなところだろう。私たちは、感覚の意識があるのが「何かのようなこと」とはどういうことかについての理論がほしかった。そして、今やそれが手に入った。意識はあなたが自分のために用意した、ミステリアスなマジックショーだ。あなたは感覚的インプットに反応して、個人的反応として、イプサンドラムという一見すると別世界のものを創り出す。そしてそれをあなたのなかの劇場で、自分自身に提示する。あなたはいわばロイヤルボックスからそれを眺め、気がつくと別世界へといざなわれている。

いわゆる「デカルトの劇場《カルテジアン》」があるという考え方を、近年、哲学者たちが嘲《あざけ》っていることは承知している。カルテジアン劇場というのは、脳が外の世界の心象を生み出して心を啓発する場だ。批判派の筆頭であるダニエル・デネットは、こう書いている。「カルテジアン劇場という説得力あるイメージは、その幽霊のような二元論が弾劾され追い払われたあとでさえ、しつこく戻ってきては、素人と科学者の別なく私たちにつきまとう」[*11]。脳の一部が世界の忠実な複製を生み出して、脳の別の部分に見させるような場所が頭のなかにありうるという考え方（別の部分が見て生み出した複製は、今度はどの部分が眺めるのだろう？）をデネットが退けたのは、もちろん正しい。だが、「劇場」という言葉は哲学の文献に入り込んだにもかかわらず、これでは使い方が良くないし、私が今、提示している種類の劇場では断じてない。

複製は劇場の役目ではない。劇場は出し物を舞台に乗せ、何らかのかたちで世界について意見を述べる場、観客を教育し、説得し、楽しませる場だ。この意味で、脳の一部が劇場のショーを舞台に乗せ、脳の別の部分の判断に影響を与えるという考え方は、申し分なく理にかなっている。それどころか、これから見ていくように、生物学的にも理にかなっている。[*12]

第3章 私秘化した反応

Sentition

意識とは、心のための自作のエンターテインメントなのか？　人生に対するあなたの展望を劇的に変え、どれほど間接的にであれ、それによってあなたの遺伝子を広めるのを助けるのだろうか？

私はこの理論に希望を持っていると言ってもいいだろう。適切に肉付けさえすればいい。だが、まだこの段階では、誰もがこれは名案だと納得してくれるとは思っていない。あなたが疑問を抱くのは当然で、その理由の一つはこういうものだ。今のところこの理論は、「その現象を救う」ことを唯一の目的として考案されたように見える（「その現象を救う」というのは、目の前にある事実、すなわち、感覚を持っているときに置かれている内的状態について、私たちが語ったり暗示したりする興味深い事柄に対して、もっともな説明を提供すること）。それが本物の理論であると信じるに足るだけの、補助的な理由が欠けているのだ。[*1]

たとえ私たちの理論にはこれ、つまり現象を救うことが精一杯だとしても、それは大きな前進だろう。なぜなら、ここまでできる理論は他にないからだ。私は、さらに一歩進めてこう言いたい。

この理論に沿って人間型ロボットを作り、自己発生的な幻想の感覚的物体（イプサンドラム）が提示されるように、それ専用に設計した内部劇場を備えれば、そのロボットは、現象的な意識を持つと言っても通用するかもしれない。自分の経験の持つ、魂を揺さぶる特性や、いわく言いがたい性質、特権的なアクセスなどについて、適切な主張をすべてするだろう。[*2] それならば、「現象的な意識を持つと言っても通用する」どころではないのではないか？　おそらく、これは本物と等しいだろう。そのようなロボットを作れば、心の科学にとっても進歩になることは間違いない。

とはいえ、私たちがそれ以上を望んでいることは承知している。私たちは、自らの理論がロボットではなく、人間やその他の意識ある生き物に、この地球上での進化の過程で当てはまることを望んでいるのだ。だとすれば、可能なら、動物の神経系の進化についてすでに知られている事柄にその理論がどう関係するかを示さなければならないことになる。意識が現れる前、動物たちはすでに、感覚刺激に対する自分自身の反応を何らかのかたちでモニターしていたと主張できれば、意識はステージショーであるというこの理論は、もっとずっと真剣に受け止められるに足ることになる。もし、こうしたモニター行為が本当にきっかけだったとすれば、「部分修正を伴う継承」という、一般に認められているダーウィン説の道筋によって、感覚が新しい、驚くべき属性を獲得したと主張するのが比較的楽になる。

これは認めざるをえないが、何がきっかけだったのか、確かなことは誰にもわからない。感覚の進化史の初期がどのようなものだったのか、経験に基づいた信頼できる説明はない。だが、近年、科学者や哲学者（私も含む）が根本原理からこの進化史を構築しようと試みている。[*3] そこで、これから私の考える進化史の概略を示そう（省略した部分は、他の文献で参照できることを保証する）。[*4]

●――センティション　私秘化した表現活動

まず、少しばかり定義と区別をしておこう。

そもそも、感覚とは何か？　現代の人間にとって、感覚は特別な現象的特徴をこれほど持っているとはいえ、依然として本質的には、目に入ってくる赤い光や、舌に触れる砂糖、肌に対する圧力など、体に触れる環境刺激との相互作用を表象する方法だ。ここで重要なことを認識しなくてはいけない。感覚は知覚とは違う。知覚とは、キッチンの椅子や庭の高い木、夜空に轟く雷鳴など、体の外にある客観的世界を表象する方法だ。一方、感覚は常に、あなたに起こっていることと、それについてどう感じるか、であり、「私の足の指に痛みがあって、不快そのものだ」「私の舌に甘い味があって、むかつく」「赤い光が私の目の前にあって、興奮する」といった具合だ。感覚を持つと、刺激にまつわる事実を表象すると同時に、その刺激について、個人の肉体的意見を表明しているかのようだ。実際、ほどなく私の分析から明らかになるように、まさにあなたはそうしているのだと思う。

さて、人間が経験する感覚は、もちろん一つの心の状態であり、物事がこのようであることを自分自身に表象する認知的状態だ。だが、歴史的に考えると、感覚はもっと単純な始まりを持っていると見ていいだろう。実際、私たちの遠い祖先は、心と呼べるようなものを持つはるか以前から、刺激に対して感覚を持ち、純粋に反射的なかたちで環境刺激に反応していたに違いない。

心を伴わない感受性が存在する証拠は依然として周りじゅうに見られるから、なおさらそう確信できる。実際、地球上でも大きな生物群の一つは、ついに心を持つに至らなかった。今日、多くの植物は、太陽の光を浴びると花弁を開いたり、捕食者に触れられると頭を垂れたり、開口部を閉じて昆虫を捕えたり、適当な相手に向かって身を傾けたりするというように、刺激に対して身体的な適応反応を示す。植物の反応は、識別と目的性を示しうる。植物が刺激をどう評価しているかを行動で表現していると見なすことさえできる。ヒナギクが日差しを歓迎する、オジギソウがシカに注目されてひるむという具合に。ただし、もちろんこうした評価はもともと組み込まれた自動的なもので、心の状態は伴わない。*5

というわけで、私たちの遠い祖先（仮に、カンブリア紀の海に暮らすミミズのような生き物だったとしよう）は、この点で植物に似ていた。刺激の本質と自分がそれをどう評価するかを正確に反映するかたちで、彼らも刺激に対して表現力豊かに反応した。だが、少なくとも最初は、心とは無縁の活動で、心的表象を伴わない表現だったのだろう。

とはいえ、私たちの祖先は植物とは違い、移動ができる自由生活性の動物だった。彼らはたまたま、比較的変化の速い複雑な世界に棲んでいた。そのため、お定まりの反応を示し続けていても、しばらくすると、もっと「思慮深い」種類の行動を見つけ出さなければならないような圧力にさらされた。彼らは反射的に反応するだけでなく、自分が何に反応しているのかを示す、何らかの内的心象も形成する必要が出てきた。認知的計画作成と意思決定を行なえるようになるためだ。だが、すでに彼らが到達している段階を考慮した場合、この心象は、どのように創りにかかればいいのか？

答えは素晴らしく単純だ。自分の体表に到達する刺激に対して、すでに何か（その特定の刺激とその意義に呼応するように特別に合わせたこと）をしているのだから、その刺激が何であり、どんな意味を持つかについて、その生き物がしていること自体がじつに有用な情報を提供しうる。それどころか、刺激をどう評価するかを外部に向けて表現する反応は、それを読む気のある人にとっては、すでに表象の一形態なのだ。その反応は、何についてのものかという情報と志向性を、あらかじめインストールされているようなものだ。

たとえば、誰かが腕から虫を弾き飛ばしたり、黒板の表面にこすれるチョークの音を聞いてたじろぎ、耳を覆ったり、口のなかでチョコレートを味わったりしているときの行動を観察すれば、その人の体に影響を与えているものについて、どれほど多くがわかるか考えてほしい。さらに言えば、光の変化に応じて花弁が開いたり閉じたりする様子を観察することで、何がわかるか、考えてほしい。[*6]

だが、あなたが外からそれほど多くを見て取れるなら、原理上、その反応を示している主体にもそれが可能なはずだ。実際、何が自分の体に起こっていて、それについてどう感じているかを主体が知る方法が他になければ、自分の行動を観察することで目的を達せる。そのうえ、それは自分の行動なので、外から観察する必要はない。自分の脳から発している運動指令信号をモニターすればいい（「遠心性コピー」でも利用して。遠心性コピーというのは、まさにこの目的のために脇に逸らした、中枢から抹消へ向かう信号のコピーだ）。主体は実質的に、自らの行動を自分自身が読み取れるパフォーマンスのレベルまで高めたわけだ。まだパフォーマンスにする目的でやってのけているわけではないが、それでも事実上は、何が起こっているかについての情報源だ。

主体は、何が自分の体に起こっていて、それについてどう感じているかを、原理上、このようにして知ることができる。そして、自分に何が起こっているかについての表象を初めて形成した動物たちは、まさにこうして知ったのだと考えるだけの理由がいくつかある。その筆頭は、今日、人間が経験するような感覚には、もともと自己発生的な身体行動の表象だったことを示す形跡が揃っていることだ。おもなものを挙げると、感覚と身体行為はともに、（i）主体者に帰属する、（ii）主体の体の一部と結びついている、（iii）現在時制である、（iv）質的モダリティを持っている、（v）現象的直接性を持っている（さらに知りたい読者のために、これらの類似点は、注にもっと詳しく述べてある[*7]）。

とはいえ、外部表現を伴う反応のための指令信号をモニターするのが、本当に話の始まりだったとしても、感覚の進化は明らかにそこで止まらなかった。最初のころは、反応は実際に身体的なもので、受容あるいは拒絶の身悶えだった。この生き物は、この刺激には顔をしかめるのに相当するかたちで、あの刺激には歓迎の笑みに相当するかたちで反応した。だが今日、人間はほとんどの感覚刺激には、あからさまな身体的反応を見せることはまずない。それどころか、人間が現れるよりはるか前、遠い過去に、こうしたあからさまな反応が視界から消えたことは明らかだ。それでもなお、人間は刺激を感じる。何が起こったのだろう？

自然淘汰が少し整理したのだと私は思う。進化の過程のある時点で、私たちの祖先によって生み出された、もともとの外部表現を伴う反応は、もはや適切ではなくなったに違いない。その時点で、他の条件が同じなら、こうした反応はほどなくして完全に消えていたことだろう。だが、この時点で、他の条件が同じではなかった。この生き物は、体表での刺激の心的表象を形成する基礎として、その反応に含まれている情報に頼るようになったからだ。

さて、この生き物が外部からの観察によって自分の反応をモニターしてきたのなら、反応を消し去ると同時にこの情報へのアクセスを維持することは、とうてい望めなかっただろう。だが、この生き物がじつは、実際の行動ではなく運動指令信号をモニターしていたら、うまい解決策がある。反応を内在化すればいいのだ。先に使った言葉で言えば、私秘化だ。

では、どうすれば私秘化できるか？　反応は、刺激についての意義ある情報を運び続ける必要があるから、依然、体のどこが刺激されているかをどうにかして指し示さなければならない。だがこれは、反応を、仮想の体の一部での仮想の反応に変えることで、あまり劇的な変換なしで達成できる。したがって、反応が体表に届く前に短絡し始め、体表のかわりに、内部に向かう感覚神経

図4

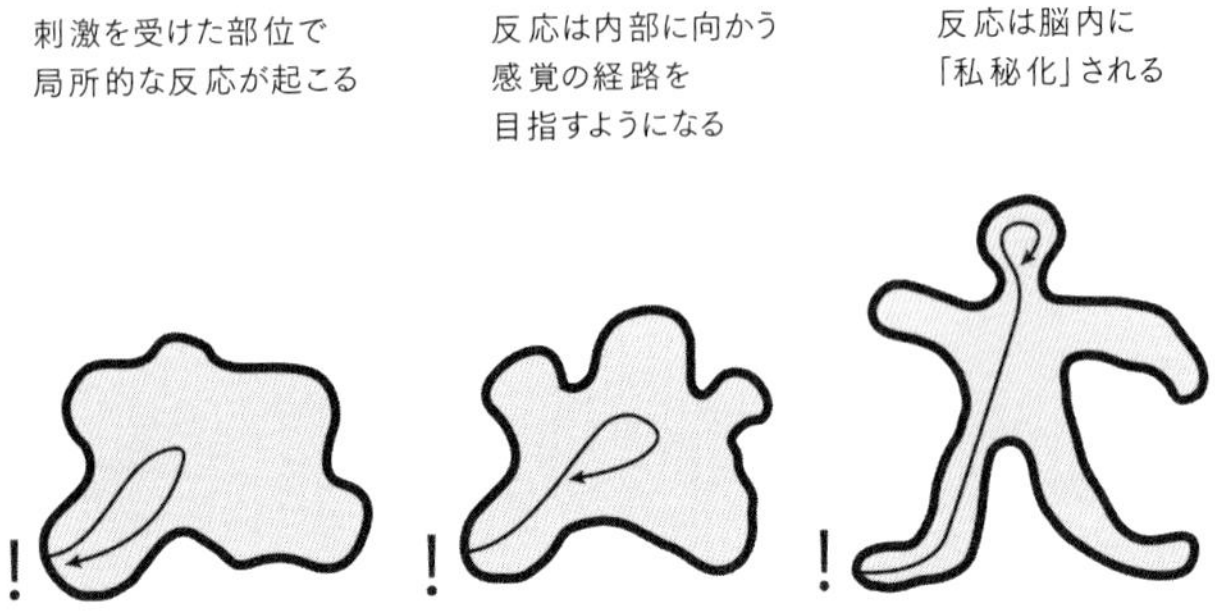
刺激を受けた部位で
局所的な反応が起こる
反応は内部に向かう
感覚の経路を
目指すようになる
反応は脳内に
「私秘化」される
!
!
!

のしだいに中枢寄りを目指すようになり、ついには、このプロセス全体が脳の内部回路として完全に閉ざされてしまった。実際、今や私たちのような生き物では、感覚野のレベルでの身体地図までしか、外に向かう指令信号は届かない。指令信号は、感覚器官から内部に向かう信号とそこで相互作用し、堂々巡りのループをしばらく生み出す［図4参照］。

その結果、今日あなたは、感覚刺激を経験すると、遠い祖先から伝えられた身体表現の古代のパターンに似たものを使って、依然として密かにそれに反応する。その反応は、もともとの評価機能や志向性や快楽主義的な調子の名残りをとどめている。だが、今やそれは仮想の体のレベルで起こる仮想の表現となり、頭のなかに隠されている。今や本当に一種のパントマイムであり、その目的は、刺激に関してもはや何かをすることではなく、それについて語ることだけだ。行為が見せかけの演技になったわけだ。

図5

私は内在化したこれらの反応を「センティション」と名づけた。センセイション（感覚）とエクスプレッション（表現）とエキシビション（披露）のどこか中間にあるこの呼び名には、反応の持つ創造的で舞台効果を狙った特性を捉える意図がある。もっと具体的には、私はたとえば、赤い光に対する目での反応を「赤すること（redding）」、塩に対する舌での反応を「塩すること（salting）」、有害な刺激に対する肌での反応を「苦痛すること（paining）」というふうに呼んできた。

では、あなたが経験する感覚は、けっきょくどこにあるのか？　感覚は最初のころからずっと同じところにある。感覚はあなたの心によってモニターされるものとしてのセンティション（私秘化した表現活動）なのだ。その仕組みは図5に示してある。トマトから反射した赤い光が目に届き、あなたは内在化した表現反応を生み出す。つまり、「赤すること」に従事する。あなたは自分がしていることをモニターして、あなたに起こっていることを発見する。そして、自分自身の反応から形成する表象が赤の感覚だ。このように、あなたが赤の感覚を持つというのは、自分が赤することを観察することにほかならない。

●──準備は整った

これが、主体が謎めいた現象的特性を持つものとして自分の感覚反応を表象し始める重要な時点に至るまでの、私の考える感覚の歴史だ（ただし、まだその時点には至っていない）。この驚くべき新展開が起こっただろう経緯が、これで見えただろうか？

これですべて語り尽くしたと言うつもりはない。だが、事は順調に見える。意識は自己発生的なショーであるという考え方は、感覚がどう進化したかについて別個に結論できる事柄によって支持しうるという保証が私たちはほしかった。本書で考える進化の筋書きは今、人間やその他の意識ある生き物の祖先が、はるか昔から自分の感覚反応を──体がどのように刺激されているのかをその反応から知るまさにそのために──モニターしてきたことを物語っている。

この感覚反応の内的モニタリング自体が、意識を生じさせるのに十分だったと考える理由はない。なぜなら、そもそもセンティションはおそらく、身体表現からのお下がりにすぎなかったからだ。身体表現は、私たちの仮定によれば謎めいたクオリアに直面しているという主観的幻想を生み出すはずの、素晴らしい属性を持たなかっただろう。言い換えれば、センティションは（まだ）イプサンドラムという奇妙なものにはなっていなかっただろう。

これはもちろん、私たちの祖先は意識を持つ前は意識がなかったこと、さらには、感覚刺激の心的表象を形成し始め、完全に感覚があると見なせるようになったあとでさえ、意識がなかったことを意味する。これは奇妙な発想に思えるかもしれない。必要な情報はすべて提供するが、私たちが当たり前に思っている現象的特性をそっくり欠いている非現象的な感覚を持つというのは、どんなものなのだろう？ ネーゲルの言うような意味では、何のようでもない、と答えるしかない。これを想像するのは私たちにとって、仮に不可能でないにせよ、難しいかもしれない。それでも、私たちの理論からはどうしても、初期にはそういう状態にあったという結論になる。そのうえ今日でも、感覚のある動物の多くにとってはこの状態が続いているのだろう。意識という幻想を生み出すような淘汰圧を受けることのなかった動物たち（ミミズや魚やカエル）は、次の段階へ進まなかったのだろう。

だが、なかには次の段階へ進んだ動物がいた。私はつい先ほど、センティションは（まだ）イプサンドラムという奇妙なものにはなっていなかっただろうと書いた。だが、この理論にとって事態がこれほど好都合に見えるのは、この「まだ」という言葉のおかげだ。なぜなら、まだ意識を持たない生き物が図5に示した段階まで進化したころには、準備は整っていたと主張してまったく差し支えないからだ。この段階では、センティションはすでに一種のステージショーになっており、新たな大役を担うのに絶好の立場にあっただろう。あと必要なものがあるとすれば、マジックのようなステージショーになるための、新しい指示ぐらいだった。

図6

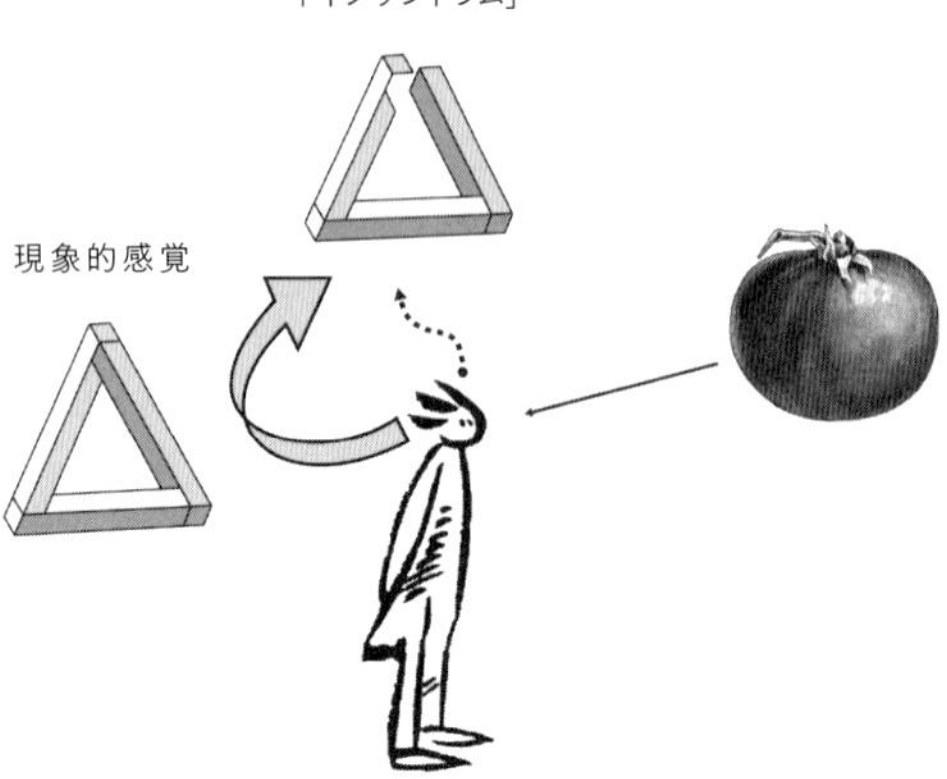

図6（イプサンドラムとグレガンドラムの間の類似性を文字どおり捉えたもの）には、次に何が起こったか、私たちの理論が予測しているものを描いてある。「赤すること」という活動が、目を見張るような新しい様相を見せるようになったことがわかるだろう。

第4章 ループをたどる

Looping the Loop

というわけで、進化の過程で、幻想を生じさせるイプサンドラムがセンティションから出現したというところまで話がきた。すると次の二点を問わないわけにはいかない。脳工学の観点に立つと、何が起こった結果、この驚くべき進展が遂げられたのか？　そして、なぜ自然淘汰はこの展開を優遇したのか？　本章では、何がについて私なりの考えを示すつもりだ。なぜという疑問には次章以降で取り組む。

脳のレベルで何が起こったのか正確にわかっているふりをすることなど、私にはできない。したがってこの章は、本書のなかで最も自信の持てない（そして、ことによると最も切り捨てられやすい）ものになるだろう。とはいえ、この革新的な進展がすべてを変えたのだと主張しようという手前、その構造基盤について私には何か説明することがあって当然だとあなたは思うだろう。もちろん説明するつもりだ。

推論の域を出ない考え方を紹介するのも理にかなっていると感じるのには二つの根拠がある。まず、イプサンドラムは先に私が定義した意味で現実世界のものでなくてはならないため、科学的に記述できる範囲に存在するに違いないと確信していること。神経科学者フランシス・クリックとクリストフ・コッホはこう書いている。「意識の最も難解な側面は、いわゆるクオリアの『難問』、すなわち、赤の赤さ、痛みの痛さなどだ。赤い色の持つ赤さの経験が脳の活動からどうやって生じうるのかについて、妥当と思えるような説明を提示した者はこれまで一人もいない。この問題に真っ正面から向かっていっても無駄に思える」[*1]。だが、私はその逆だと考えている。あえて冒険をしなければ、何も得るものはない。

二つ目の根拠は、仮に答えを間違えてもさほど深刻な問題にはならないと思えること。少なくとも、思い違いをしたからといって、本書のもう少し先で行なう意識の機能的利点についての考察が危うくなるとはかぎらない。たとえば、イプサンドラムはじつはチョークでできているのに、チーズでできていると結論してしまったとしよう。それでも、それに続いて、イプサンドラムを生み出すことでどんな生物学的優位性がもたらされるのかについて、的確な疑問をすべて投げかけることができる（ちなみに、だからこそ、今後の何ページかで述べる内容に難しいところがあると思ったら飛ばしてそのまま第5章に進んでしまってもいいなどと悠長に言うことができる。もちろん本気で）。

私の出発点は、センティションに何が起こったにせよ、それはたいしたことのはずがないという事実だ。自然淘汰は既存の構造を部分修正するだけであり、しかもなるべく手軽な手段でそれを行なう。センティションはすでに内在化した身体表現になっていたのだから、このセンティションはさしずめ粘土で、そこからイプサンドラムがかたどられたに違いない。

私が理論的にやってみたいのは、このプロセスの「リバースエンジニアリング」だ。リバースエンジニアリングの原理に従えば、最終的な結果として説明したいもの（すなわち、今日、人間が経験するような、現象的特性を持った感覚）から出発するべきだろう。続いて、現実世界ではどんなものが、この幻想の経験を支えうるかを解明する。それから、この構造の進化を逆向きにたどる。うまくいけば、最後には一つの道筋が見つかっている。それを経れば、センティションの比較的小規模な量的変化の積み重ねを通じて、センティションの表象の仕方に大きな質的変化がもたらされえただろう道筋だ。私はこれまで、厳密にこの戦略をとってきたとは言えない。だが、以下のページを読めば、その意図を認めてはもらえるだろう。

◉数学的なものとしてのイプサンドラム

では、感覚に関する現象論に、これまでにないほど注意を向けよう。

どんなときでもかまわないから、感覚的意識を持つ瞬間を考えてほしい。朝食で飲むコーヒー。頭に降り注ぐ雨。イラクサに触れたときのチクッとした痛み。仰ぎ見る星空。これこそ（あなたが自身の経験のなかで指し示しているのがどんな「これ」であっても）、あなた、つまり人間が、自分の生み出すイプサンドラムの表象だ。これとは、現実世界のものの本来の姿ではなく、それが似ているものだろうと私たちは推定している。

ところで、感覚にはさまざまなレベルの特性があるという点で私たちは同意できる。そのうちでも、おもだったものと私が見なす特性を挙げよう（同時に、いつもながら、ここでも言葉足らずになっていることをおわびする）。

◎そこにある、つまり具体的な形を与えられて存在していながら、あたかも自分のいる物理的世界から切り離された世界にあるかのような感じがする。

◎特異であるという感じ、つまり宇宙のなかで、いかなる人もものも近づくことのできない場所を占めているという感じがある。

◎物理的瞬間の外側で生きている、あたかも厚みのある主観的な時間というわずかな時間のなかにいるような矛盾した感じがある。

◎あなたが足を踏み入れた、特定の質的特徴で定義される空間がある。その空間では、すべての感覚がそれぞれの感覚器官に固有の媒体（光、音、味、匂い、手触り）から生み出される。各感覚領域の間にはどうやら厳然たる隔たりがあるようだ。

◎これらすべてには不思議にも筋の通らない性質がある。筋が通らないというのは、人間には先験的に正しいように思え、議論の余地がないからだ。

◎そのすべてに驚くほどの美しさがある。

これほど重層的なエンターテインメントをもたらすならば、イプサンドラムはじつに大きな役割を果たしているに違いない。このスケールの幻想（一芸しかできないポニー一頭きりではなく、大サーカスまるごと一つ）を生み出せるような種類の現実世界のものはほとんどないと言って差し支えない。だが、意識ある生き物は、それができるものが一種類存在したことを示す生きた証拠だ。そして、自然淘汰にはその一種類のものが見出せた、しかも単にセンティションを部分修正するだけで見出せたのなら、私たちにもできていいではないか。

答えを出し惜しんで、あなたをじらすつもりはない。私は、解決のカギはイプサンドラムが物理的ではなく数学的なものであることだと考えている。イプサンドラムは、神経回路内での活動の複雑で動的なパターンで、その特別な属性は時間の経過とともに起こることを統合する計算というレベルでのみ現実のものとなり、「目に見える」ようになる。手短に言えば、イプサンドラムは、雷を伴う発達中の嵐や、旋回するムクドリの群れ、音楽のソナタに少し似ている。

脳レベルでこの活動パターンを支えているのは、再入力フィードバック・ループ、つまり外部刺激によって引き起こされる活動が、少なくともわずかな間は、自動継続するようなループの存在ではないだろうか？　自然淘汰がそうしたフィードバックを準備するのは比較的簡単だっただろう。センティションが私秘化したことで基盤はすでにでき上がっていたのだから。ごく初期の、感覚反応が公然の身体表現だったころから、こうした反応は、その反応を引き起こした刺激に影響を及ぼしていただろう。だから、フィードバックを行なう潜在能力は、すでにあったのだ（たとえば、かゆいところを引っ掻くとどうなるかを考えてほしい）。当初、フィードバックはあまりにぎこちなく、また、時間がかかったため、そこから興味深い属性が立ち現れることはなかった。ところが、いったんセンティションが内在化し、戻りの経路が大幅に縮まると〔66ページ図4参照〕、回路内の活動が自らの尾を捕まえてくるくる回り始める条件が揃ったのだろう。

こうして、あるとき突然、大きな飛躍を遂げる準備が整った。このようなループ形式の再帰が起こりさえすれば、じつに不思議な属性を持つ動的パターンが生成される可能性が出てくる。あとは、活動が回路を一巡するたびに、この活動によって回路の伝達特性が変わりさえすればいい。その場合、活動が一巡ごとにどのように展開するのかは、その前に一巡したときの活動のレベルで決まる。こうした回路での活動の発達を制御するのがいわゆる「遅延微分方程式」だ。遅延微分方程式とは、ある時点（たとえばt）における系の発展が、それより前の時点（たとえば$t-T$）における系の状態に依存するものだ。

こういう場合の活動は、いったん始まれば、すぐに終了しないかぎり無秩序に展開してしまい、けっして収束しないか、あるいはほどなく安定するかのどちらかだ。同じパターンがいつまでも繰り返され、たとえ撹乱されてもまたそこに戻ってくる状態のことを「アトラクター状態」という。図7に単純なアトラクター状態の例を示してある。安定したパターンが三次元の図のなかでひと続きの道として描かれている。[*2] ただし、普通、アトラクターはこれよりはるかに複雑で、もっと高次元の空間を占める。すなわち、パターンは非常に安定していて、数学的に厳密に記述できるのだが、

図7　離散的な遅延微分アトラクターの典型例

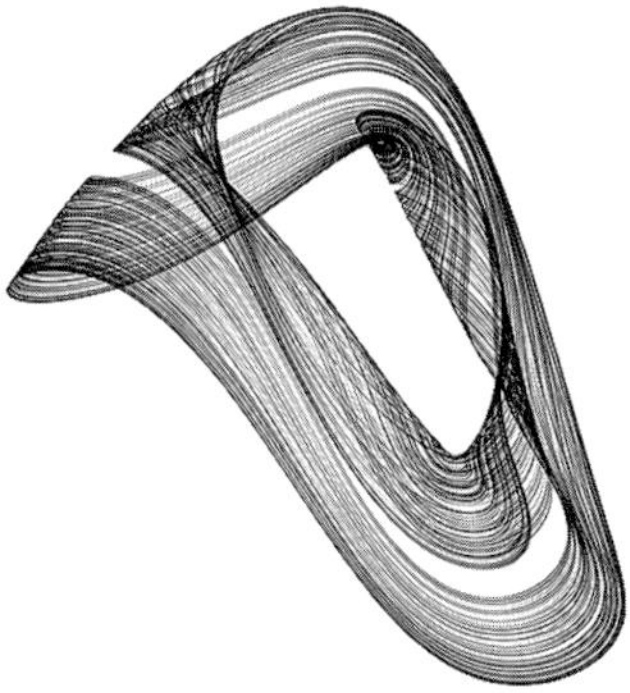

それを描くには四次元以上の図が必要だ。三次元よりもはるかに高い次元にもなりうる。実際、無限次元の図でなければ描けない場合もあるだろう。

だが、これこそ今までずっと探してきたものではないのか？[*3] 自然淘汰がイプサンドラムをデザインしたとき、そうした余剰次元をすべて自由に使えたとしよう。内なる観察者がいて「目にした」とすれば、別世界のもののような驚くべき属性を持つ幻想を生じさせる数学的なものが脳内に生み出される可能性を考えると、頭がくらくらする（ことによると、文字どおりの意味で）。

もちろん、イプサンドラムは特別な位置から観察しなくては幻想が起こらないのだから、自然淘汰は、内なる観察者がこの特別な視点に立つように調整したに違いない。だが、考えてみると、この条件は緩められるのではないだろうか？ 撹乱の影響は受けづらいというのがアトラクターに本来備わっている特徴だ。実際、アトラクターは「鉢」であって、そのなかへとものは落ちていく傾向にある。だから展開中の活動はどこから始まったものも同じ状態に至る。おそらく、まさにこの特徴を活かせば、イプサンドラムをどこから目にしても、同じ幻想的外見を持つようにできたのだろう。先にグレガンドラムに関連して、「仕掛けを施しておき、あなたが動くと、グレガンドラムも目に見えない手によって向きを変えられ、常にあなたに対して同じ向きを保つようになっている」としようと書いた。もし、これが自動的に行なわれ、その結果、内なる観察者から見ると、数学的なものとしてのイプサンドラムが「自動的に位置を調整する」ならば、素晴らしいではないか？

いずれにしても、難しい話はこのぐらいにして、これを答えとさせてほしい。意識を舞台に上げるために自然淘汰が果たした役割といえば、既存の感覚のフィードバック・ループの属性を調整し、その活動を特別な部類のアトラクター状態、つまり主体の視点から見ればまさに、感覚に現象的特性を与えるであろう状態へと導くことにほかならなかったのだ。

感覚と時間

これまで述べてきた考え方は、どれも妙案だ。とはいえ、まだかなり漠然としか組み上がっていないことは否めない。それに、あなたはきっと、私がもっと具体的な話をしなければ、支持する気になれないだろう。そこで、これまでの話に沿って説明できると思われる（ひょっとするとこれまでの話に沿ってしか説明できないかもしれない）、感覚の顕著な特徴を一つ検討してみたい。その特徴とは、感覚の現象学的仕組みの重要な要素としてすでに識別したもので、多くの解説者がそれを根本的なものと考えてきた。それは、時間の奇妙なかかわり方だ。

滝の水が流れ落ちるのを眺めているところか、ヒバリの歌声に耳を傾けているところを想像してほしい。物理的な時間は直線的に前向きに流れている。流れは緩むことなく、刹那から刹那へと容赦なく移ろう。あなたの感覚器官に届く刺激は絶え間なく変化し続けている。多くの刺激が新たにたどり着いては、たちまち終わってしまう。

だが、感覚レベルでの経験はこれとは違う。感覚レベルの場合、現在の瞬間、つまり感覚としての「今」には時間的深さという矛盾を孕《はら》んだ次元があるのだ。個々の感覚は、あなたがそれを生み出したあとも少しの間はまだ続いているようにあなたには思える。まるで、実際にその感覚が起こっているよりも長くそこにあるかのように。こうして感覚がいくつも連続して意識のなかで共存する。だが、これは古いものが新しいものの時間領域に食い込んで続いているからではない。新しい感覚がそれぞれ、それ自体の時間のなかで少しの間、生き続けているからだ。感覚は共存しているが、同時性はない。

感覚経験における時間の矛盾した状態については、哲学の黎明期から論じられてきた。私たちが今なお手を焼いているのと同じで、アリストテレスは『魂について』でそれを描写するのに苦労している。アリストテレスが言おうとしたことについての最近のおおまかな訳をここで紹介しよう。「感覚の、分断されていない『今』は、それ自身とは必ずしも一致しない、ある継続時間に依存しているに違いない。つまり、現在の瞬間には別の時間の経過が潜んでいるが、その経過は現在の瞬間の尺度では測れないに違いない。……それは別の時間なのだ。いや、時間は変種を認めないとすれば、これは時間とはまったく違うものなのかもしれない[*4]」

私たちはこう問いたくもなるだろう。いったいどういうことなのか？　過去がまだ現在であるという、まるで「厚みのある時間」のなかで生きているかのような幻想は（もちろん幻想に違いないのだから）何が原因で生まれうるのか？　主体にとってはけっして過去にはならずに持続しているように見える種類のイプサンドラムを想像できるだろうか？　私たちをそこに導いてくれる種類のアトラクターがあるのだろうか？

関連する分野でダグラス・ホフスタッターが革新的な業績を挙げているのだから、簡単に手に入る答えがあるはずだ。ホフスタッターは自身が「奇妙なループ[*5]」と呼ぶフィードバック関係の特別な部類を他に先駆けて分析した。このループが系のなかに存在するのは、オペレーションの層が複数あり、高い層は低い層の上に築かれていながらも、低い層に影響力を揮《ふる》い、その構造あるいはルールを変えることができる場合だ。そういったループのなかの周期的活動もまた、遅延微分方程式によって記述できるが、この場合にはとりわけ注目すべき結果を伴う。ホフスタッターによれば、観察している人にとって、その結果は次のようになるという。「その循環を構成する一連の段階のなかで、抽象的概念（あるいは構造）のあるレベルから別のレベルへのシフトがあり、それが階層のなかを上に向かう動きのように感じられながら、その『上への』シフトの連続が、どういうわけか閉回路を生み出す。すなわち、驚くような話かもしれないが、自分の元いた所からどんどん遠ざかっ

図8

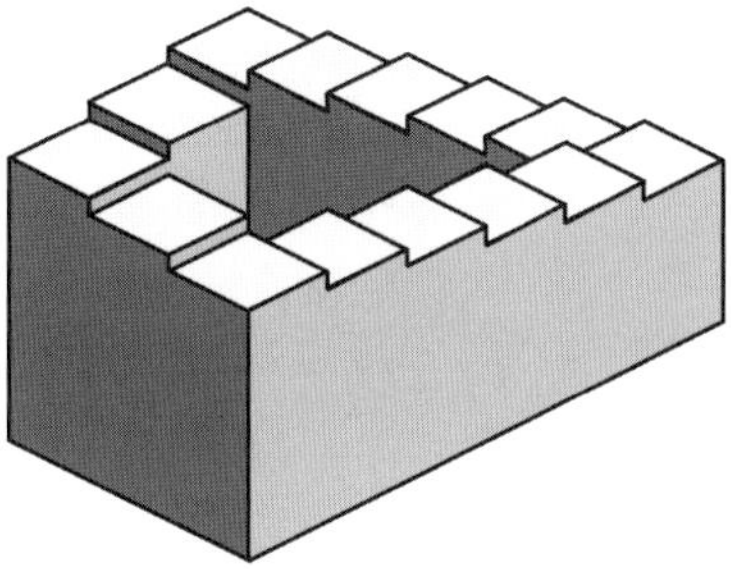

ているつもりでも、けっきょくは他でもないスタート地点に戻っているということだ[*6]」

内なる観察者にとって、これはどんな感じなのだろう。もし視覚的・空間的なたとえがほしければ、終わりのない階段を上がるようなものだと考えるといい。上がっても上がっても、出発地点に戻ってきてしまうような階段だ〔図8〕。あるいは、聴覚的なたとえなら、音が滑るように高くなったり低くなったりし続けているように聞こえるのに楽音は変わらないグリッサンドを聞くようなものだ（そのような驚くべきグリッサンドをウェブ上で聞くことができる）[*7]。

では、時間に関してはどうなのか？　このように考えてはどうだろう。図8の階段を上がっても、けっきょくは出発したのとちょうど同じ高さにたどり着くならば、これを普通、上方向の移動距離ゼロと記述するだろう。だが、この特殊な状況では空間と時間は同等だ。だから、階段を上がっても最後に着くのがまさに先ほど出発した所なら、時間経過ゼロというのも、同様に適切な解釈となる。実際、何段上がったか数えて時間

図9

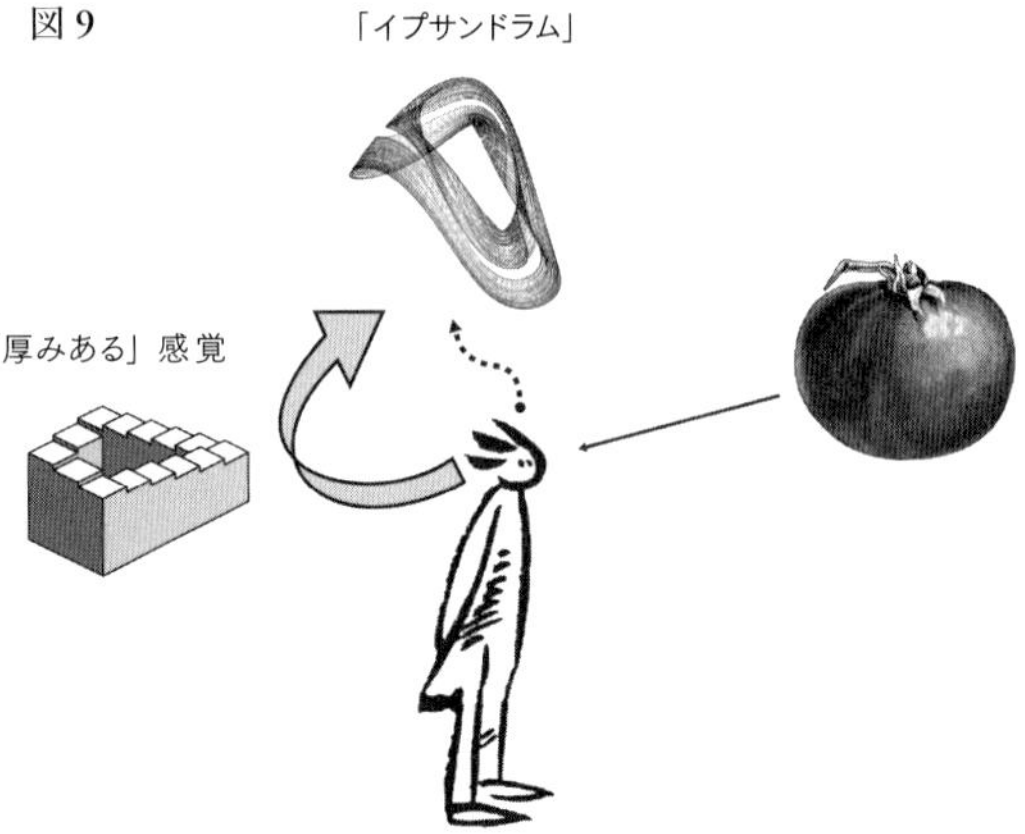

を測ることにしたところを想像してほしい。一秒、二秒、三秒……〇秒。時間を費やしたのに使っていないのだ。

さて、これを感覚の話に翻訳し直そう。あなたはある感覚刺激に反応し、フィードバック・ループで活動を始めることになっていて、そのフィードバック・ループのアトラクターはまさにそうした奇妙な数学的なものだったとしよう。するとこのとき、その活動をする自分自身をモニターすれば（そして、本人の観点からは終わりのない階段に相当するように見える何か時間的なものを自分が生み出しているのに気づけば）、厚みのある瞬間に生きているという経験をしているように感じることもありうるのではないだろうか？

なんとも言えない。だが、可能性はあるだろう。その可能性を説明しようとしたのが図9だ。（もし、図の約束事がわかれば）図6からまた進んでいるのがわかるだろう。「赤すること」という活動は、今や新しい属性を手に入れた。主体にとっては活動自体の仮想の時間のなかに存在するように思えるという興味深い属性だ。

もちろん、これだけでクオリアの主観的属性を説明できるというわけではない。だが、そこそこのスタートを切ったことは確かだ。それに、こうしてスタートを切ったおかげで、センティションに適切な機能を付け加えることで、さらに先に進む可能性が見えてきたように思う。感覚の現象学的仕組みの特徴としていったい何を付け加えたいかを、私たちが理論家として説明できるのなら、あえて言うと、動的な複雑系を扱う数学がその付加物をアトラクター状態の属性として提供しうるはずだ。だとすれば、うまくいく。というのも、自然淘汰は感覚フィードバック・ループのデザインに手を加えてこのアトラクターを生み出すことは十分可能だと考えて差し支えないからだ。もちろん、何を付け加えたいのかを説明することが済んでも、まだ道なかばだ（本書の先に進むにつれて、この点についてはいくらか前進できるとは思うが）。

いずれにしてもこの段階で、無理だ、「私たちには、この難問の解決策を想像することさえできない」などと言う人がいるだろうか？ こんなことは口にするべきではないのだろうが、かまわず言ってしまおう。自然淘汰がイプサンドラムの探索をそう簡単に諦めなくてよかった。いったいどれほどよかったかは、これからのページで示せればと願っている。

●意識の神経相関

ところで、アンドロメダからやってきた科学者は、こうしたこととどう関係があるのか？ 彼女のことを忘れてしまったわけではない。理性ある懐疑的態度をいったん保留し、意識の物理的基盤についてのこれまでの考え方が基本的に正しいと仮定してみよう。アンドロメダの科学者が人間の脳を調べたら、この種のイプサンドラムの存在を発見すると考えるべきだろうか？　そして、彼女はその意義に気づくだろうか？

　まず、二つ目の疑問に取り組もう。アンドロメダの科学者はイプサンドラムの意義に気づくだろうか？　第1章の終わりに考えたように、意識が原因のない奇跡の類でないかぎり、外部の科学者は、主体の感覚経験に相当する脳内の出来事（つまり意識の神経相関物［NCC］）を識別できたときには、神経現象学のルールブックがあれば、それらの出来事が、主体が今まさに味わっている経験を生み出しているに違いないと、原理上は理解できるはずだ。私たちは今、じつはNCCとは主体がある特権的な位置から自分のイプサンドラム（特別な種類のフィードバック・ループにおける活動を統合したもの）を観察したときに起こる脳の一連の出来事であると主張している。そう、そうなのだ。そうでない理屈があるだろうか？　アンドロメダの科学者が、この特別な脳の出来事をNCCとして識別したならば、その主体であるというのはどのようなことなのかを推論できるはずだ。そしてその結果、イプサンドラムがどれほど重大な意義を持っているかに実際に気づくだろう。

　だが、私たちは、宇宙の彼方から来た科学者がそもそもこの脳の出来事をNCCとして識別するだろうかと問わなくてはならない。彼女が進化の筋書きに興味を抱いたと仮定しよう。彼女はセンティションがどのように内在化したのか理解し、感覚フィードバック回路の存在にも気づいている。こうした回路での活動が高次元のアトラクター状態へと収束していくことにさえ気づいているかもしれない（とはいえ、これは彼女にとって簡単ではないだろう。その活動はＭＲＩでスキャンした画像に色付きの区画として現れたりはしないから）。

ところが、ここで厄介なことになる。彼女がたまたま主体の位置に身を置き、主体の視点から生み出されているマジックのような幻想を自ら目にしないかぎり、何か非常に驚くべきことが起こっているとは考えないだろう。私が少し前に述べたように、たとえ数学的なものとしてのイプサンドラムが、当事者である主体の観点から「自動的に位置を調整する」ようにデザインされているとしても、外部からではそれはまったくわからないはずだ。

したがって、アンドロメダの科学者にとってはこれが問題になる。イプサンドラムが何のためにデザインされているのかを彼女が理解するためには、並外れた先見、あるいは並外れた幸運を必要とする。これはきっとこの地球上の実験科学者にとっての教訓だろう。なにしろ、イプサンドラムには意義があり、さらに調べる価値があることにアンドロメダの科学者が気づくのがこれほど大変なら、地球上の実験科学者たちも手を焼くだろうから。私に言わせれば、神経科学が進歩して意識の問題が解決するのを待ってはいられないということになる。クリックとコッホは、先に引用した一節に続いてこう言っている。「この問題に真っ正面から向かっていっても無駄に思える。そこで私たちは、意識の神経相関物（ＮＣＣ）の発見を試み、ＮＣＣを因果関係で説明できれば、クオリアの問題も明瞭になるのではないかと願っている」。彼らの幸運を祈る。だが、ＮＣＣを実験で見つけるのは問題に真っ正面から向かっていくよりもなおさら難しいのではないかと私は思う。脳科学者はたとえＮＣＣを目の前に突きつけられても、それとわからないだろう。

この章での私のやり方、つまり、物事をとことん考え抜くやり方に舌打ちをするだろう学者や、実際に舌打ちしている学者がいるのはわかっている。遺伝学者のスティーヴ・ジョーンズは、以前の私の考えについてこう書いたことがある。「現実を見ずに思考に現《うつつ》を抜かす科学者は受け入れがたい。……私が［意識研究の分野に足を踏み入れた科学者の大部分］について思うに、ほとんどが手始めにしたこと、つまり実験研究を行なって、実際にやってみることを続けていたら、彼らの人生はもっと興味深いものになるだろう」[*8]。彼はさらに、印象的な言葉を加えている。「科学との関係で捉えると、哲学はセックスに対するポルノのような位置付けにあると思うことがよくある。安価かつ容易で、そちらを好む人たちもいるようだし」

ごもっとも。そう、可能なときには当然、実験的な証拠を使うべきだ。だが、意識の場合のように、何を探求すべきなのか、まだろくに手掛かりすらないのなら、そして、今、私が主張しているように、たとえ手掛かりがあったとしてもおそらくは見逃してしまうと思われるなら、純粋な理論を恥じらうことなく利用するべきだ。ここで取り組んでいるのは、安楽椅子から迫るのが最善かもしれない問題なのだから。

とはいえ、本書で次に取り上げる事柄にはそれは当てはまらない。すなわち、意識は、その脳内基盤が何であれ、進化の過程でなぜ選ばれてきたのかという大きな問題だ。言うまでもなくこれは、事実、すなわち意識がその持ち主の生存にどのような違いをもたらすのかに関する事実に注目しないかぎり解決しえない。

第2部

第5章 意識の重要性

So What?

本書の第1部ではこれまで誰もやらなかったことを試みた。それは、なぜ現象的意識が、進化によって獲得した人間の心の特徴たりうるかを説明することだ。脳内基盤に関する私の具体的な主張は間違っているかもしれない。だが、それを示すことによって、自然に関する私たちの知識に合致したかたちで意識を説明することは、少なくとも原理上は可能だと、みなさんに納得してもらえていれば幸いだ。

私の理論は、求められている「明快な理論」、つまり、「いったんそれを手に入れたら、このように作られたものなら何であれ、このような特定の意識経験を持つだろうとわかる、そういう理論」とまでは言えない。だが、それに近づいてはいる。私たちには、次のように信じる理由がたっぷりあると思う。すなわち、人間が今のようなかたちをとるべく進化したのならば、人間には意識があると私たちが（そして、もちろん当の本人も）推定できるようなことを、人間は考えたり、言ったり、したりするようになるはずだ。さらには、人間がこのようなかたちをとるべく進化できたのは、原始的な祖先から今ある姿へと導く、自然の経路があり、それが、自然淘汰が選択できるデザインの範囲内に収まっていたからだろう。

というわけで、意識とは何かについての疑問はここまでにしよう。次の問題は、その目的を説明することだ。意識が偶然生まれたのではないことは確信できる。それは特化した神経回路（それが実際にはどんなものであれ）を支える遺伝子を、自然淘汰が優遇した結果に違いない。その神経回路がクオリアの幻想を維持し、人間の第一号のために、ミステリアスなマジックショーを生じさせた。これが起こったのは、運良くこのショーの観客になれた者が、そこまで幸運でなかった者と比べて、生存の点で何かしら優位に立っている場合に限られていたのは明らかだ。

第1章で哲学的ゾンビについて述べた。哲学者が空想した生き物で、普通の人間と肉体的にはまったく同じだが、意識経験を完全に欠いている。「哲学的ゾンビは、私たちが知っていて愛している、意識を持った生き物と見た目や振る舞いは同じだが、『内面はまったくの闇』だ」[*1]。原理上、哲学的ゾンビは存在しないし存在できないと言える理由を私はいくつか挙げた。とはいえ、こうしたゾンビには、たしかに存在しえた近い親類がいるというのが、私が主張する進化論の不可欠な要素であるはずだ。そのような親類を「心理的ゾンビ」と呼んでもいいだろう。心理的ゾンビは、ある決定的に重要な点以外は普通の人間と肉体的にまったく同じだと仮定しよう。つまり心理的ゾンビの脳内には、意識経験の現象的な特性をもたらす、まさに先ほど述べたような、進化した回路がない。

心理的ゾンビは、内面がまったくの闇であるのにもかかわらず、私たちが知っていて愛している、意識を持った生き物と見た目や振る舞いが同じなのだろうか？　いや、そうではない。まさにそこが肝心な点だ。もし意識が進化における適応だとしたら、見た目も振る舞いも同じではないという答えにならざるをえない。心理的ゾンビは内面がまったくの闇だからこそ違うやり方をすることがあるはずだ。そしてこの違いは、自然淘汰の目に留まるためには、ゾンビが生き延びて子孫を残す可能性を下げる結果につながったに違いない。意識ある人間と比べると、心理的ゾンビはうまく繁栄できなかったのだ。

以下の数ページでは、意識ある生き物が心理的ゾンビより優れていると思われる点を次々に論じるつもりだ。だが、「心理的ゾンビ」というのは長たらしい言葉なので、単に「ゾンビ」と呼ぶこともある。生物学的に存在しそうな生き物（実際、それに似たような生き物はかつて地球上に存在し、進化の過程でのちに現れた意識ある生き物との生存競争に敗れた）について述べるつもりなので、私の言うゾンビを、論理的に存在不可能でけっきょくははるかに面白味に欠ける哲学的ゾンビと混同する人はいないはずだ。[*2]

だが、意識ある生物がゾンビとの競争に勝ったとしたら、それはなぜか？　意識の現象的な豊かさが、何であれ実質的な価値を持つことで本質的な役割を果たしえたと考えるだけの理由には、どんなものがあるのだろうか？　ここでフラナガンの「意識非本質主義」の定義が思い出される。それは「いかなる知的活動（I）が、いかなる認知的領域（d）で行なわれようと、たとえ私たちが意識を持ってIを行なおうと、Iは原理上、意識を伴わなくても行ないうるという見方」だ。フォーダーが面白おかしく書いているように、「［意識］は慢性的失業者の一人らしい。……心に意識があるという理由だけで実行されうる心的プロセスとは何なのだろうか？　そして、意識はそのプロセスの実行にどのように貢献するのだろうか？　どのような心的プロセスに関しても、誰一人この疑問には答えられない。知られているかぎりでは、私たちの意識ある心ができることなら何でも、意識がなくてもまったく同じようにできるだろう。それならなぜ神はわざわざ意識を作ったのか？[*3]」

パラダイムシフト

「なぜ……神［あるいは自然淘汰］はわざわざ意識を作ったのだろうか？」というフォーダーの問いが的《まと》を射たものであることに疑問の余地はない。だが、彼がこれほど不可解に思っている理由は、私にはわかっているつもりだ（詩人コールリッジ風に言うなら、「彼の無知が理解できる」[*4]）。フォーダーは完全に誤った角度から問題を眺めているのだ。フラナガンとフォーダーの言葉のどちらにも、先入観が含まれている点に注目しよう。彼らは意識を、何かを行なう能力を高めるものと考えている嫌いがある。二人とも（実際、ほとんどの人がそうなのだが）、現象的意識の役割は（もし、そういうものがあれば）、何らかの新しい心的な技能を主体に与えることだと確信している。言い換えると、それは意識があってこそ実行できる課題を主体が実行するのを手助けしているに違いないということだ。たとえば、鳥は翼を持っているからこそ飛ぶことができ、あなたは言葉を知っているからこそこの文章を理解できるのと同じように。[*5]

だが、私には別の考えがある。もし現象的意識の役割がまったくこのようなものでなかったとしたらどうだろう？　その役割が、それがなければできないようなことをできるようにするのではなく、それがなければしようとは思わないようなことをするようにやる気を出させることだとしたら？　つまり、それがなければ何の関心もないことに関心を持たせたり、それがなければ気にかけないことを気にかけさせたり、それがなければ抱かないような目標を抱かせたりすることだとしたらどうだろう？

初めの章では、私は明言を避けるために、「心理」という言葉が、認知から自己表現まで、心がかかわることならほぼすべてを含みうると知りながら、意識は主体の心理と漠然と呼べるようなものを変えることによって生存に影響を与えると述べた。だがここからは、人々がこれまで意識の役割を空しく探してきた認知科学の通常のテーマ——知能、情報処理、意思決定、注意など——はいっさい考慮しないことにし、主体の目的、態度、価値観に及ぼす現象的経験の影響を探究したい。

端的に言えば、現象的経験を持つと世界観が変わり、人生の方向が変わると主張したい。それは物事についてのあなたの解釈に一種のクーン的パラダイムシフトをもたらす。

科学史家トーマス・クーンの念頭にはもちろん科学の革命があった。「新しいパラダイムに導かれ、科学者は新しい道具を取り入れ、新しい場所を覗き見る。それ以上に重要なのだが、革命時には科学者はおなじみの道具を使って、従来見てきた場所を眺めながら、それまでとは違う新しいものを目にする」[*6]。だが今度は、意識のパラダイムに導かれ、人間の祖先が新しい道具を取り入れ、新しい場所を覗き見たのだとしたらどうだろう？　それ以上に重要なのだが、新しい道具を手にした祖先たちがおなじみの道具を使って、意識を持たないさらに昔の祖先がそれ以前に見たことのある場所を眺めながら、それまでとは違う新しいものを目にしていたのであればどうだろう？

●――意識の発達史

「意識のパラダイム」？　これが実際に何を意味するのか検討しなければならない。現象的意識を持つと、個人の自己の感覚や行動がどう変わるのだろうか？　そこからどのような信念や態度が生まれるのだろうか？　他の動物はさておき、人間の場合、それは集団的文化をどのように変貌させ、さらにそうした変貌がどんな変化をもたらすのだろうか？

これらは経験に基づいて取り組む問題、つまり、意識ある生き物の世界で念入りなフィールドワークを行なうことによってのみ答えの得られる問題だ。いや、そのはずだ。したがって、意識の発達史を徹底的に研究する必要がある。そしてその研究では、あらゆる種類の可能性を考慮するつもりでいなくてはいけない。図書館の科学や哲学のコーナーで解説が見つかるようなものだけではなく、自助努力《セルフヘルプ》、心と精神、さらにはニューエイジ〔物事を超自然的・精神的な思想で捉えようとする運動〕のコーナーに置いてあるような本で語られるものさえが対象となるかもしれない。

私たちがやらなければならないのは、ダニエル・デネットが「ヘテロ現象学」と呼んだもの（他者の観点に立った現象学）だ。デネットは、火星人科学者が意識のフィールドワークに取り組む様子を次のように書いている（デネットは私より近い場所から調査員を飛んでこさせた）。「このような火星人が容易に観察できる現象には、私たちの意識が公に表象されたものがすべて含まれるだろう。漫画の『吹き出し』に書かれた心情……劇的独白、映画やテレビのナレーション、小説に出てくる全知の書き手の視点など。……また火星人たちは、娯楽性は劣るものの、哲学者、心理学者、神経科学者、現象学者、その他この現象を真剣に探究する人々が書いたあらゆる本のなかに見られる意識の表象も利用できる」[*7]

とはいえ、私はデネットより先に進みたい。デネットは例を挙げるにあたって、あまりにも慎重で従来の証拠に偏っていると思う。彼をはじめ、意識を扱う正統派の哲学者は、「個人の成長」に意識が貢献する可能性に気づいているようには思えないのだ。

だが、幸い、前々からこれに気づいている別の多様な研究者がいる。彼らのことを「伝統にとらわれない意識の発達史研究家」と呼んでもいい。一方には、画家、詩人、音楽家が、また一方には仏教徒のような、瞑想を好む宗教的伝統に従う人々がいる。したがって、私が芸術家や僧侶を証人席に呼んだり、個人的な経験について熱狂的に語る人の言葉を直接引いて、それを重視したりしても驚かないでほしい。人々が語ること、とくに、他の意識ある存在にとって正しく興味深く思えることとして回想されたり引用されたりする事柄は、意識の働きに関して得られる最良の部類の証拠を提供してくれる。

こうした証拠はどのような方向へと導いてくれるのだろう？　最も重要な結論を伏せておくつもりはない。それがあまりにも単純で、みなさんにショックを与えてしまうかもしれないが（この問題を生涯研究し続けてきた私自身、ショックを受けたほどだ）。

発達史からわかるのは、意識が三つのレベルで一生をいっそう生き甲斐のあるものにすることだと思う。意識ある生き物は現象的意識を持つことを楽しむ。彼らは自分が現象的意識を持って生きている世界を楽しむ。そして彼らは現象的意識を持っている自己を楽しむ。ただし、「楽しむ」という言葉は弱過ぎる。少なくとも人間の場合は次のように言うほうがふさわしいだろう。人間は現象的意識を持つことを満喫する、自分が現象的意識を持って生きている世界を愛する、現象的意識を持っている自己を尊ぶ、と。

そのうえ、このあとの三章で示すように、意識ある生き物にとって、これにはすべて正真正銘の生物学的価値がある。付加された生きる喜びと、自分が生きている世界の新たな魅力と、自分自身の形而上の重要性という新奇な感覚のおかげで、個体が自分の生存のために行なう投資が、進化の歴史のなかで劇的に増えた。

動物の意識

先ほど私は、「少なくとも人間の場合は」と言った。人間以外の動物も、と言うべきだろうか？

もしそうなら、どの動物だろう？　人間以外のどの種が意識を持っているのか、また、どの種は感覚はあっても意識がない、事実上の心理的ゾンビなのかといった問題には、私たちはまだ正面から取り組んでいない。

　進化の筋書きを示すにあたり、私はもちろん、人間は現象的意識を発達させた最初で唯一の動物ではないという常識的な前提に従ってきた。ところが、この前提の根拠は、けっして私たちが望むほど堅固なものではない。私たちの種における意識の発達史の体系的研究はあまりなく、他の種の研究はそれに輪をかけて少ない。事実、火星の科学者（地球の科学者でも同じだろうが）が、人間の意識を研究するために使うかもしれないデネットの証拠データの一覧を見ると、こうしたデータのどれ一つとして、人間以外の動物に関して（マウスはもちろん、チンパンジーに関してでさえ）手に入らないことがわかる。チンパンジーは劇的独白などけっしてしたりしない。

　人間だけが意識を持つと主張するのは道理に合わないと、あなたは思うかもしれない。私もそう思う。進化の歴史を振り返ってみると、意識の起源が人間にある可能性が排除される。だからといって、まさに私たち人間が知っているような意識を多くの動物も持っているということにはならない。

　前章では、感覚がさまざまなやり方で私たち人間を驚かせることに注意を喚起した。だが、それがすべて進化の過程で同時に生じたと考える根拠はまったくない。意識は段階的に進化し、さまざまな種類と程度の感覚クオリアを持つ動物が今日も相変わらず存在していると考えるほうが妥当だろう。

手始めに、イプサンドラムの脳内基盤について述べたことを考えると、現象的な属性は異なる感覚様相《モダリティ》でそれぞれ別個に確立されたように見える。そのため、私たちの遠い祖先にとって、音や光の経験が「何かのようなこと」となるより先に、接触の経験が「何かのようなこと」となったのかもしれない。そして、たった一つのモダリティの意識しか持たない動物がいるということは今日でもありうる。

だが、それだけではなく、時間が厚みを持つことや、特定の質的特徴で定義される空間どうしの絶対的な分離、人を美的に惹きつけたり退けたりする特性、自己完結性、私秘性、いわく言いがたい性質……といった異なる種類の現象的な影響が、異なる時期に、私たちにはまだ特定できない順番で出始めたようだ（いわく言いがたい性質は、言語を持たない生き物にはほとんど問題にはなりえなかっただろうが）。これもまた、今日、ある種の動物はほかの種より豊かな意識を持っていることを意味するだろう。

変化のうち最も重要なのは、何のようでもないところから何かのようなことへという最初の変化で、残りはすべて添え物にすぎないと言いたいのはやまやまだ。ある意味で、これは正しいかもしれない。あなたは二次元の平面にいたのが、三次元空間に移った。ありきたりの物質世界からマジックのような非物質的世界に入った。おそらく、真に革命的な展開があったのは、（ことによるとセンティションが私秘化してまもなく）センティションの形態にたまたま変化が起こり、それまでとは不思議なほど違うものとともに存在するという主観的な幻想が最初に生まれたときに違いない。だが、それが本当に転機だったとしても、まだ単なる前触れにすぎなかった。意識の本格的なマジックショーが始まるにはもう少し先まで進まなければならなかっただろうし、感覚をいっそう印象的なものにするための「改良」の余地も多く残っていたはずだ。

はっきりと結論づける証拠はあまりないのだが（とはいえ、このあとの何章かでは考慮に値する、示唆に富んだ証拠が山のように出てくる）、こう言ってもいいだろう。自作のショーは、カンディンスキーが示唆していた壮大な意味で、ごく最近まで、文句なく魂を揺さぶるショーにはなっていなかったと私は推測している。もしかしたら、それは人間の系統に限って起こった進歩によってのみ可能だったのかもしれない。少し先走ることになるが、ここで言っておこう。意識から作り出すものの点で、人間に並ぶ動物はいないのだ。意識は動物の自己観に現に貢献しているかもしれない。だが、どのようなレベルの意識を持つ動物であれ、肉体を超えた命を持つ「魂」はもちろんのこと、人間が考えるような「個人」や「私」という概念を作り出すところまで行ったものはいない（デネットの「意識の証拠」のリストを動物には利用できない理由はもちろんそこにある。それらはみな基本的に「私」にかかわるものだからだ）。

自己というこの人間独特の概念が、感覚とは人間にとってどういうものかという点（つまり、人間の意識の質についての主要な事実）に関して起こった革新にどこまで由来しているのか、そして、ひとたび人間の属性が文化的な現象として十分に発達したところで、どこまで文化のフィードバックを受けてきたのかは、これから探究しなければならない。ほとんどの理論家が文化的な影響を重視するだろうと、私は確信している。だが実際は、人類は五〇〇万年前にチンパンジーから枝分かれして以来、急速に進化してきた。人間の脳と心は徹底的に配線し直された。そして、驚くべきことに、高次の実行機能だけではなく感覚処理の初期段階でも、人間とチンパンジーの脳に違いが生まれたことが、比較解剖学の新たな研究によって明らかになった。人間の一次視覚野には、類人猿やサルにはない特別な細胞の層がある。この層を発見したトッド・プロイスとギレイン・コールマンは次のように述べている。「人間の視覚系が近縁種のものと、基本的に、あるいは本質的に似ているという確信が広く浸透していることを考えると、人間と人間以外の霊長類（一般的に研究されているアカゲザルを含む）の一次視覚野の構造における本質的な違いは意外かもしれない」[*8]。この特別な層の機能に関する証拠はまだ見つかっていない。プロイスとコールマンは、視覚的注意と動きの知覚における違いという「低次」の説明をしている。だが、彼らは自らの発見の重要性を過小評価しているのではないだろうか？　この特別な層は人間ならではの反射ループを生み出すのにまさに必要とされるものではないだろうか？　素晴らしくふくれ上がった自己像が、感覚の現象学的仕組みにおける何らかの基本的な変化――人間の系統にだけ起こった変化――から現れた可能性を除外することだけはしないようにしよう。

　この意識の階層にまつわる問題は、いったい何が問題なのかがもっと明確になったときに、もう一度取り上げることにする。

第6章 そこに存在すること

Being There

前章で紹介した三つのレベルで、意識は人間の祖先の人生を変貌させたと私は考えている。裏を返せば、人間の持つ特別な脳の回路を欠いている心理的ゾンビの人生は、この三つのレベルで私たちのものより貧弱だろう。これからの三章では、この三つのレベルを一つずつ取り上げることにする。まずは、存在すること自体の単純な喜びだ。

意識が人間の展望をどのように変えるかという問題の根底にあるのは、これ以上求めようもないほど深遠な実存的真理、すなわち、私たちはゾンビでいたくはないという願望だ。私たちは「存在すること」が好きだ。「自分であるとは何かのようなこと」という感覚を持つのが好きだ。そして、最も劇的な状況でなければ、その感覚を手放したがらない。

バイロン卿はこう言っている。「人生の最大の目的は感覚にある。たとえ痛みのなかであろうと、私たちが存在するのを感じることだ。私たちを賭博へ、戦いへ、旅へ、慎みのない、それでいて強烈に感じられるありとあらゆる楽しみへと駆り立てるのも、この『飽くことを知らぬ空虚さ』であり、

こうした楽しみのいちばんの魅力は、その達成と切り離すことのできない興奮だ[1]

トマス・ネーゲルは哲学者だから、もっと冷静に語っている。「人間の経験に加わると、人生が良くなるような要因と、悪くなるような要因がある。しかし、その両方を取り去った場合、あとに残るのは単なる中立的なものではない。残るのはあくまでポジティブなものなのだ。……この付加的でポジティブなものの重みは経験自体から与えられるものであり、経験の内容によって与えられるものではない[2]」

小説家ジョン・ゴールズワージーは『フォーサイト家物語』で、一歳二か月のキット・フォーサイトが入浴しているところを描いている。「この子は人生に意味を与えるかに見えた。その活力は相対的ではなく絶対的だった。足をばたつかせ、歓声を上げ、お湯を飛び散らせる。そこにはブユのダンスのような、あるいは宙に舞うカラスの浮かれ騒ぎのような喜びが満ちていた。彼の振る舞いは、彼がこれから受けようとしているものではなく、今、受け取っているものに感謝を捧げていた[3]」

この素晴らしき世界

「感覚中心主義」という言葉は、これらの書き手が言おうとしているものに迫りはするものの、とうていふさわしいとは言えない。「現在主義[4]」という言葉が必要かもしれない。いずれにせよ、この感情は基本的でなじみ深い。自らによる主観的瞬間の占有を、ささやかなかたちで、あるいは壮大なかたちで確かめ、更新したいという渇望、もっと深いところまで行きたい、それを拡げたい、そこに存在することを満喫したいという渇望、そして、自分に技能があれば、それを言葉で讃美したいという渇望だ。

ジョン・キーツは、友人に宛てた手紙のなかでこの気持ちを表している。「喜びと言えば、私は今、片手で書きながら、もう一方の手でネクタリンを口元に持ってきている。なんたる素晴らしさ。柔らかく、果肉が多く、どろっとして、汁がしたたるネクタリンが、喉を下っていく。美味なふくよかさが、祝福された大きなイチゴのように、私の喉を溶けて下っていった」[*5]

あるいは、アルベール・カミュはアルジェリア沿岸のティパサにある、花で覆われたローマ時代の遺跡で楽しみながら、もっと雄大なスケールで、彼の若い肉体を包む肌の内に入るように私たちを誘う。「私たちは青と黄の世界に入り、アルジェリアの真夏の大地の鼻を刺すような匂いの溜め息に迎えられる。……人が偉大さに求めるような教訓も苦々しい哲学も、私たちは探してはいない。ここでは太陽と私たちの口づけと大地の野性味ある香り以外はすべて空しく思える。……ニガヨモギの葉を握り潰し、遺跡を愛撫し、自分の呼吸を世界の騒がしい溜め息に合わせようとしながら、どれほど多くの時間を過ごしたことか！　野趣に富む香りと眠気を催させる虫たちの演奏の懐深くで、熱が染み渡ったこの空の耐えがたいほどの雄大さに、私は目と心を開く」[*6]

あるいは、もっと家庭的なレベルに降りていくと、ルパート・ブルックが小さな感覚のご馳走を次から次へと並べ、もっとささやかな恍惚についての思いをかき立てる。

私が愛してきたものたち、それは
きれいで、きらめき、青い線で丸く縁取られた、
白い皿やカップ、そして、羽のような妖精の埃《ほこり》、
ランプの光の下で濡れた屋根、人懐っこいパンの
硬い皮、そして、いろいろな味のする食べ物、
虹、鼻を刺す薪の青い煙、
そして、冷たい花に身を休めるまばゆい雨粒、
そして、月の下で雨粒を飲む蛾たちを夢見ながら
日の照っている間じゅう揺れている花そのもの。

リストは長い。ブルックは祈りの数珠《ロザリオ》の珠のように、一瞬一瞬を大切につまぐる。

それから、ほどなく厄介事を取り除いてくれる
シーツのひんやりした優しさ、そして、毛布の
荒く雄々しい口づけ、木目のある材木、
輝く自由な髪の毛、もくもくと湧く青い雲、大きな機械の

鋭敏で冷静な美しさ、
お湯のありがたさ、毛皮の触り心地、
古い服の良い匂い、そして、それに類するもの――
優しい指の気持ち良い匂い、
髪の芳《かぐわ》しさ、そして、枯葉や去年のシダの周りに
残っているカビ臭い強烈な臭気……*7。

ブルックの詩はまだ始まったばかりで、感覚に捧げたこの驚くべき讃歌には、あとの章で立ち戻ることにする。だが、これやその前のいくつかのくだりを読むにあたり、これらの貴重な経験がどれほど深く自然界に根差しているかに注目したい。同時代の文化への言及は、キーツとカミュの文章には皆無で、ブルックの詩にはときおり見られる程度だ。ニガヨモギの葉やもくもくと湧く青い雲、湿った土などは、それを楽しむ五感と内面の余裕がある人には誰にも、大昔から惜しみなく提供されてきた。したがって、一〇〇万年、いや、ことによると一〇〇〇万年も前に生きていた私たちの先祖は、これらの経験の多くと同じものを楽しんだと推定できるし、また、そうすべきだ。

だが、ひょっとしたら、私がつい先ほど現在主義と呼んだ感情は、じつはそれよりはるかに前までさかのぼり、はるかに広く及んでいたと推定するべきなのかもしれない。人間以外の多くの動物が、何らかのレベルで、まさに人間と同じように「そこに存在すること」を好むように進化してき

たという証拠には事欠かない。それは、動物たちも基本的に私たちのものに似た、クオリアが豊富な主観的現在を経験することを強く示唆している。

入浴する男の子のためのたとえを探すゴールズワージーは、動物たちに直行する。「ブユのダンスのような、あるいは宙に舞うカラスの浮かれ騒ぎのような喜び」。キット・フォーサイトばかりか、キーツ、カミュ、ブルック、さらにはネーゲルが描く経験や彼らに帰すことのできる経験には共通性がある。イルカは波乗りをする。犬は狂ったように自分の尾を追いかける。ボノボは互いの体を官能的に触れ合う。猫は暖炉の前で横になって思いきり体を伸ばす。子羊は春の野ではしゃぐ。猿は高い崖から池に飛び込む。

タンザニアのゴンベ川研究センターでは、川のほとりにいたチンパンジーがさざ波の立つ水を指先で繰り返し掻き、光と音と感触の繊細な戯れに、一見すると茫然となっている様子を科学者たちが観察している。やがて、他のチンパンジーたちもそれを真似し始め、数か月のうちに、この種の水遊びは一家の伝統になった。「そばに一心に座っていたのがゴールデンで、彼女はしばらく眺めていてから、ガイアとそっくりの動作を始めた。フィールドワークのチームの観察によると、カコンベ川での遊びは以後、グレムリン一家の伝統のようなものになったという。川を渡るたびに、ゴールデンは暇を見つけて岩に座り、手を水に浸け、川床の石をひっくり返していた」[*8]。だがゴンベでは、バイロンばりの、もっと激しい感覚追求の例も観察されている。たとえば雷雨のとき、開けた場所に一頭のチンパンジーが出てきて、土砂降りの雨が背中を伝い落ち、稲妻が大気をギザギザに切り裂くなか、踊り、足を踏み鳴らし、叫び声を上げた。
マーク・ベコフはこう書いている。「ロッキーマウンテン国立公園で若い鹿が雪原を駆け抜けながら跳び上がり、宙で身をひねり、着地して立ち止まり、息を整えてから、何度もそれを繰り返すところを、私は見たことがある。バッファローは、興奮して吠えながらふざけて氷の上に駆けていき、滑って渡るところを目撃されている」[*9]。ジョージ・シャラーは、二歳のパンダが暗いトンネルから解放されたときのことを次のように描写している。「そのパンダは喜びを爆発させた。元気にあふれ、足を高く上げ、行く手を阻む笹はすべてへし折りながら、生き生きとした足取りで坂を小走りに駆け上がると、向きを変え、有頂天になった黒と白のボールが何度も回転するように、とんぼ返りをしながら下ってきた。それからまた、坂を駆け上がり、さらに一度、二度と下りてきた」[*10]
鳥たちもこの仲間に入ることは、次の話を読めばわかる。

暑く乾燥したオーストラリア内陸部でよく見られるのが「ダスト・デビル」あるいは「ウィリー・ニリー」と呼ばれる小さな旋風《せんぷう》で、風速は時速六〇キロメートルほどになり、土埃を何百メートルも上空まで巻き上げる。……モモイロインコという、よく見かけるオーストラリア原産の鳥がこうした旋風に飛び込み、金切り声を上げながら、上向きに吹き上げられるところが目撃されている。旋風の頂点まで来ると、舞い降りてきて、地上近くでまた旋風に飛び込んで、上空に運ばれるのを楽しむ。旋風よりはずっと珍しくて危険な竜巻にモモイロインコの群れが飛び込んだという報告もある。時速一〇〇キロメートル以上で渦巻く風に、たちまち吐き出された鳥たちは、喜びの金切り声を上げた。[*11]

「たとえ痛みのなかであろうと、私たちが存在するのを感じること」? たしかにそのように見える。

生きる意志

というわけで、問題はこうだ。自分が存在するのを感じること(そして、その感じを重んじること)はなぜ生物学的に適応性があり、その結果、その根底にある脳の回路が進化の過程で選ばれたのか?

その答え(少なくとも答えの糸口)は、私たちの目の前にあると思う。それは、存在すると感じることに喜びを見出す生き物は、「存在しようという意志」を発達させ、そのため、少なくとも人間で見られるように、「生きる意志」も発達させる、というものだ。だが、私はこの答えの意味を解明しなければならない。存在したいという意志は、単に存在したいという本能や、ただ存在していることと、どう違うのか? ほとんどの生物は生きる意志など持たないのに、まったく問題なく生きているのは明らかだ。オークの木やミミズ、蝶に生きる意志があるなどとは誰も思わない。これらの生き物は、必要に応じて、あらかじめプログラムされている多種多様な生命維持の仕方に従って本能的に行動する。人間もたいていの時間はそうしている。自分の存在について考えることなく食べ物を食べ、炎から手を引っ込め、傷を癒す。それならば、自分が存在していることを意識するように進化したことで、どんな価値が付加できたというのか？

　それは、こんなふうだったかもしれない。自然淘汰によって、自分が存在する感じを楽しめるようになったとしたら、存在することが目標になりうるし、実際になる。それは何かあなたの望むもの（実際、このあと見るように、何らかのもの）になる。そして、存在したいと望むことと、単に何かしら、生きる本能を持っていることとの違いは、何かを望むときには、あなたはそれを達成するために、合理的な活動を行なう（柔軟で知的な行動をとる）傾向にある点だ。それ自体からは報いが得られないものの、（何らかのレベルで）目標達成につながりそうなことをする。痛みを経験することも含め、自らがひどい目に遭うことでさえする。

　これは、自分の鼓動を聞いて楽しむように自然淘汰が生き物をデザインしておいたかのようで、自己充足的な働きのように聞こえかねないことは認める。だが、それでうまくいくのなら、かまわないのではないか？　動物が交尾につながる行動を起こすことを促進するために、自然が交尾を楽しいものにしたことは誰もが認めている。それならば、意識ある生き物が自分の存在につながることをするよう奨励するために、自分が存在する感じをマジックのように不思議なほど楽しいものにすればいいではないか？

◉――動物に現象的意識はあるか？

人間にとって、これはわざわざ立証するまでもない。幸い、私たちはみな、自分自身の人生でその効果を見てきた。A・A・ミルンの詩「春の朝」で、男の子が「ぼくはどこに行くのだろう？」と歌う。

ぼくはどこに行くのだろう？　よくわからない。
小川へ、キンポウゲの生えている所まで――

…………

ぼくはどこに行くのだろう？　高い所でカラスが声を張り上げる。
「この世に生まれただけでも、なんと楽しいことか」[*12]

いや、楽しさだけではない。私たちは、ときに人生が言いようもないほど美しくなりうることを知っている。だが、高い所のカラスたちは？　それに、モモイロインコやチンパンジーは？　人間以外の動物は本当に、自分が存在するのを感じたいのか？　もしそうだとすれば、それは実際、そうした動物に現象的な意識がある証拠なのだろうか？

まさに人間と同じように、わざわざ楽しみを求める動物種が多くあることを疑う必要はない。彼らは言わば、おおいに楽しみたがっている。モモイロインコは旋風を探し求める。イルカは船首が立てる波に乗るために船を追いかける。チンパンジーはくすぐってくれるように懇願する。
あるとき、私が見ていると、若いメスのマウンテンゴリラが高い所まで伸びている蔓《つる》植物に登って、ヒョウタンのような果実を取ってきた。私のフィールドノートには、こうある。「彼女はその果物を左右に放って両手のなかに落として遊ぶ。それから茎の部分を歯でくわえて口からぶら下げ、二本足で立ってとんぼ返りをする。次に、相変わらず果物を歯でくわえたまま立って、両手で繰り返し果物を叩き、鋭い音を立てる」。翌日、彼女はその蔓植物の所に戻ってきた。申し分のないおもちゃをまた取ってくるつもりなのは明らかだった。[*13]
散歩に連れていってもらうためなら、犬がどんな苦労も惜しまないことや、まんまと連れ出してもらえたときのうれしそうな様子、逆に、願いがかなわないのを悟ったときのしょげた顔は、犬を飼った経験のある人なら誰もが知っている。車に乗せられて外出し、森で駆け回れると思っていたのに、ペット・ホテルに預けられ、自分の存在が「保留」状態になるのに気づいたときの犬の姿ほど哀れを誘うものは、そうそうない。
こうした例を考え合わせると、本当にこれらの動物に意志が存在するということになるのだろうか？　もしあなたが彼らの立場にあったら、たしかに、意識を持って存在することは、生に積極的にかかわろうとしてあなたが行なうこうした努力の目標であると同時に必要条件にもなるだろう。あなたはきっと、クオリアを意図的に探し求めるだろう。もしあなたが心理的ゾンビだったら、わざわざこうしたことはするはずがない。そして、もし動物がゾンビなら、彼らもやはりわざわざそんなことはしないと考えるのは妥当だと思う（ただし、論理的にしっかりした推定とは、およそ言いがたいが）。私たちとかけ離れた種の行動を深読みしないように、慎重になるべきなのは確かだ。とはいえ、推察を控え過ぎる必要もない。

意識ある自己

「存在すること」を楽しむ生存上の利点は明らかだ。まず、先ほど説明したようなかたちで五感を楽しませるという目標を持っている生き物はみな、心身の健全性を増進するさまざまな活動に従事する可能性が高まる（たとえ、ときにはリスクを伴っても）。そのような生き物は、上手に生きると言ってもいいだろう。だが、それだけではない。生き延びるために必要な他のあらゆることをして初めて、こうした強烈な存在の瞬間に到達できるのだから、少なくとも一部の動物にとっては、生きていること自体が目標になる。あなたはうまく生きるだけではなく、人生がほしくなる。感じたいからだ。

というわけで、肝心な疑問はこれだ。自然淘汰は、もっと楽なやり方で、同じ結果を達成しえたのではないか？ おおいに楽しむのが行動の目標になるとき、現に利益が得られることを考えれば、わざわざ手間をかけて現象的意識のドラマを生み出したりせず、単に、脳に特別な報酬の回路を加えて、強烈で多様な感覚刺激の経験を、行動主義心理学者の言う「正の強化」にすればいいではないか？ 心理的ゾンビも、ゾンビなりに、間違いなく感覚的楽しみを味わえるはずだ。ゾンビであっても、遊びに従事するようにデザインできるだろうに。

たしかにそのとおりだ。だが、意識ある生き物と比べると、彼らの遊びははるかに底の浅いもの（そして長期的には、それほど生を肯定はしないもの）になるだろう。なぜなら、現象的意識は、重んじるべき実体のあるもの（あるいは少なくとも、その幻想）を与えてくれるからだ。人生の大きな目的（意識ある存在であるあなたが、地面に落とすまいと努力するボール）は、肉体の生理的レベルで記述される底の浅い要因でもなければ、単なる数値でもなく、心理的にまったく異なる領域に属するもの、すなわち、意識ある自己の存在だ。

そう、そうなのだ――「意識ある自己」――「自己」を舞台の中央に引っ張り出す時が来た。自己の概念は複雑で、本書のだいぶあとにならなければ、その実態はつかみきれない。のちほど私は、進化の歴史のなかで、異なる種ごとに異なるレベルで自己が現れたと主張するつもりだ。人間の大人の自己に匹敵するものは、動物の間では（さらに言えば、人間の赤ん坊にも）見当たらないことは確実だ。だが手始めに、基本的なものに焦点を絞りたい。それを「中核的自己」と呼ぼう。これは単に、意識の厚みある瞬間の所有者・占有者のことを指す。感覚の主体として、「自分が存在するとあなたが感じる」とき、中核的自己が幻想の時空間のなかに出現する。

これは私の考えではない。もともとはアリストテレスのものだ（ただし、現代の哲学ではめったにそのように認識されることはないが）。すでに第４章で述べたように、アリストテレスは意識の時間的深さの孕む矛盾に注意を喚起している。「感覚の、分断されていない『今』は、それ自身とは必ずしも一致しない、ある継続時間に依存しているに違いない。……それは別の時間なのだ。……これは時間とはまったく違うものなのかもしれない」。だが、アリストテレスはここから話をどう進めたのか？ 驚くべきことに、彼は続いて、中核的自己の根底にある（そして、それを生じさせる）のは、この「特別な」時間の次元にほかならないと主張する。「もし誰かが、自分自身か何か別のものを意識ある時間のなかで感知したら、その人は、自分が存在することに気づかずにはいられない。……単純なものであれ複雑なものであれ、鋭いものであれ鈍いものであれ、あらゆる感覚のなかに動物は……自分が生きていることを感じる」[*14]

自分が感じるときに自分が存在するのに気づかないのは不可能であることをアリストテレスは悟った——我感じる、ゆえに我あり。一五〇〇年後、デカルトは自分が考えるときに自分が存在するのを疑うことは不可能であると主張した——我思う、ゆえに我あり。とはいえ、現代の著述家のなかには、実際の経験にとっては、アリストテレスの「感じる」のほうがデカルトの「思う」よりもはるかに正確だと述べている人がいる。「我、ときに思い、ときにある」と詩人のポール・ヴァレリーは書いた。[*15] 小説家のミラン・クンデラに言わせれば、「我思う、ゆえに我ありは、歯痛を過小評価する知識人の意見だ。我感じる、ゆえに我ありは、はるかに普遍的に妥当で、あらゆる生き物に当てはまる」[*16]

これから導かれる必然の結果で、実際、明白な心理的事実は、我感じなければ、我あらずというものだ。あなたの中核的自己は、あなたが感覚を持っているときにだけ生じる。そして、感覚が生じたときにいつでもその感覚に対する権利を主張できる殻のようなもの（舞台の袖で控えている、空《から》っぽの自己）がすでに存在しうると、一部の理論家に倣って主張するのは、本末転倒だ。哲学者のゴットロープ・フレーゲは、こんな紛らわしい主張をしている。「経験は経験者なしではありえない。内なる世界は、その内なる世界の主人たる人間の存在を前提とする」[*17]。だが、じつは、経験者は経験なしではありえない。人間の存在は、その人間をその人間たらしめている内なる世界の存在を前提とする。ヨハン・フィヒテはもっとうまく言っている。「自意識を持つ前の私は何だったのか？　この問いに対する自然な答えは、私はまったく存在しなかった、だ。なぜなら、私は私ではなかったのだから」[*18]

実際これは、意識の発達史研究家として私たちが自ら毎朝目にしていることだ。本書の最初で、私は毎日地球で起こる壮大な目覚めに触れた。無数の意識ある自己が眠りから覚める場面だ。マルセル・プルーストは、目覚めるときの様子を次のように描いている。「天からロープが下ろされ、非存在の深淵から私を引き上げる」[*19]。ここでポール・ヴァレリーを再び引こう。「私が目覚める、ではなく、目覚めがある、と言うべきだ。なぜなら、私は結果であり、結末であり、究極のQ．E．D．（証明終了）なのだから」[*20]

それでは次は？　偉大な生理学者のチャールズ・シェリントンが表現しているように、「『五感』の委員会が総出で審議中で……その人は精神的な存在となることを達成した」ときに、どうなるのか？　その瞬間から、中核的自己は、意識ある生き物としてのあなたが、自分はこういうものであると考えている存在物になり、あなたは今やその将来に独特で風変わりな関心を抱く。「日中目覚めている時間はすべて、良くも悪くも、『自己』という登場人物が喜劇や道化芝居や悲劇を演じながら牛耳る舞台だ[*21]」

あなた自身の自己が、あなたの内なる空間を占めている。なぜなら、ここで注目しておきたいのだが（のちほどもっと詳しく論じる）、感覚から現れる自己の主要な特徴は、自己はあなたという主体だけに帰属するというものだからだ。想像してほしい。もしインターネットの大手ソーシャルネットワーキングサービスのマイスペースが、新しい情報をアップロードするためのパスワードをあなただけが持っているウェブサイトであるばかりか、本質的に他の誰にも見ることができず、それでいて、本物の自分が住んでいるように感じられるサイトだったとしたら、どうだろう？ 想像できるだろうか？ だが、じつは、本当にそんなふうになっているのだ。あなたの自己は、本質的にあなたの関心事、あなたの責任になった。

特異で非常に重要な自己というこの概念が分析に耐えられるかどうかについて、哲学者の間で激しい議論が起こっているのは確かだ。人間はたいてい、自己という、自然に生まれた幻想におおいに感銘を受けていることは間違いないが、そうあるべきではないと主張する批判者もいる。トマス・メッツィンガーは、以前私が書いた小論に、こう応じている。「もちろん、自己などというものはこの世に存在しない。自己だった人も、自己を持っていた人も、これまで一人としていない。自己は、自転車やドストエフスキーの本とは違って、人間が持つようなものにはけっしてなりえない。

……現象的自己はものではなくプロセスだ[*22]」

二〇世紀初期のアメリカの作家で風刺家のジェイムズ・ブランチ・キャベルは、この仮想のものに人々が与える重要性について、とりわけ冷笑的な見方をした。「私が気安く私と呼ぶものは、いったいどのようなものなのか？　もし自分自身の概念、自分の生身の体に住まい、それを部分的に支配しているとあなたが考える種類のものの概念を形成しようとすれば……あなたの究極のねぐらである真珠色をした脳細胞のなかには、感覚を受け取る能力以外、ほとんど何も見当たらないだろう。……そして、説明のつかないさまざまな謎の間に暫定的に存在している、ただの非常に騙されやすい意識であるというのは、羨望に値するありさまとはおよそ言いがたい」。彼はこう言い足す。「それにもかかわらず、私が執拗にしがみついているこの人生は、それ以上の何物でもない[*23]」

そうかもしれない。だが、ここまで論じてきたことに照らすと、これらの脱構築主義者たちが肝心な点、すなわち、自己が心理的にどれほど意味を持つかという点を見落としているのは明らかのようだ。キャベルはあのような悲観的な調子で終えるかわりに、並外れてポジティブな事実を強調して、こう書いていればよかったのだ。「それにもかかわらず、それ以上の何物でもないこの人生に、私は執拗にしがみついている」。なぜなら、これこそが肝心なのであり、「感覚を受け取る能力以外、ほとんど何も見当たらない」と私たちが科学者として同意するような「種類のもの」が、感覚意識のさまざまな質的次元のマジックによって、あなたがしがみつけるものに変貌したのだから。中核的自己が栄えることが、人生の大目的になった。ウィリアム・ジェイムズが書いているとおり、「私が関心を抱く自己を持つには、自然はまず、それ自体のために自分のものとしたいと私に本能的に願わせるほど興味深いものを私に提示する必要がある」[*24]

人間以外の動物をどこまで含められるかは、想像するしかない。意識ある現在に生きているから、自分自身の存在を熟考し、楽しむことのできる幸運な動物たちの輪は、どれほど広がっているのだろう？　偏見を吐露すると、ブユは（楽しそうにダンスするブユでさえ）存在する意志も持たなければ、意識ある自己のかけらさえ持たないと私は思っている。魚類や陸上の冷血脊椎動物については、どちらとも言えない。だが、哺乳類と鳥類に関する証拠は、私は真剣に受け止めている。猫やゴリラ、パンダ、モモイロインコが感覚を求めて懸命になる姿に私が見るのは、自らの持続に没頭する中核的自己の正真正銘の表れだ。

だが私たちは、意識は人間を含め、特定の種で生を愛するただの動機であるというこの段階でおしまいにするわけにはいかない。私たちは意識の発達史研究家として、他の面も見なくてはいけない。なぜなら、少なくとも人間にとって、生に執拗にしがみつくのは、生を愛する以上の意味を持つからだ。人間にとって、それは個人としての死、すなわち自己の死滅を恐れることも意味する。これは、本書の終わりのほうではいっそう重大になる。だが、差し迫った問題もいくつかあるので、ここでさっそく取り組みたい。

●——死すべき運命

これまでは動物全般の意識の進化について論じてきたが、人間にとりわけ関心を向けてしかるべきだろう。そして、人間には何か特別なことが起こっているという証拠があるとなれば、それは無視できない。じつのところ、生物学的な力として意識の持つ動機づけの効果について、本章ですでに取り上げた問題のいっさいが最も明確になるのは、おそらく人間にだけ重要だと思われる結果を考えるときなのだ。

英語では人間のことを「ヒューマン・ビーイング（human being）」という。名が体を表すとは、まさにこのことだろう。人間とは、「ビーイング」、つまり「存在すること」に尽きる。だが、これは人間にとっては独特の問題の原因となる。人間は自然界の一部でありながら、一つの点で他のどんな種よりも不利な立場にある。人間は知り過ぎているのだ。人間は存在することを望む一方で、知っている——すべて紛れのないかたちで記録された、ありとあらゆる先例が、非存在こそ避けられぬ定めであると教えていることを。ジョン・キーツは、あのネクタリンを楽しんだのは二四歳のときだったが、それから二年もしないうちにローマで肺結核で亡くなった。ルパート・ブルックは自分が愛するものについての詩を書いたとき二七歳で、その一年後、ダーダネルス海峡で兵員輸送船に乗船中、敗血症で亡くなった。アルベール・カミュは四六歳のとき、アルジェリアでの子供時代を描いた未完の原稿の入った鞄を持ってパリへ向かう途中、自動車事故で亡くなった。

あなたも、同じ運命が自分を待ち受けていることに嫌でも気づく。他のどんな意識ある生き物よりも生を愛するあなたには、自分の死はなんとも受け入れがたく思えるかもしれない。それはどうにも不当な仕打ちに思える。トマス・ネーゲルはそれをうまく言い当てている。「外から観察すると、明らかに人間は自然な寿命を持っており、せいぜい一〇〇歳ぐらいまでしか生きられない。一方、自分自身の経験に基づく感覚には、自然な限界というこの考えは入っていない。彼の存在は、本人にとって、過去に十分耐えることのできた善悪がいつもどおり混ざり合った、本質的に際限のない可能性を持つ未来を明示している。……このような観点に立つと、死は、どれほど避けがたかろうと、どこまでも果てしなく続きうる幸福の唐突な解消となる」[*25]

あなたはそこに際限なく存在し続けるつもりでいた。だから、そこに存在できなくなる日が来るのに気づくことほど衝撃的な経験はないかもしれない。ここで、小説家フィリップ・ロスのインタビューの抜粋を引こう。「『死ぬのが怖いとおっしゃいましたね。でも、あなたは七二歳です。何が怖いのですか？』と訊くと、私の顔を見て言った。『意識のない状態。もう生きていないこと。ごく単純に言って、命を感じないこと、命の匂いを嗅げないこと』」[*26]

たしかに、意識のない状態を恐れるのは一種の論理的誤りだと言うことができる。感覚のない状態は合理的に恐れられない。なぜなら、それは存在の一状態ではないからだ。二〇〇〇年前、詩人のルクレティウスは、私たちをこう説得しようとした。死後、「私たちは感じることはない。私たちはもはや存在しないからだ。……そして、存在しない人間は悲哀を感じないから（なぜなら、死は人から苦痛を取り除き、生きている私たちが感じて耐えるしかない衝撃を防いでくれるので)、死んだら私たちが恐れるものなど何が残っているというのか?」[27]

厳密に言えば、意識のない状態は想像できないことに同意してもいいだろう。なぜなら、心は、心のない状態をシミュレーションできないのだから。[28] だが、それはどうでもいいことだ。死を恐れるというのは、どこか想像できない場所に行くのを恐れるのではなく、どこか想像できる(そして、たった今、生きている)場所にいなくなるのを恐れることだ。フィリップ・ラーキンは自作の詩「朝の歌《オーバード》」で、誰も及ばないほどうまくそれを言い表している。彼はそれを「目を欺くもの」と呼んでいる。

……それは、理性ある生き物なら、自分が感じられないものを
恐れることはありえないと言う。だが、わかっていないのだ、
これこそ私たちが恐れるものだと――何も見えず、聞こえず、
触感も味も匂いもなく、考える手立てもなく、
愛したり結びついたりする相手もないこと、
何一つ現れ出てこない無感覚を。[29]

肝心なのは、意識のない状態が、人々の想像のなかではそこに存在することの否定として現れる点だ。人は「自分の空間」が抹消されること――ネーゲルの言葉を借りれば「どこまでも果てしな

く続きうる幸福の唐突な解消」――を恐れる。ゾンビは死が迫ってきても何も心配しないだろう。自分が持ったことのないものがない状態など、恐れようがないからだ。だが、人間はまさに自分が持っているもののために死を恐れうるし、実際に恐れもする。

これはつまり、人間にとって、じつはこの恐れは意識の持つ顕在化した影響の一つであることを意味する。もしアンドロメダの科学者が目を向けていれば、必ず注意を惹かれる影響だろう。それに、大きな影響でもある。精神分析学者のアーネスト・ベッカーはこう書いている。「死という考えと、死への恐れのように、人間という生き物につきまとってくるものは他にない。それは人間の活動の主要な動機であり、その活動はおもに、死という災難を避け、それが人間の最終的な宿命であるのを何らかのかたちで否定することによって克服するようにデザインされている」[*30]。これが正しければ、死に対する人間の恐れは、最初から自然淘汰には明白だったに違いない。したがって、その裏にある意識も同様だったはずだ。

のちほど見るように、死についての不安はさまざまなレベルで人間の行動に現れるし、これまで文化や文明の発展の原動力であり続けた。だが、私は当面、話を単純にしておきたい。意識のない状態に対する生々しい恐れは、人間が生き延びるのを助けるのだろうか?

この疑問がこんなかたちで言い表されたところは、これまで見たことがない。だがそれは、答えがあまりに明白だからかもしれない。「［死への恐れ］がなければ、人類はほどなく全滅するだろう」[*31]というジャン＝ジャック・ルソーの言葉は誇張かもしれない。だが、無数の異なる状況で人間は死に直面し、それが気に入らず、それを避けようとあらゆる手を尽くしてきたことは確かだ。

一つだけ例を挙げよう。登山家のジョー・シンプソンは、アンデス山脈での登山事故を生き延びた驚くべき物語『死のクレバス』で、真っ先に痛みの感覚によって安心したと述べている。「焼き焦がされるような苦痛が片方の脚から上がってきた。脚は体の下で曲がっていた。焼けるような痛みが増すにつれ、生きているという感覚が現実になった。ちくしょう！　こんなに痛いんだから、死んでいるはずがない！　痛みは続き、私は笑ってしまった。生きている！　ふざけやがって！　それからまた笑った。心の底から楽しく笑った」[*32]。その晩、シンプソンの頭にシェイクスピアの言葉がふと浮かび、彼をからかい、駆り立てた。

老齢と痛みと貧困と投獄が
人間に与えうる、どれほど惨めで
どれほど忌まわしいこの世の暮らしも
私たちが死について恐れるものと比べれば楽園だ。[*33]

虚、シンプソンはそれに触れて尻込みした〔シンプソンの本の原題（*Touching the Void*）を直訳すると『虚に触れる』〕。だから、生者の世界へ自分を引きずり戻した。

人間が同じことをした例は、無数にあるだろう。人間は、まだ未練があるから（ディラン・トマスの言葉を借りれば、「光が消えるのに激怒して」[*34]、屈することを拒む。もちろん、いつも称讃に値する勇気ある行為をもってそうするわけではないが。人々は自分の死を避けるために、臆病で不道徳で利己的に振る舞うこともある。サミュエル・ジョンソンの言葉は有名だ。「たしかに、人は自分が二週間後に絞首刑にされるとわかっていると、集中力が素晴らしく高まるものだ」[*35]。そして、手をこまぬいていれば一時間のうちに死ぬとわかっていたら、その人がどんな犠牲を払ってでも逃げ出そうと思ったところで、驚くまでもないだろう。現代人は必ずしも勇士たちの血を引いているわけではない。他の人たちが死ぬなかで生き延びた人たちの子孫なのだ。好むと好まざるとにかかわらず、人間の意識は、生死の瀬戸際で生物学的な価値を何度となく実証してきたに違いない。

自分が死んだあとも自己が生き延びるのを確実にするという空しい望みを果たすために、どの時代にも人間がどれほど途方もない労力を費やしたかを考えてみるといい。そして、そもそも死なないようにするために人間がこれまでずっと注ぎ込んできた努力は、それをはるかに凌ぐ。

◉——動物の死

だが、これはいかにも人間らしい反応だ。人間以外の動物は死を恐れるのだろうか？　恐れない、いや、恐れることはできないというのが従来の一般的な見方だ。それには三つの理由がある。

第一に、人間以外の動物は「心的タイムトラベル」の能力が限られている[*36]。仮に未来を見越し、過去に起こった良いことや悪いことが再び起こるところを想像できたとしても、仮想のシナリオ、つまり、まだ自分の身に起こったことがない出来事を思い描けるとはとうてい思えない。ところが、死とはもちろん、生まれてからまだ一度も経験したことのない、仮想の出来事にほかならない。つまり、人間以外の動物は、一〇分後に絞首刑になることは考えられない。二週間後など論外だ。詩人のW・H・オーデンは、この幸福な無知の状態と人間の境遇の純然たる違いについて、こう書いている。「朝のウサギは幸せだ。なぜならウサギは／猟師が目覚めたときの思いを読めないから。木の葉は幸運だ／散るのを予測できないから」[*37]

第二に、人間は死の証拠の積み重ねにさらされているが、人間以外の動物はそういうことはまったくないからだ。動物は、他の動物が死ぬところを目にすることが仮にあったとしても、この運命を一般化して自分を含めるところまでいく理由がない。まして、何らかのかたちの死が不可避だと気づくことなどありえない。ヴォルテールはこう言っている。「人間は自分が死なねばならぬことを知っている唯一の種だ。そして、人間は経験を通してのみ、それを知っている。一人だけで育てられ、孤島に連れていかれた子供は、猫や植物と同様、死という考えを持たないだろう」[*38]。もし動物が、自分と同じ種の動物がライオンにでも捕まって殺されるのを目にしたら、ある程度の知恵があれば、自分もライオンに捕まれば殺されるだろうと結論するかもしれない。とはいえ、共通の文化の助けがなければ、この教訓を他者が学ぶことはほとんど考えられない。

だが、第三の理由は決定的だ。人間以外の動物は、死が最終的なものであることを理解する概念的手段がない。肉体の死が自己の死をもたらすことを、どうして動物が理解しうるだろうか？

動物が死について考えることが万一あったとしても、おそらく死を眠りと結びつけるだろう。そして、眠りは意識の一時的消滅を伴うとはいえ、もちろん、死のような災難ではない。それどころか、あなたも含めて誰もが経験するように、眠りはそこから自己が必ず帰ってこられる領域だ。人間にとって、眠りが死のモデルとしてこれほど魅力的なのは、このせいに違いない。そして、人間が死の真相をいつも把握できるとはかぎらないとしたら、人間以外の動物にどうしてそれが把握できるだろうか?

死が終わりであることをチンパンジーが理解するのに苦労している様子は、ギニアのボッソウで野生のチンパンジーの群れを観察した霊長類学者、松沢哲郎の観察記録から窺われる。ジョクロという二歳半のメスの赤ん坊が肺炎で死んだあとのことだ。松沢のフィールドノートからそっくりそのまま引用する[*39](すばらしい映像もオンラインで入手可能)。

一九九二年一月二五日

ジレ[ジョクロの母親]が娘を地面に置く。私はジョクロの胸を見たが、呼吸をしている様子はない。死んだのだ。まさに、きょう、死んだのだ。ジレはジョクロの手を取り、背負った。ジョクロは生前同様、俯《うつぶ》せで母親の背に「乗って」いる。

一月二七日

ジョクロの死から二日が過ぎた。彼女の遺骸は仰向けに母親の背中に横たわっている。腹部がガスでふくれている。ジョクロの体は腐敗が始まっている。ジレは死んだ子の周りを飛び回るハエたちを追い払う。

一月二九日

死後四日たち、ジョクロの遺骸が干からび、ミイラ化し始めた。だが、母親は生きている子供を背負うように、また遺骸を通常の俯せの姿勢で背負うようになった。コミュニティの最優位のオス、テュアが、ジョクロの遺骸の匂いを嗅ぐ。強烈な腐臭は私にも嗅ぎ取れる。だが、コミュニティの他のメンバーは、遺骸に対して嫌悪や恐怖を覚えている様子はまったく見せない。

二月九日

ジョクロが死んでから一五日が過ぎた。遺骸は完全に干からびてしまった。ジレは、遺骸に寄ってくるハエを相変わらず追い払っている。それから、遺骸を取り上げ、その顔をまじまじと見る。ジョクロの顔をきれいにし始める。娘がまだ生きているかのように、その亡骸《なきがら》の毛繕いをする。そのすぐあと、私が見ていると、大人たちが休憩している間に、子供のチンパンジーが一頭、遺骸で遊ぶ。そのオスの子供は、ジョクロの遺骸を持って木に登る。地面から五メートルほどの所で遺骸をぶらぶらさせ、下に落とす。急いで木を下り、遺骸を拾い上げ、それから木に登り、また落とす。その間、ジレはおとなしく見守っている。

二月一七日

とても興味深い出来事が起こる。コミュニティの最優位のオス、テュアが私に向かってくる。突進誇示行動《ディスプレイ》だ。彼はジョクロのミイラ化した遺骸をディスプレイに使う。チンパンジーは普通、突進ディスプレイでは、枯れ枝を使って力を強調する。だが、今回は、テュアは死んだ子供の体を使っている。とはいえ、私は微妙な点に気づいた。テュアは向きを変えるとき、遺骸を右手から左手へそっと持ち替える。木の枝のときには、ジョクロの遺骸に対するような細心の扱いは見せたためしがない。テュアは私の目の前に遺骸を置き去りにする。母親のジレがジョクロの遺骸を取り戻す。いつも、そうだ。

〔これはフィールドノート原本からの転載ではなく、英語で発表されたフィールドノートを訳者が日本語に戻したもの〕

目の前で仲間の一頭が生きていることを永遠にやめたときに、何が起こったのかチンパンジーたちが理解するのがこれほど難しいのなら、これが自分を待ち受けている運命だと彼らが想像できるはずがない。そして、それが想像できないのなら、それは恐れようがない。

人間以外の動物にも、自分の意識を重んじるがゆえに、生を楽しむものがたくさんいると、私は前に主張した。そして、チンパンジーはもちろん、そうした動物のうちでもいちばん高等な部類だ。「生き物は……生きたがる。なぜなら、感じたいからだ」。ここで私が言いたいのは、もしあなたが人間以外の動物なら、死への恐れをまったく抱かないまま、生きたがることが十分考えられるということだ。死が待ち受けているのに気づかないから、あるいは、死は生の終わりを意味するのが理解できないから。死が待ち受けているという恐ろしい予感こそが、人間の境遇をこれほど不安に満ちたものにする。だが、だからこそ人間は、生存にこれほど専心するわけでもある。

死を恐れる

私たちは驚くべき事態に至った。もし、死を恐れるのが本当に人間ならではの特質で、意識を持つことの結果の一つであり、人間が生き続けるのを助けるのなら、意識——中核的意識——は、他のどんな動物の生物学的適応度よりも、人間の生物学的適応度に貢献することになる。それは、人間の意識が、この基本的・中核的レベルで、自然淘汰からの新たな圧力に現にさらされるようになったことさえ意味しうる。

本書でのちほど論じる自己のもっと壮大な形態については、新たな種類の淘汰圧が絡んでくることを予測していてもよかったかもしれない。だが、この章の旅を独自に成し遂げた人でもないかぎり、中核的自己に関して、それを予測しなかっただろうと思う。それが実際に、人間の意識の現象学的仕組みに大きな貢献をしたかどうか（イプサンドラムを作り変えたかどうか）という疑問には、興味をそそられる。だが、現象的意識を持つとは「どのようなことか」という点で種による違いがある可能性があっても、すでに述べたとおり、その可能性についての考察はすべて先延ばしにし、意識が中核的自己を生み出す役割を果たすためにどのように発達したかを、もっと詳しく捉えておく必要がある。

というわけで、内なるマジックショーが、まったく別のかたちでも私たちの人生を変えうるという話に進もう。このマジックショーのおかげで、私たちは自分の体の範囲を越え、物質的な環境にも魔法をかけるのだ。

第7章 魔法をかけられた世界

The Enchanted World

あなたは生命を感じ、その匂いを嗅ぐ。ときおり、自分自身の存在に心を奪われる。「ここでは太陽と私たちの口づけと大地の野性味ある香り以外はすべて空しく思える」。このような、肉体中心の夢想状態では、現象的意識は私であることに尽きるように見えるかもしれない。あなた自身がショーとして上演している感覚があなたの心を占め、その感覚が応じている外部世界の事物のことを、あなたは考えもしない。それどころか、今の瞬間の恩恵に浴しているとき、あなたは外の世界からすっかり身を引きたくさえなるかもしれない。

私は意識の発達史にまつわる証拠を、芸術家や僧侶から引き出すことを約束した。そこで、意識ある現在を称讃しつつも、この世の事物を考慮の対象からすっかり除外するのを常とする芸術の伝統や宗教的瞑想の伝統があることを認めよう。

ブリジット・ライリーはこう書いている。「もし、私が戸外の自然のなかにいるなら、私は何かを探したり、さまざまな物を見詰めたりしない。私は検閲したり識別したりせずに感覚を吸収しようとする。私は、言ってみれば、感覚に瞳孔から入ってきてほしいのだ。その感覚自体のレベルで」[*1]。そして、芸術の完成作品も、純粋な感覚として鑑賞しなくてはいけない。ポール・セザンヌはこう言う。「目を閉じ、何も考えずに待ってほしい。それから、目を開ける。……そのとき見えるのは、色のついた大きなうねりだけだ。そして、その次は？　色彩の放射と栄光だ。それこそ、絵画が私たちに与えるべきものだ。それは、温かいハーモニー、邪悪な目が失せてしまう深淵、秘密裏の発芽、彩られた優美の状態だ」[*2]。現在ニューヨーク近代美術館に所蔵されている有名な絵のなかで、アンリ・マティスはヤン・デ・ヘームの静物画を模写した。マティスはその絵でセザンヌの助言に従い、原作者の意図に明白に逆らい、豪華な饗宴を、彩色を施したフォルムの平板な配置として描いた。

第2章で見たように、カンディンスキーは音楽的なたとえを熱心に説いた。「色は鍵盤、目はハンマー、魂はたくさんの弦を張ったピアノである」。ウォルター・ペイターは、「すべての芸術は音楽の状態にたえず憧れる」[*3]と断言している。したがって、音楽は他のどんな芸術的媒体よりも効果的に、世界から切り離された自己陶酔の状態へと人を持ち上げられるということにしよう。これは、音楽を聴いていると、その音楽がどこから聞こえてくるかに注意を払うことをじつにたやすく忘れられる、つまり、それを何か外の世界にあるものの音としてではなく、耳元の音として無理なく聞けるからにほかならないのかもしれない。

「羊の腸が人の体から魂を引きずり出すとは、不思議ではないか？」[*4]とシェイクスピアの『空騒《から》ぎ』

に出てくるベネディックは言う。だが、もしこれを不思議に思うとすれば、私たちが本当はそ、ん、な、ふ、う、に、聞、い、て、い、な、い、からに違いない。リュートの調べに魂が引きずり出されるとき、私たちは木の胴に張られた腸線《ガット》の弦の振動に、幸せなまでに無関心でいられるし、実際、無関心でいることが多い。「我を忘れて」音楽に聴き入ることがあると、私たちは言う。だが、世界を忘れて自分の中核的自己をいつも以上に見出すと言うほうが真実に近いかもしれない。

とはいえ、これには別の面もある。意識があるとは、自己であるだけではない。これからすぐ見るとおり（そして、おそらく自然淘汰がまもなく目にすることになっていたように）、現象的意識は私たちの外部世界との関係も根本から変える。

もの自体の崇拝

今説明した、外部から切り離された自己陶酔の状態がどんなものか、あなたも思い当たるだろうし、その価値はあなたも認めていることだろう。とはいえ、この状態は比較的珍しいものだとも思う。実際、私たちはたいてい、自分自身の存在を自覚しているときでさえ、やはり、身の周りの事物の存在も強烈に自覚している。

戸外の自然のなかにいるときも、ライリーとは違って、私たちは現に何かを探したり、さまざまな物を見詰めたりする。たとえば、山や木をそれと識別して称讃する。音楽を聴いてるときでさえ、ベネディックとは違って、シンバルが打ち合わせられる音や、チェロの弦が鳴る音をそういう音として聴くことは可能だし、実際にそうすることもある。それに、こうした外部志向の状態は、必ずしも意識が低い状態とはかぎらない。いや、それにはほど遠い。私に言わせれば、その状態では現象的意識がかつてないほど幅を利かせているのだ。

この見方を支持する証拠も挙げられる。事実、事物のなかや間でできるかぎり注意深く生きる道を説く絵画の伝統や瞑想の伝統もある。

マティスは饗宴の食卓を「色のついた大きなうねり」に一変させた。だが、ヘームは原画でふくよかなブドウやきらきら光るデカンタ、猟鳥肉のパイ、白いリネン、クリスタルの酒杯、濃い色のビロードのテーブルクロス、艶やかなマンドリンを、細部に至るまで丹精込めて忠実に写し取っている。彼の意図は、目のための饗宴を生み出すだけではなく、世界が持つ本来の栄光に注意を惹きつけることにもあった。

私たちはキリスト教の聖堂では天に向かって運ばれるかもしれないが、禅寺の庭では明らかに地上に引き戻される。そういう庭では、私たちの存在が主ではない。私たちは他の存在物（岩や水、金色の鯉《こい》、樹木）とともに存在するというのがその教訓だ。

第6章では、私が「存在すること自体」と呼んだものを楽しむ人間や動物の例をたくさん引用した。だが、今度は、自己というものが紛れもなく焦点になっている場合にさえ、それ以上のことが起こっていたと認めよう。たしかにキーツはどろっとして、汁がしたたる果実の甘い感覚を満喫したが、ネ、ク、タ、リ、ン、そのものも確実に楽しんだはずだ。チンパンジーのガイアは指の周りで渦巻く冷たい水をおおいに楽しんだが、小川の存在も確実に楽しんだはずだ。
そしてブルックは？　彼の詩は続く。

蛇口や泉から聞こえる、美味しい水の、えくぼを見せる笑い、
地面の穴、そして、歌声、
笑い声も。そして、ほどなく平穏に変わる
体の痛み、そして、低く喘《あえ》ぐ列車、
堅い砂地、波が引くにつれて黒ずみ、だんだん小さくなる
泡の、ぼんやりしていく小さな縁《ふち》、
そして、打ち上げられて、一時間にわたって鮮やかな色を見せる小石、鉄の
冷たい、くすんだ色、湿って黒い肥沃な緩い土、
眠り、そして、高い場所、朝露のなかの足跡、
そして、オークの木、光沢があって真新しい、茶色のトチノキの実、
そして、皮を剝がれたばかりの木の枝、そして、草地に輝く水たまり。

ブルックは自分の感覚的な喜びをピンポイントで指摘している。だが、外の世界にある、こうした喜びの源に畏敬の念を抱いてもいる。さまざまなもの。ありきたりなもの、それも、膨大な数の

もの。人間にはおおむね何の役にも立たないもの――食べるのにも、売るのにも、求愛するのにも適さないもの。まったくではないにしても、人生とはほとんど関係のないようにも見えかねないもの。だが、それらが現に存在するという、ただそれだけのことが、うれしく感じる原因なのだ。

色の混ざり合ったものを与えてくださった神に栄光あれ――
ぶちの牛のような二色の空、
泳ぐ鱒《ます》の体じゅうに散りばめられたバラ色の斑点、
地面に落ち、燃え盛る真新しい石炭のような栗、フィンチの翼……。[*5]

ジェラード・マンリー・ホプキンズは、ブルック同様、メッセージをはっきり伝えるために例を積み重ねる。まるでこの二人は、オランダの静物画家たちの流儀に倣って、世界の恵み物を並べ立て、テーブルにご馳走を山積みにし、この世で暮らしている私たちの幸運を証明したがっているかのようだ。その世界では、ありとあらゆるものが、それぞれ固有の価値があるのだから崇拝してくれと呼びかけている。

だが、この主張を通すのに、高尚な詩歌に頼る必要はない。大衆文化にも独自の表現法がある。ブルックは「私が愛してきたものたち」と書いたが、『サウンド・オブ・ミュージック』[*6]の主人公マリアは「これは、私のお気に入りのいくつか」と歌う。

バラの花についた雨粒や子猫のひげ
きらめく銅のケトルや暖かい毛糸の手袋
ひもで結んだ茶色い紙包み

まだまだ続く。そして、途中で遮《さえぎ》っていったいどういうことかなどと尋ねるのは、野暮にすら思える。とはいえ、これは肝心な疑問だ。もの自体に対するこのような崇拝は、どう説明すればいいのか？

クリーム色の子馬やパリパリのリンゴの焼き菓子《シュトルーデル》
玄関の呼び鈴や橇《そり》の鈴、カツレツのヌードル添え
月を背に、翼をはためかせて飛ぶ野生のガン

青いサテンの飾り帯がついた白いドレスをまとう娘たち
私の鼻やまつ毛に載った雪片
白銀の冬と、それが溶けてやってくる春
これは、私のお気に入りのいくつか

この崇拝のなかで、もしあるとすればどんな役割を意識にあてがうべきなのか？　個として意識のある生き物だけが、個とは無関係の事実をこれほど気にかけるということさえありうるだろうか？　これは驚くべき可能性に思えるかもしれない。だとすれば、おおいに驚く覚悟をしておいてほしい。

●――雨上がりの森で

意識と事物についての、自明の問いを投げるところから始めよう。心理的ゾンビにとって、外部世界はこれほど不思議に満ちた場所だろうか？

これは、ゾンビが独自の、お気に入りのもののリストを持つかどうかを問うものではない。もちろん、ゾンビにもそういうリストはあるだろう。たとえゾンビは感覚クオリアを持っていないとしても、身の周りのものが自分にとって良いか悪いかを評価する能力は、完全に持ち合わせているだろう。とくに、自分の身体機能がかかわってくるときには。ゾンビはおそらく、自分が何を好むか知っているはずだ。そこで、ゾンビは自分のお気に入りのものとして、たとえば暖かい毛糸の手袋やパリパリ砕けるリンゴのシュトルーデルといった、体に良い品を挙げると考えてもいいだろう。

だが、むしろ問うべきは、ゾンビのお気に入りのもののリストが、典型的な意識ある人間のリストに近いほど長いかどうかだ。そして、そのリストはずっと短いというのがその答えになると私は思う。理由は二つあり、両方とも意識に関係がある。一方は比較的単純で、私たちがすでに考察した問題から得られる。もう一方は、それより意外なものだ。

私は少し前に、私たちは普通の人間として、まったく自分の役には立たないものも好むと書いた。だが、リストを見直すと、私たちが好むものの多くは、たとえ「役には立たない」ものでさえ、ちょうど良い具合に五感を刺激するので、自分が現在に生きていて中核的自己を持っていると人間が感じるのを助ける。それもあるからこそ、私たちはそれらが好きなのだ。そこで、単純に言えば、ゾンビのお気に入りのもののリストが人間のものより短いのは、ゾンビは自分が生きる、意識ある現在を持っていないので、こうした無用のものをリストに含めないからにすぎない。したがって、ゾンビのリストからはっきり抜け落ちているのは、たとえば地面の穴や、皮を剝がれたばかりの木の枝、フィンチの翼、ひもで結んだ茶色い紙包みといった、純粋に魂のためになる、厚みのある瞬間を満たすものだ。

とはいえ、これですべてのはずがない。このままでは、ものを好む気持ちは、自己（と、何であれそれを維持するのを助けるもの）を好む気持ちのただの延長になってしまうからだ。ところが、さきほど私が挙げた多くの例で見たとおり、人間は、ものをそれ自体に惹かれて好むと繰り返し告白する。

雨上がりの森を散歩しているところを想像してほしい。しずくをしたたらせる木の葉を通して日差しが注ぎ、ウタツグミがさえずり、サクラソウの芳しい香りが濃密な空気に拡がる。あなたはこの眺めと音と匂いの世界で、あなたであってよかったと感じるだろうことに疑いの余地はない。だが、同時に、サクラソウが黄色で、木の葉が濡れていて、ツグミが声を震わせて鳴いているのはいいことだとも感じるのではないだろうか？　実際、自分が触れ合っているものに対するいちばん優勢な気持ちは、そこで提供されるサービスに対する感謝の念ではなく（ただし、その気持ちもある）、それらのものがあのようなかたちで存在しているという不思議さなのではないだろうか？　あえて言えば、奇妙かもしれないが、あなたがものを、それがそのようにあるがゆえに好むのは、自分が自分であるがゆえに自分を愛するのと、ほぼ同じなのではないか？

では、これはどういうことなのだろう？　これはまるで、ものを見たり聞いたり味わったり触ったりするとき、あなたの現象的感覚のマジックが少し剝がれ落ちて、それらのもの自体にも降りかかっているかのようだ。そしてそれが驚くべき結果をもたらす。それらのもの自体までもが現象的特性を持っているかのようにあなたには見えるようになるのだ。外の世界にあるものが主観的実在の特別な次元を持ったかのようだ。あなたはそれらのものに通じる専用回線を持っているかのようでさえあるかもしれない。それらのものは、あなたの主観性を吹き込まれているようでさえあるかもしれない。

だが、むろん、これはどれ一つとして筋が通らない。本書の第1章で、感覚の現象的属性は、頭のなかであなたが創り出しているとても特別な種類の活動の属性であることを立証した。そのうえ、それは幻想の、「ありえない」属性だった。したがって、これらの属性が外の世界にあるものの属性であるはずがない。それではなぜ、そもそもそんなことを考えたりするのか？

●——ラマチャンドランらの偽手実験

ここで感覚とセンティションの考察に戻ろう。図5〔67ページ〕には、誰かが赤いトマトを見たときの状態を示した。この図を説明するとこうなる。「赤い光があなたの目に届き、あなたは内在化した表現反応を創り出し、『赤すること』に取り組む。あなたは自分に起こっていることを発見するために、自分のしていることをモニターする。そして、自分自身の反応から形作る表象が、赤の感覚だ」。もう一度言おう。それはあなたのショーであり、あなたがこのイプサンドラムをその現象的属性とともに創り出している。そしてそれは、体の表面に加えられる刺激と、それについてどう感じているかをあなたが表象する方法なのだ。たしかに、その刺激のもとは赤いトマトの皮だ。だが、客観的には、トマトそのものには、幻想を生じさせるものも、現象的なものも、まったくない。

だから、もし今、外部のもの自体に現象的属性が本来備わっているとあなたが本当に信じているとすれば、それはあなたが何らかのかたちで、その感覚を自分の頭のなかから外の世界へと投影しているからにほかならない。[*7] そこでどうやら起こっているらしいことを、図10に描こうとしてみた。だが、この図は、そのような「投影」がどれほど変則的なものかを強調するばかりだろう。「感覚を投影する」とは、厳密にはどういうことなのか？ あなたの感覚の現象的属性が今や、あなたではない存在に付随するということなのか？ 答えはイエスでもあり、ノーでもあると、私は思う。つまり、何が起こっているかと言えば、あなたが感覚に関与している、肉体的に関与してさえいると

図 10　感覚が投影される仕組み
赤さの主観的特性が、知覚された外部の物体の所に移り、
それに付与される。

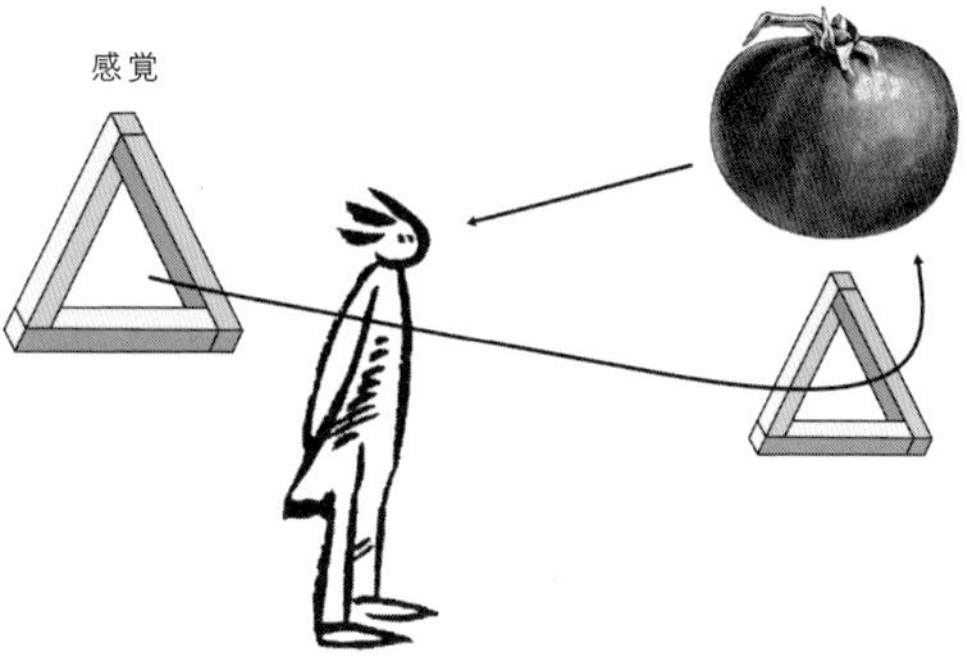

感じることに変わりはないが、不思議にも、あなたの体の境界が拡がり、外の世界と重なり合ったということだ。

驚くべき実験[*8]による例証を示すことで、これが意味するところを、もっとよく説明できればと思う。キャリー・アーメルとV・S・ラマチャンドランの実験で、被験者（S）はテーブルに向かって座る。右手は仕切り板（P）によって視界から遮断されているが、そのかわり、ゴム製の偽の手（FH）が、目の前にはっきり見えるように置かれている［図11(a)を参照］。次に、実験者（E）がSの本物の手と、ゴムの偽の手を同時に軽く叩いたり撫でたりする。すると意外にも、Sはその刺激に呼応する触覚的な感覚が、ゴム製の偽の手のある場所で起こっているように感じると報告する。

だが、肝心なのは次の実験だ。ゴム製の手が視野になく、実験者が本物の手と、テーブル上の一点を同時に軽く叩いたり撫でたりすると［図11(b)］、Sは今度はそのテーブル上の一点で感覚が起こっているように感じる

図 11

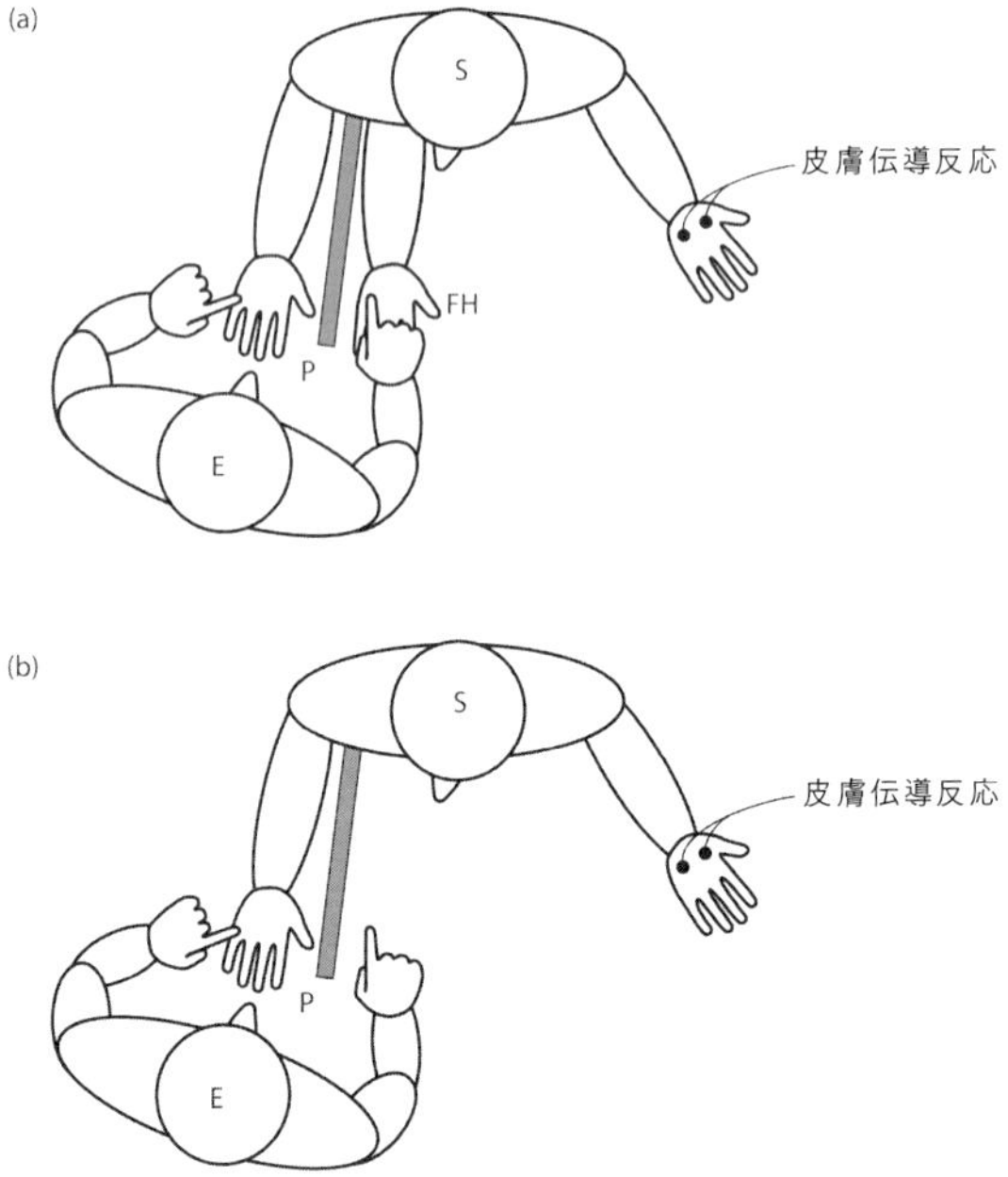

と報告する。そればかりか、絆創膏を本物の手とテーブル上の一点に貼りつけておいて、テーブル上の絆創膏を急に剝がすと、Sは痛みを予期しているかのように感情が変化し、それが皮膚の電気抵抗の変化として表れる。[*9]

この結果は予想外のものだったと言わざるをえない。だが、実験者たちはうまい説明を提供できた。この錯覚が起こるのは、被験者が自分の目にしているものと感じているものを統合する、統計的に最もありそうな方法を探しているからだと、二人は論文に書いている。もし私たちが触覚的な感覚の特定のパターンを手の皮膚に感じ、その感覚と非常に相関性の高い、撫でる動作のパターンを外部世界の特定の場所で目にすると、（たとえ誤っているとはいえ）最もありそうな推論は、二つの出来事ではなく一つの出来事が起こっているというものだろう。その結果、触覚的な感覚は、撫でる動作が行なわれているのが見えている場所に帰属させざるをえなくなる。

現にアーメルとラマチャンドランは、自分たちの論文に「外界の物体への感覚の投影」という題をつけている。だが、「投影」とは何を意味するかという疑問に立ち戻り、第一に、被験者は感覚を持っているのがテーブルではなく自分だと結論することに注目しよう。被験者は自分の手の皮膚に感覚を感じており、被験者の手はテーブルにまで拡がっているのだ。

これは奇妙な展開に思えるかもしれない。だが、さらに奇妙なことになる。もしテーブルの表面が被験者の手の皮膚になったのなら、被験者は触覚的感覚が自分に起こっていることの表象だと相変わらず感じてはいても、次の二つの事実が導かれるからだ。第一に、テーブルそのものが接触に対して敏感であるように思えること。第二に、触れられたときテーブルに起こっていることは現象的特性を持っているように思えること。まるで、テーブルはセンティションと比べても遜色がないほど、刺激に反応しているかのようだ。かゆがったり、痛みを覚えたりしているかのようではないか！

アーメルとラマチャンドランは誰にもまして仰天した。[*10] 二人は書いている。「驚いたことに、被験者はテーブルの表面から感覚が生じていると頻繁に報告した。テーブルの表面は外見上、手にはまったく似ていないのに」。それから、冗談半分で二人は問う。「仮に誰かが望遠鏡で月を眺めているとし、視覚的トリックを使って、月とその人の手を同時に撫でたり触れたりしたら、その人はその感覚を月に『投影する』のだろうか？」

二人は自らの質問には答えていない。だが、私に言わせれば、これはとても理にかなった、妥当な疑問であり、触覚ではなく視覚について投げかけた場合、さらにその妥当性を増すだろう。月を眺めていて、自分の目に光が届くのと同時に月の表面が「光によって触れられている」ところを目にしたら、あなたは自分の視覚的な感覚を月に投影するだろうか？

せっかくここまできたのだから、赤いトマトを眺めている場合についても同じ問いを投げかけてみようではないか？　手の皮膚を「目の皮膚」（つまり、眼球の奥にある網膜）に置き換え、実験者が撫でるかわりに「光によって触れる」ことにし、テーブルのかわりにトマトを使う。すると、状況のロジックはじつによく似ているはずだと思う。そして、さらに似通わせるために、トマトはたえず光を浴びているのではなく、懐中電灯の光で撫でられているとしてはどうか？　この場合、触覚的感覚から視覚的感覚に変換した説明は、つぎのようになる。[*11]

トマトが懐中電灯で撫でられているのをあなたが見るときには、目で光の特定の時間と空間のパターンを感知し、同時に、強い相関関係のある出来事のパターンが外部世界のトマトで起こっていることを知覚する。すると、テーブルの場合とちょうど同じように、私たちはおそらく、これら二つの出来事が一つのものだと推論するだろう。その結果、視覚的刺激は光が当たっている場所にあるに違いないということになる。今度もまず、トマトが今、視覚的感覚を持っていると結論することはないだろう。むしろ、その感覚を持っているのは、今やトマトの皮と一致しているように見える、あなたの目の皮膚の一部なのだ。だが、もしトマトがあなたの目の皮膚の一部となったのなら、その視覚的感覚は自分に起こっていることの表象であると相変わらず感じるだろうが、前と同様、二つの事実が導かれる。第一に、トマトそのものが光に敏感であるように思える。第二に、光が注いだときにトマトに起こることは、現象的な特性を伴うように思える——あたかもトマトが「赤すること」に従事しているかのように！

あなた自身はそれをこんなふうに分析したりはしないだろうし、万一、言葉で説明しようとすれば、違う言葉を使うかもしれないことは、もちろん承知している。とはいえ、私は、先ほど述べた「あなたの現象的感覚のマジックが少し剝がれ落ちて、それらのもの自体にも降りかかっている」という効果に適切な言葉を見つけようとこれまで悪戦苦闘してきたが、これでこの効果の完全な説明が手に入ったと思う。そして、この筋書きは赤いトマトや接触に敏感なテーブルだけでなく、あなたが外の世界と持つ感覚的・知覚的相互作用の全般に及ぶ。あなたは気がつくと、あらゆる機会を捉えて自分の現象的経験を外部のものの世界に投影している。いや、気がつくのは、テーブルの場合のように、結果が奇妙に思えるときだけ、と言うべきだろう。たいていは、ものにその素晴らしい特性を与えるのに果たす自分自身の役割にあなたが気づくことはない。あなたは、この世界のものはそんなふうにできているものとばかり思い込んでいるのだ。

●――あなたの歌を歌うものたち

論理的に言えば、たしかにこれは筋が通らない。こうした現象的特性を人間ではないものに帰するのは実際、範疇《はんちゅう》誤認、つまり、ある属性を、そんな属性を絶対に持ちえないものに帰する論理的誤りだ。哲学者のトマス・リードが二〇〇年以上も前に賢明にも言っているとおり、「自分の感覚が、外界のものに対する知覚と常に結びついているとき、両者を混同するのが、感覚に関して哲学者が間違えたり、誤った理論を打ち出したりするきっかけであることがこれまで多かった」[*12]

だが、もしこれが間違いなら、それは嘆くべきものだろうか？　ここまで読んでくればもう予測がつくだろうが、私の答えはノーで、まったく逆だ。なぜなら、このように現象的特性を誤って付与することによってこそ、意識ある人間は、説明しようのない独自の美しさを持ったものに囲まれて生きているという印象を得られるからだ。肝心なのは心理的影響であり、論理的正しさではない。そして、心理的には、結果としてあなたは魔法をかけられた世界に暮らしていることになる。

じつはあなたが魔法をかけていて、あなたが、言わば妖精のようにあなた自身の意識の魔法の粉《フェアリー・ダスト》を振りまいて、さまざまなものに彩りを添えているということを、どうすれば納得してもらえるだろうか？　とても有力な証拠は、向精神薬の服用がもたらす効果の報告から得られると思う。小説家で批評家のオールダス・ハクスリーは、メスカリンを服用したときの経験を生々しく語っている。

「たとえば、書斎の壁を埋めている書物だ。私が目を向けると、それらの書物が今までにないほど鮮やかな色で花のように輝き、ずっと深遠な意味合いを持っていた。赤い本はルビーのようだ。エメラルドの本、白い翡翠《ひすい》で製本された本、瑪瑙《めのう》の本、藍玉《らんぎょく》の本、黄玉《おうぎょく》の本」[*13]。あなた個人の感覚が強烈になるのにちょうど歩調を合わせるように、外部世界が新しい特性を帯びるとき、その特性がどこから生じているかについては疑問の余地がない。すべてあなたのショーの一部に決まっている。

だが、薬物によって引き起こされるそのような経験からは、もっと大きな教訓が導かれる。それは、薬物など必要ないというものだ。なぜなら、ハクスリーが描写している経験は明らかに、私たち一人ひとりの日常体験の延長線上にあるのだから。実際、現象的意識を持つ生き物としてあなたがどこに目を向けても、ありふれたものが鮮やかな色で輝き、深遠な意味合いを持つ。

借り物の現象性がこの世界を素晴らしい場所に変える。あなたはこれまで、燃え上がる炎をじっと見詰めたり、暗い森のなかでフクロウの鳴き声に耳を傾けたり、冷たい小川の流れのなかで足先をぶらぶらさせたり、燃え立つような色彩のなかで沈む夕日を眺めたりして、その超越的な美しさに何度となく圧倒されたのではないか？　身の周りのものの、宝石のような詳細が信じがたいほど正しく、信じがたいほど善く見えて、何度となく魅了されたのではないか？　そしてあなたは、ことによるとマルセル・プルーストの描くベルゴットのように、「小さな黄色い壁という貴重なもの」[*14]の虜になるかもしれない。

ベルゴットは言う。「それ自体で十分だった美」。「それ自体」「そのもの」「あるがまま」——まさにこうした言葉が頭に浮かぶ。それらのものにこうした特性が本来備わっているというあなたの印象は、すでに見たとおり、すべて幻想の一部だ。だが、ものが本来の姿であることを称讃しているときにさえ、そのようにそれ自体で完全であるという性質が特別に寛大な種類のものであることを、あなたは見逃しようがない。なにしろ、それらのものは、まさにあなたが関心を抱くような特性という点で完全なのだから。それらは、あなたの歌を歌っている。

　マジックのようなこの関係の誰が客体で誰が主体なのか、わからなくなることがあるのも無理はない。ヴィクトリア朝の芸術家ウィリアム・ローセンスタインは、こう表現している。「描こうとしている野や木々や壁に本人の存在そのものが吸収されてしまうように思える。……絵を描いているときに、自分が言わばある種の宇宙のリズムに捕まってしまったように感じることが稀にあった」[15]。フィンセント・ファン＝ゴッホにとって、アルルの公園で経験した一体感が、相互に浸透し合うものだったことは、なおさら明らかだ。「こんな機会に恵まれたことはかつてない。ここの自然は途方もないほど美しいのだ。大空のどこもかしこも、いたるところが信じられないほど素晴らしい青で、太陽は淡いレモン色の輝きを放ち、柔らかで、デルフトのフェルメールの作品に見られる天空の青と黄の組み合わせのように、うっとりするほど美しい。……私は自分が目にしているものにうっとりしている。……これは、恋する者の洞察、あるいは恋する者の盲目だ」[16]

●――**私たちは王さまに劣らぬほど幸せだ**

では、このような高みにたどり着いたので、この背後にどんな進化の筋書きがあるのか、思いきって尋ねてみようではないか？

二〇〇七年に出版された『最後の人類（*The Last Human*）』の図版のキャプションに、こうある。「木々と太陽と空が演じる光と影の戯れが、このネアンデルタール人を畏敬の念で満たす」[*17]。太古の人類は、この世界や、自分とその世界の関係について、本当にこんなふうに感じたのだろうか？人間以外の現生の動物のうち、そう感じるものはいるのだろうか？　犬は魅せられたかのように身を横たえて炎を見詰める。チンパンジーは小川の流れにうっとりする。ゴリラの赤ん坊は自分が見つけた果実を叩いて、その音にわくわくする。新たな例を加えよう。イルカが水中で泡を吐き出して輪を作り、はしゃぐところが目撃されている。イルカは、自分が生み出した輪と戯れ、身を引いて、まるで、「ほら、見てくれ」とでも言うように楽しむ。[*18]本当のところはわからない。だが、人間以外の生き物も、現象的意識を経験する程度に応じて、現代の人間と同じ論理的間違い——現象的特性を身の周りのものに帰するという、私たちが嫌でも犯してしまう間違い——を犯すと見るべきだろう。だから、そう、ネアンデルタール人はこの世界の美しさに、ほぼ確実に畏敬の念を覚えたはずだ。人間以外の動物の一部も、彼らなりのレベルでおそらくそれを感じているだろう。

一方、心理的ゾンビは畏敬の念はまったく覚えないだろうと言える。ゾンビは投影されたクオリアでこの世界に彩りを添えたり、自分自身の境界の判断を誤って自分が謎めいたかたちで自然とつながっていると感じたりするような間違いは、絶対に犯さないはずだ。もしできるなら、ゾンビの世界を想像してみるといい。それは、魔法の消えた世界に違いない。そこでは、ものはもう輝かず、現象的な重要性はまったく持たない。偉大な心理学者ウィリアム・ジェイムズは、恐ろしい思考実験としてその可能性を提起している。「可能なら、あなたの世界が今あなたに抱かせている感情をすべて突然奪われたところを考え、その世界が純粋にそれだけで存在しているところを想像してほしい。好意的な論評も敵対的な論評も控え、希望に満ちた意見も不安に満ちた意見も持たずに。これほど否定的で生気のない状態を生み出すのは、ほとんど不可能だろう」[*19]

いかにもひどい状態に思える。すでに言ったとおり、誰もゾンビになどなりたくない。だが、今や私たちは、強力な理由をさらに一つ打ち立てた。それは、ゾンビにとってこの世界は限りなく荒涼とした場所に違いないというものだ。だが、もちろん、これで進化の疑問が解決したわけではない。私たちは、荒涼とした世界では動物も人間も必ず生活しづらくなるのか問う必要がある。畏敬の念に打たれることの生物学的優位性があるのなら、それが何かをはっきりさせなくてはいけない。

私たちは、これについて確固たる証拠を持つ段階にはほど遠い（必要とされる発達史はどこにあるというのか？）ので、優位性がいったいどこにあるのか、推測するしかないことは認める。だが、少なくとも私たちは部内者として推測ができる（直接経験のないアンドロメダの科学者はお気の毒だ）。では、始めよう。

まず、この世界に魔法をかけることの効果には、前の章で考えた効果とまさに同じ種類のものがあると主張していいだろう。すなわち、煎じ詰めれば、生きる喜びの深まりだ。もし生きているのが気持ち良いことなら、楽しいことがたっぷりある世界に生きていればなおさらいい。ロバート・

ルイス・スティーヴンソンは『子どもの詩の園』の二行で、これを見事に言い当てている。「世界はじつに多くのことで満ちているから、私たちはみな、王さまに劣らぬほど幸せであって当然に違いない」[20]。そこに存在することを願う利点について、これまで示してきた論拠はすべて、その願望が自己を愛する気持ちだけでなく、外部の事物を愛する気持ちによっても募るときには、いっそう強力になる。

だが、そこにはそれ以上のものがあることは、私たち部内者には推測できる。なぜなら、けっきょくこれは、生きる喜びだけでなく、生きる意義にもかかわってくるからだ。それはなぜか？ 感覚をものに投影する結果として起こる価値の外在化は（それに異論を唱える人がどれほど多かろうと）、生には意味があると信じる、まったく新たな根拠を提供してくれるからだ。もし生きているのが気持ち良いなら、気持ち良い世界に生きていればなおさらいい。哲学者で詩人のジョージ・サンタヤーナは、こう書いている。「人生には生きる価値があるというのは、いちばん肝心な前提であり、この前提がなければ、絶対にありえない結論となる」[21]。その結論の信じがたさについて、まっこうから異議を唱えるのはためらわれる。だが、ルパート・ブルック（そう、またしてもブルックだ）に喜んでその任を譲りたい。彼は、ものを愛する気持ちが、愛する者の人生を正当化するように見えうると指摘する。

悲観に打ちのめされたという手紙を友人からもらった弱冠二三歳のブルックは、次のような返事を書いた。

良い手を教えてあげよう。危険ではあるが、総じて妙案だと思う。……それは、こういう手だ。……ただ、人や物をあるがままに眺める。役に立つとか、道徳的だとか、醜いとかいうふうにではなく、ひたすら、あるがままに。……何もない壁にぴかっと当たる日光、泥だらけの舗道の一画、あるいは、夜に機関車から立ち上る煙に、突然、意義と重要性とインスピレーションが生まれ、人は息を止め、確信と幸福を飲み下す。壁や煙が何かのために重要に見えるというわけではないし、一般的な意見を唐突に明かすわけでもないし、それ自体が善いとか美しいというふうに合理的に見えるわけでもない——ただ、その人にとって、それが完璧で類のないものであるというだけのことだ。誰かに恋をしているのと似ていて、……その人が、あるがままのその人が、ただ比類なくりっぱに存在することに、はなはだ胸を躍らせているようなものだ。それは感覚であり、信念ではない。ただし、感覚とはいっても、驚くべき結果を伴う。私の仕事は宇宙と恋をすることなのだろう。……これほど素晴らしい仕事があり、それはみな途方もない冒険で、たとえ一瞬であれ本当の物と……現実の人間の世界に生きているという魅力があるのだから——私は今、悲観論者になっている暇はない。[*22]

もし、意識のために適応上の機能をさらに望むなら、「宇宙と恋をすること」で事足りるかもしれない！

だが、もっと具体的には、この恋愛はどういうものなのか？「愛」や「恋」という言葉は、ここまでの考察に繰り返し出てきた。この言葉は真剣に捉えるべきだろう。「愛」や「恋」は強力な感情だ。それは、愛する人が自分の愛の対象に関与するように動機づける。対象を捜し出し、慈しみ、その重要性を増やすように動機づける。そして、もしその人がありとあらゆるものに恋をしていたら？　その場合、その人は遊びや発見や芸術的創造に打ち込む、好奇心いっぱいの生き物になるだろう。

先ほど挙げた『最後の人類』の別の図版には、こんなキャプションがついている。「二五〇万年前に、新しい朝を歓迎するアウストラロピテクス・アフリカヌスの子供」。アウストラロピテクスの子供は、前にA・A・ミルンの詩で謳《うた》われているのを見た人間の子供が示す、喜びにあふれた期待と同じ期待をもって、アフリカのサバンナの遊び場へ出かけていったと想像していいだろう。ミルンの子供が何であれ出くわすものに夢中になるのは、自分が存在するという楽しさばかりでなく、この世界に何かが存在するかを発見する楽しさの後押しがあるからだと、今や私たちは言うことができる。

もしきみが鳥で、空高くで暮らしていたら、
風が吹いてきたときには、それに乗り、
運び去られていくときには、風に言うだろう。
「きょうは、そこに行きたかったんだ！」

ぼくはどこに行くのだろう？　よくわからない。
みんながどこに行くかは関係ない。
ツリガネソウの生える森まで――
どこかへ。どこへでも。ぼくにはわからない。[23]

『0歳児の「脳力」はここまで伸びる――「ゆりかごの中の科学者」は何を考えているのか』という、子供の心についての本の著者たちは、こう書いている。「人間の子供は生まれてから三年間、さまざまなものを探究したい、それで実験したいという願望の虜《とりこ》になる」[24]。それは、「科学」と呼べるほどりっぱなものではないかもしれない。だが、人間であろうと、他の動物であろうと、どんな生き物も、もの自体の本質を調べてみたいという動機を持っているなら、自分が生きている世界の実用的な（生を楽しいものにする）可能性について、次から次へと果てしなく学び続けるだろう。

むろん、そこに生物として成功する道がある。そのうえ、さらに長期的に見れば、壮大な科学と人間の文明につながる道がある。なぜなら、自然の世界との、この「恋愛」こそが人間を大胆この上ない探究と発明の偉業の数々へと駆り立てるのだから。リチャード・ドーキンスは、この傾向を見事に捉えた。「私たちは一億世紀を眠り続けたあと、多彩な色がきらめき、豊かな生命を擁する壮麗な惑星で、ようやく目を開いた。何十年かのちには、また目を閉じざるをえない。日の光を浴びて生きている間、宇宙を理解し、どういう経緯で私たちがそのなかで目覚めるに至ったかを解き明かそうとするのは、気高く、啓蒙された時間の使い方ではないか？　なぜ毎朝わざわざ起きるのかと訊かれたとき（実際、驚くほど頻繁にそう訊かれる）、私はそう答えることにしている」[*25]

もしドーキンスは苦手だという人には、アンリ・ポアンカレのこんな言葉がある。「学者が自然を研究するのは、それが役に立つからではなく、楽しいからであり、楽しいのは、自然が美しいからだ。もし自然が美しくなかったら、知る価値はないだろうし、人生も生きる甲斐がないだろう」[*26]

第8章

そうか、それが私というものだったのか！

So That Is Who I Am!

私たちは、意識ある生き物であるあなたにとって、現象的意識が世界観を変え、それによってあなたの人生の方向を変える証拠を、これまでずっと探してきた。そして、現象的意識のおかげで、まず、存在すること自体にあなたが関心を抱き、生きたいという意志が強まり、さらには、外部世界のものに価値と意味を帰するように仕向けられたことを見た。

こうした影響は、それだけでも十分だと言いたい。なぜ自然淘汰が、おそらく進化のかなり早い段階（いずれにしても、私たちの祖先が人間になるよりずっと前）に感覚をデザインし直して、現象的特性を与えたか、それで説明がつく。

だが、話はそこで終わらない。人間（今や、人間とそれにごく近い動物に限っていいだろう）の場合、その見返りははるかに壮大なレベルで得られた。意識ある個人の一人ひとりに、「自分自身」であるとはどういうことかについて、まったく新しい考え方が発達したのだ。この新しい（そして劇的にふくらんだ）自己の概念は、意識の影響を知的に熟慮するところから生じた。その一部はまさに、すでに概説した影響についての熟慮だ。

知的な熟慮？　つまり、こうした影響について懸命に考え、黙考し、あれこれ試し、友人たちと話し合うこと——実際、本書で私たちがずっと行なってきた種類の熟慮だ。これを普通の人に期待するのは無理だ、大昔の祖先ならなおさらだと、異議を唱える人もいるかもしれない。だが、私はそうは思わない。現実問題として、人間は一般にとても詮索好きで、自分がいったい誰で何者なのか知りたくてしかたがないから、意識がこれほどあからさまに提起するこの大きな疑問を見過ごせるはずがない。もし「ゆりかごのなかの科学者」になりうるならば、人間はゆりかごのなかの哲学者にもなれる。一生を通じて哲学者であり続けられる。[*1]

絶対的な溝

ここで一歩下がり、もう一度、中核的自己から始めよう。あなたが単にあなたとして生きるだけでなく、それについてよく考えてみたとき、あなたであるという経験に関して、いちばん奇妙に思えることは何だろう？

時間的厚みなどの、感覚の際立った属性のいくつかについては、すでに論じた。だが、他の何よりも先にあなたを感心させるであろう、抜群に重要な特徴が一つある。それは、この経験が、他の誰でもなくあなただけにしか観察できないことだ。これは、自分の意のままにできるからという理由で、あなたの自動車や足があなたのものであるように、この経験があなたのものであるという単純な話ではない。この経験は、あくまで私秘的なものなのだ。ある意識と別の意識との間には、一つとして扉はない。誰もが自分自身の意識だけを直接知っており、他人の意識はそうはいかない。
　他に例を見ないこの孤独は、少し考えてみれば明白だ。恐ろしいほど明白だ。そして、私たちは現にそれについて考える。あなたもきっと、たいがいの人と同じように、他人の心にはアクセスできないことに由来するなぞなぞを、子供時代からやってきたことだろう。色を目にすることについての、ジョン・ロックの有名な例を取り上げよう。あなたがスミレを目にしているときの色の感覚は、別の人がマリーゴールドを目にしているときの色の感覚と同じでないと、どうしてわかるのか？　この、いわゆる「逆転スペクトル」の問題の答えは、偉大な哲学者に立証してもらうまでもなく、わかるはずがない、だ。なぜなら、ロックの言うように、「ある人の心は、別の人の体に入り込めない」[*2]からだ。もちろん、あなたにとってこの答えはとうの昔に新鮮味を失ってしまったことだろう。それでも、最初にそれに気づいたとき、それがどんなに驚くべきことだったかは否定のしようがない。そして、あらためて考えてみるたびに、やはり注目に値することに変わりはない。単に興味深い難問であるばかりでなく、ぎょっとするような形而上の意外な新事実なのだ。[*3]
　実際、これはなんと奇妙な話だろう。意識経験と同じように私秘的なものは、この世界に、他には一つとしてない。他のものはすべて、基礎物理学では宇宙を記述するのに十分であるとされている四次元時空の多様体のなかに収まる。それなのに、意識は本質的に違うように見える。各自の意識は別個の世界で、独自の存在の平面上にあり、ときどき宇宙論者が夢見る「多元的宇宙」

のなかの個々の宇宙のようなものだ。一つの意識ある自己と別の意識ある自己の間の扉どころの話ではない。ワームホールを潜り抜ける可能性すらなさそうだ。

この状況に面食らっているとしたら――面食らい、不思議に思っているとしたら――それはあなた一人ではない。あなたが面食らうのは、何かを見落としていたり、まともに頭が働いていなかったりするから（哲学の専門家のなかには、そう言って譲らない人もいるが）ではない。冒頭の章で述べたとおり、意識は根本から魅惑的で奇妙なまでに私秘的なのだ。そして、この私秘性の意味と説明は、認知科学と心の哲学にとって、昔から大きな難問だった。

私たちは第1部で、意識の背後にあるものの理論にたどり着いた。潜在化した反応《センティション》をモニターすることで感覚が生じるという私たちのモデルによれば、あなたの感覚の特性にあなただけしかアクセスできないのには、じつはいくつかの理由があることになる。第一に、あなたは自分がしている何らかのこと（「イプサンドラム」）を観察している。それは、体に与えられた刺激に対する自分自身の反応であり、あなたが自ら始めた他の活動がすべてあなただけのものであるのと同様に、それもまたあなただけのものだ。第二に、この反応は進化の過程で内在化し、その結果、あなたが観察しているものには、たまたま、文字どおり他人の目が届かなくなった。第三に、あなたは自分の反応を特別な視点から眺めるように仕組まれた。その視点に立つと、あなたの反応は幻想の現象的特性を持っているように見える。そのため、たとえ誰か他の人がそれを観察できたとしても、それをあなたと同じように描写することはない。

たしかにこれだけでは、あなたの経験を原理上、第三者には観察不可能なものとするような、論理的な障害にはならないかもしれない。最初のほうの何章かで苦労して指摘したように、驚異的な脳スキャン装置を持ったアンドロメダの科学者は（多少の運に恵まれれば）、あなたの脳活動を読み取り、適切な理論を当てはめることで、あなたが感覚を持つというのがどのようなことかを発見するのが、依然として可能かもしれない。とはいえ、私たち普通の人間にはそのような装置も理論もないのが実情なので、生物学的な障害になることは確実だ。そして、意識の私秘性を感嘆すべきものとするのにはこれで十分だ。その結果、自己は独立した意識の保護区、独立した魂、一つの自己、ほかならぬこの自己、この、現象の詰まった小さな秘密の塊であるという、抗いがたい考えが生み出される。あなたの体が他人の体と物理的にどれだけ近づこうと、この保護区は本質的に侵害されずにいる。体がつながったまま生まれてきた双生児のように、たとえ同じ肉体を分かち合おうと、そこには依然として、二つの完全に独立した意識が存在する。

ウィリアム・ジェイムズは、私たちが向かい合わざるをえないこの現実を、こうまとめている。「絶対的隔離、削減不能の多元性こそが原則である。基本的な精神的事実は、ただの思考ではなく、この思考でもあの思考でもなく、私の思考であり、どの思考も誰かに所有されているかのようだ。起こった時が同じであろうが、場所が近かろうが、特性や中身が似ていようが、異なる人の心に属しているということの障壁によって切り離された思考を融合させることはできない。こうした思考の間の溝は、自然界でも最も絶対的な溝である」[*4]

「魂《ソウル》（soul）」「ソロ（solo）」「孤立（isolation）」。『オックスフォード英語辞典』によれば、語源学上、「魂《ソウル》（soul）」という名詞と「唯一《ソウル》の（sole）」という修飾語の間にはつながりがないという（私は、本当だろうかと訝《いぶか》っているが）。だが、心理的には、つながりは見逃しようがない。詩人のジョン・ダンは、いかなる人間も自分一人だけの島ではないと断言した。だが、個人的経験の最も深いレベルでは、誰もがその逆であることに気づくというのが、紛れもない真実ではないか。意識という話になると、現に、誰もが自分一人の島なのだ。

とはいえ、なんという島だろう！　物理学者のジョン・リンドナーはこう書いている。「宇宙でありきたりの場所は、星間のほぼ真空の空間で、一立方メートル当たりに原子一個しかなく、絶対零度より三度高いだけだ。だが、あなたと私は、途方もない場所だ。私たちのなかでは、宇宙は意識を帯び、自らについて思いを巡らすことができるのだから」[*5]

●――あなたの人生はあなたのもの

この重大な発見と、それがどうあなたの世界観を変えるかについては、あとであらためて取り上げる。だがその前に、意識についての熟慮が、人間をどこに導きうるか見てみよう。自己であることのどこが特別かと、万一、アンドロメダからの訪問者に問われたら、意識が私秘的所有物であることに続いて、あなたは何を告げるだろうか？　彼女が次のような素晴らしい質問を「アメリカ人のためのバラード」から引いてきたとしよう。「おまえは誰だ？　何の商売をしている？　何をして生きている？[*6]」

チャールズ・シェリントンなら、迷わず答えただろう。今もこれまでも、自己の主要な機能（その本質的な「商売」）は、この世界における行為者であること、物事を引き起こすことだ、と。「心の進化において、『認識可能な』心にとっての出発点は、心と運動行為とのつながりにある。運動行為は認識可能な心のゆりかごのように見える。……そのうえ、運動行為は自己と非自己の区別を確定させるもののように見える。行為者の行為が自己を肯定する。……自分の意識経験を自ら観察する能力を進化系統樹でどこまでもさかのぼっても、その能力のうちには主体的『行為』があったに違いない。……『私がするということ』は、運動行為のさなかの私自身を、私が経験することだ。私の活動のその段階における、私の心的経験だ。その行為のなかにはっきり表れた『自己』を私が経験することと言ってもいい[*7]」

　これが明らかに正しく見えることには、みんな同意できるだろう。自分の体を制御するすべを身につける初期の段階にいる（人間の、あるいは動物の）赤ん坊を観察したことのある人なら誰でも、自己のどれだけ多くが最初から、シェリントンの言う「私がするということ」に向けられているか、気づくだろう。だがそこから、シェリントンの次の質問を自問したときには、どこに導かれるのだろうか？　「『する』ということをこれほど生き生きと申し出るこの『私』、この自己は、『するということ』に関して、どんな属性を持っているように、それ自体には見えるのだろうか？」

　シェリントンの答えは単純で明確だ。「それは、それ自体を『原因』と見なす」。これにも私たちは同意できる。たしかに、あなたのすることの原因は、あなたの願望の主体である、あなたの「私」だ。だが、考えてみると、この場合のあなたの「私」の役割には、とても注目に値するものがある。あなたの願望は、あなたの体のなかの物質的な出来事の原因だが、あなたの知っているかぎり、いつも物質的な出来事の結果であるわけではない。いや、それどころか、たいていは結果ではない。多くの点で、あなたは自由な動作主であるように見える。無からものを生じさせられる動作主であるように。また、あなたの力の及ぶ範囲にあるのは運動行為だけというわけでもない。思考、イメージ、記憶、意図……すべてあなたが呼び出すと現れる。

　科学を信じる私たちは、たしかに、これが物理的現実でないことを知っている。一五〇年近く前、生物学者のT・H・ハクスリーは実態を次のように詳しく説明した。

> 私たちの心的状態は、自分という生体内で自動的に起こる変化を意識のなかにシンボルとして表したものにすぎない。……［したがって］私たちが意志の働きと呼ぶ心的状態は、自発的行為の原因ではなく、その行為の直接の原因である、その脳の状態のシンボルだ。私たちは意識ある自動人形なのだ。自由意志を与えられているとはいえ、それは、しきりに濫用されるこの言葉の、理解可能な意味合い、すなわち、多くの点で私たちは好きなようにできるというかぎりにおいてのみのことであり、私たちは、途絶えることのない連続性のなかで、従来も、現在も、今後も経験の総体であるものを構成する、原因と結果の大いなる連なりの一部なのだ。*8

とはいえ、もちろんこれは、あなた自身の見方とは違う。なぜなら、自然はあなたの心をデザインするにあたり、この因果の鎖がおおむねあなたには見えないように工夫したからだ。主体としてのあなたは、あなたが「行動するのを決める」のに先立つ脳内の出来事へは心的アクセスができない。その結果、あなたが自分の決定に初めて気づくのは、その決定が目の前に現れたときだ。そして、あなたの「私」こそがこの行為やあの行為を選ぶにあたっての、原動力だと見なす。それが事実に反するという証拠がないのだから、当然だろう。

それならば、あなたがこれを、自分の意識ある心が非物理的なものであるさらなる証拠と見なすのも無理はない。前に述べたように、この世にある他のものはすべて物理的な時空に収まる。例外は、私秘的な本質を持つ現象的感覚だけだ。今や、この世界にある他のものはすべて、それに先立つ物質的原因の産物であることがわかる。そして、その例外はあなたの願望と意図であり、それらは本質的にははっきりしない。

これはどう考えたらいいのか？　原因のない原因であるとはどのようなことなのか？　あなたはデカルトのように、自分のなかには神が少しばかりいるに違いないと思うだろうか？　あるいは、現代の物理学者ならやりかねないが、あなたも自分が自分独自のビッグバンだと想像するだろうか？　おそらく、たいていの人の推論はとてもそこまで壮大ではないだろう。とはいえ、あなたに宇宙における自分の地位を見直させるほどには壮大だと、私は信じて疑わない。もしあなたに自由意志があって、自分の好きなようにできるのなら、あなたの人生はあなたのものだ。

●——心のなかの自由

私は先ほど、人間はゆりかごのなかの哲学者になりうると述べた。ここに一歳九か月になる小さな女の子、エミリーがいて、心理学者が実際に「ゆりかごのおしゃべり」と呼んできたものに興じている。眠りに落ちる直前にする、私秘的な独白だ。エミリーは心理的因果関係の現実的政策《レアルポリティーク》について考えている。

その　こわれた　くるま　こわれた、その……
エミー　そのくるまに　はいれない。
みどりの　くるまに　はいる。
ノー。
エミー　そのくるまに　はいる。
こわれた。こわれた。
エミー　パパ　ママ　くるまに　はいる、
こわれた、
ダー　……　ダー
そのくるま　……　ふたりの、　ふたりの、　くるま　こわれた。[*9]

まだこの年齢なので、彼女は自分自身の頭のなかで起こっていることの原因について考えることには、あまり関心がない。だが、六歳になるクリストファー・ロビンにとっては、頭のなかで淀みなく流れる因果関係が最大の関心事だ。

そうなんだ——ぼくはこうして、暗闇のなかに一人ぼっちでいて、
ここでは誰も見えない。
自分を相手に考える。
自分を相手にお芝居をする。
そして、ぼくが自分に言うことは、誰にもわからない。
ぼくはこうして、暗闇のなかに一人ぼっちでいる。
これからどういうことになるだろう?
ぼくは何でも好きなことを考えられるし、
何でも好きなお芝居ができるし、
何でも好きなものを笑える。
ここにはぼくしかいないから。*10

あなた、つまり「私という行為者」がいったいどれほど値打ちがあるものかを発見するのは、素

晴らしいことだ。あなたは自分の手足を動かし、思考を導き、計画を立てる。悪名高いアメリカの大統領のように、あなたは「決定者」だ。行為を行なうあなたの自己はじつにたいした存在だ。

◉――ソウルダスト　魂のまばゆいかけら

これからどういうことになるだろう？　あなたはきょう、何を生み出すのか？　これまではなかった、どんなものをこの世界にもたらすのか？

　それではまず、中核的自己を生み出してはどうだろう？　思い出してほしい。そこに存在するという感じをあなたに与える感覚は、あなたの感覚器官への刺激に対する、あなた自身の能動的な反応から生じるのだ。感覚は最初から、一種の行為を含んでいる。これはつまり、あなたの中核的自己を生じさせるのは、行為を行なうあなたの自己にほかならないという重大な意味合いを持つ。あなたであるとはどういう感じかは、最も深いレベルでは、あなたが決めることなのだ。だが、それならば、次なる妙技として、こういうのはどうだろう？　ソウルダスト、すなわち、魂の無数のまばゆいかけらを、周りじゅうのものに振りまくというのは？　これも思い出してほしい。現象的特性を外部のものに投影するのは、あなたの心だ。あなたは知らないだろうが、この世界がどのように感じられるかを決めているのは、あなた自身なのだ。

　あなたは知らないだろうが、と私は言ってしまったが、考えてみると（この「考えてみると」というのこそ、思索家のすることだ）、あるレベルでは、あなたはすでに知っているに違いないだろう。

私は、あなたが公然と知っていると言っているわけではない。前の章で書いたように、「たいていは、ものにその素晴らしい特性を与えるのに果たす自分自身の役割にあなたが気づくことはない。あなたは、この世界のものはそんなふうにできているものとばかり思い込んでいるのだ」。だから、たしかにあなたは、プルーストの言葉を借りれば、「神性の輝きを宿しているのはあなた自身ではなく、ものだった」[*11]かのように、この世のものを讃美することが多い。あなたが見事な日の出を眺めているとしよう。あなたは、これほど多くを提供してくれる世界に生きていて運が良いと感じる。詩人のウィリアム・ブレイクのように心を動かされ、それが超自然的に生まれたと主張しさえするかもしれない。「『なんだって？』と問われるだろう。『日が昇るとき、ギニー金貨にどことなく似た、炎の円盤が目に入らない？』いやはや。私には見える。『全能の神は神聖なり、神聖なり、神聖なり』と叫ぶ、無数の天使たちが」[*12]。すでに見たとおり、そのような態度はあなたにとって奇跡を起こしうるし、実際に起こしもする。

とはいえ、あなたは何らかのレベルで真相を知っているに違いない。もう少し前のイギリスの神秘主義者で詩人のトマス・トラハーンは、その矛盾を孕んだ核心をずばりと衝いている。「ほかならぬ自分の五感のおかげで、あなたはこの世界を楽しむ。……太陽の輝かしさはあなたの視覚に貢物を捧げはしないか？」[*13]そして、トラハーンの問いに、あなたは驚きはしないだろう。なぜなら、まさにそれと同じ考えが、あなたのなかの哲学者の頭にもすでに浮かんだことがあるからだ。炎の円盤がまとうあの赤のクオリア——それをそのようなものにしたのは誰なのか？　あなたは昔、遊び場にいたころすでに、さまざまな色に満ちあふれた世界が他の人にはどう見えているのかと思ったことだろう。そして、そのとき、自分が赤として経験している太陽の光が、友達が青として経験している光と同じであることがありうるのかと自問できたなら、あなたはすでに答えに行き着いている。現象的特性は、外の世界にあるものに本来備わっているとは、あなたは本気で信じなかったし、今も信じていないことは明らかだ。あなたは何らかのレベルで、自分がそれに創造的な役割を果たしていることをよく承知している。オスカー・ワイルドは一〇〇年以上も前に、こう書いている。「脳のなかですべては起こる。……ケシの花が赤いのも、リンゴが芳しいのも、ヒバリが鳴くのも、脳のなかだ」[*14]。たとえあなたは、自分の脳のなかで起こっていると本当に考えなくても、自分の仕業であることは知っている。

「何らかのレベルで」と、もう一度言おう。なぜなら、あなたはこの件に関して、どうしても心を決めかねているからだ。自然が自らこれほどの豊かさを提供してくれるように見えるときに、じつは自然がそれをすべてあなたから借りているかもしれないと考えたら、とても心穏やかではいられない。それどころか、自分の中核的自己であることの孤独さに気づいて不安を覚えたら、自分が愛している宇宙、あなたの人生に意味を与えてくれたかのようにさえ見える宇宙も、これほど重大な意味で、あなた自身の孤独な創造物である可能性を受け入れるのが、何倍難しくなることか。

ワイルドの数年後、哲学者のアルフレッド・ノース・ホワイトヘッドは、「外部の自然界にある適切な物体をすっぽり覆い……そうした物体には現実には帰属しない特性、じつは純粋に心の所産である特性を、それらが持つかのように私たちが知覚できるために、感覚は心によって投影された」と考えるのが科学的に妥当であると主張できるかもしれないことをしぶしぶ認めた。とはいえ彼自身は、それが真実であるはずがないと確信していた。そして、その根拠は科学的なものというより、倫理的なものだった。なぜなら、もしそれが真実なら、この世のものには本来備わっている価値というものがないと認めざるをえなくなるからだ、と彼は言う。そして、風刺をたっぷり込めた有名なくだりで、彼はそれによって私たちが陥ることになる状態を詳細に説明する。「こうして自然は、じつは私たち自身のために確保されていてしかるべき手柄を手に入れる。バラに芳香を、サヨナキドリに美声を、太陽に輝きを与えた手柄を。詩人たちは完全に間違っていた。彼らは自分の詩を自らに宛て、人間の心の卓越性を自讃する頌詩《オード》に変えるべきだ。自然は音も香りも色もない、退屈な代物で、果てしなく、意味もなく物質がせわしなく動き回っているにすぎない」。そして、これは「とうてい信じられない」[*15]とホワイトヘッドは断言した。

だがホワイトヘッドは、哲学的探究に対する普通の人々の傾倒ぶりを深刻なまでに過小評価していたようだ。たとえそれが衝撃的な結論に至るときにさえ、いや、ことによると、そういうときにはなおさら、私たちはそのような探究に強い関心を抱く。あなたは、すべてが自分に由来すると信じることを望まないかもしれないが、信じるのが可能であることに疑問の余地はない。そして、そう信じる以外にないと気づいたときには、最初どれほどがっかりしようと、天啓のように悟るだろう。自然の退屈さではなく、あなた自身の心の素晴らしさを。

詩人たちもこれを見逃しはしなかった。ホワイトヘッドが称讃せずにはいられなかった一九世紀イギリスのロマン派詩人ワーズワースやシェリーと、ドイツのロマン派詩人ゲーテが、向こうの自然のなかに「出没する存在」についてあれこれ書き立てたのに対して、一九二〇年代のドイツのモダニズムは、それとは違う声を見出していた。ライナー・マリア・リルケは一歩進んで、私の知っている人のうちでいちばん上手に、あなたがここに存在する素晴らしさを――そして、存在することによって、魔法のかけ手として、物事を「言う人」として、あなたが担うことになった恐ろしい責任を表現した。

なぜ？　周りを取り巻くあらゆる緑よりも少しだけ濃く、
(風の微笑みのような) あらゆる葉の縁を
さざ波のように揺らしながら、この束の間の命を、
月桂樹として過ごすこともできるとき――ああ、なぜ
人間でなくてはならないのか？　そして、
運命を避けつつも、運命に思い焦がれなくてはならないのか？……
　それは、幸せが本当に存在するからではない。
幸せは、差し迫った喪失にかろうじて先んじる恩恵だから。
それは、好奇心からでもない。単に心を鍛えるためでもない。

心は月桂樹のなかにさえも存在しうる。……
そうではなく、ここにいるというのが、たいそうなことだから、そして、ここにある、
なんともはかないものすべてが、私たちを必要とし、不思議にも
私たちにかかわっているように見えるからだ。すべてのなかで最もはかない私たちに……

……………………………………

ことによると私たちは、ただ言うためにここにいるのだろうか? 家、
橋、泉、門、壺、果樹、窓、――
ひょっとすると。柱、塔?……ただただ、言うために。覚えていてほしい、
ああ、もの自体がこれほど強烈に言いたいと願った
ためしのないことを言うために。[*16]

ここにいるというのが、たいそうなことだから、とリルケは私たちに言う。単に自分のためにではなく、身の周りのものがみな、それをもとにあなたが作り出すものになるためには、あなたがここにいることが必要だからだ。このように、意識の輝きを外の世界に投影し、自然が約束を果たせるように――自然が、言うならば本領を発揮できるように――するかどうかは、あなた次第なのだ。

なんという仕事だろう! なんという商売だろう! それでは、あなたにとって、そのためにここにいるのは、どういう感じなのか? すべてに命を吹き込む者であるというのは? すべてをあなた

のものにするために？　トマス・トラハーンにしてみれば、自分がそれほど見事なものの創造者であることに気づいた興奮を、とうてい抑えきれなかった。「通りはみな私のもの、神殿も私のもの、人々も私のもの、彼らの衣服も金も銀も私のもの、彼らのきらきら光る瞳や、白い肌、血色の良い顔にしてもそうだ。空も私のもの、太陽も月も星も同じで、この世界がそっくり私のものであり、私が唯一の観客、ただ一人の楽しみ手なのだ[*17]」

　ほとんどの人はもちろん、もっと冷静だ。自分自身がこの世界を輝かすために演じている役割に最初に気づいたとき、どれほど驚こうと（あわて、感心し、誇りに思おうと）、もう今ごろは、当たり前に思うようになっていることだろう。だが、あなたが当たり前に思っていることは、一種の奇跡であると認めよう。そして私は、舞台裏ではそれが、自分は誰で何者かについてのあなたの感覚を根本から形作っていると信じて疑わない。なぜなら、もしあなたが自分のまさに核心に奇跡を抱えていたら、あなたも奇跡的なのだから。

　この前の二章で私たちは、比較的低いレベルで自然淘汰の興味をつなぐには十分過ぎるほどの、意識の肯定的な結果を見つけた。だが、今や私たちは異なる種類の次元に入った。中核的自己であるのが、すでにたいしたことだった。魔法をかけられた世界に生きるのもまた、たいしたことだった。だが、今や天蓋が取り除かれ、誰がレバーを操っているかが明らかになった。それは、あなただったのだ。

　もし私たちが、意識が人々の心理をどのように変えるかを突き止めようとしているのなら、これは最大の発見かもしれない。それでも、私たちはまだ、先に進まなければならない。とはいえ、どこに向かっているか、予想しておこう。もし、意識に思いを巡らせることで、自分には超越的な意義があると感じた結果、自分自身の重要性について私たちが抱いている感覚――より大きな構図のなかでの私たちの値打ちについての感覚――がこれほど変わるなら、人間関係に新しい指針が定まる。そうすると、ひょっとしたら、新たな生態的・文化的地位《ニッチ》が開かれ、そこで人間はそれまでになかったほど繁栄できるのかもしれない。

だが、自分の主張や進化の筋書きについて、先走ってはならない。まず起こったのは、個人の自己の重要性が新たなかたちで強調されるようになったことだと、私は考えている。

第9章

自分自身であること

Being Number One

近年、「心理的な意味での個人」という概念は、哲学者や倫理学者から叩かれてきた。個人主義は近代ヨーロッパの発明品であり、啓蒙思潮の所産、あるいは近代資本主義の産物とさえ言ってもいいが、けっして自然が生み出したものではないと断言するのを厭わない学者たちがあちこちにいる。

よく知られているように、美術史家のヤーコプ・ブルクハルトはこう主張した。「中世においては……人は自分のことを、人種、国民、党派、家族、団体の一員としてのみ、つまり何らかの一般的なカテゴリーを通してのみ認識していた。人々を覆っていたこのヴェールは、イタリアにおいて初めて消えてなくなり、国家や、この世のあらゆる物事を、客観的に扱えるようになった。それと同時に主観的な面も同様の重みをもってその存在を主張し始めた。人間は精神的な個人となり、自分をそのように認識するようになった」[*1]。同じような調子で、文芸評論家のピーター・アブズは「自意識の歴史的発達」について論じるなかで、「人間を当人の世界から切り離し、自意識と自覚を持たせた複雑な変化の動的特性、ルネサンス期に、無意識に世界と融合している感覚から、意識ある個人への分化の状態へと向かった、感覚の構造における変化」[*2]について書いている。

人類学者のなかにあっては、マリリン・ストラザーンが、人間は昔から（ということは、つまり有史以前から）自分のことを、その個性ばかりか肉体さえも部分的に社会集団と共有する「分割可能な存在《ディヴィジュアル》」と考えていたと主張し、大きな影響を与えてきた。[*3] 平和運動家のデズモンド・ツツは、「ウブンツ」というスワヒリ語の概念を説明するにあたって、こう書いている。「あなたは孤立状態では、人間たりえない。一人ぼっちの人間という言葉は矛盾している。あなたは他者とつながっているからこそ、人間なのだ。もし他者とつながっていなければ、あなたは何者でもない」[*4] ダグラス・ホフスタッターは、奇妙なループについての自分の考えを人間関係にまで拡げて、こう結論している。「けっきょく、私たちはみな、お互いの一部なのだ」[*5]。そしてニーチェはこう言っている。「意識は実際のところ、人と人の間のコミュニケーションの網にすぎない。……意識は実際のところ人間の個人としての存在に帰属しているのではなく、彼の社会的本質あるいは集団的本質に帰属しているというのが、見てのとおり、私の考えだ」[*6]

これは強力なラインナップで（その気になればさらに多くの例を挙げることができる）[*7]、人間の最良の価値の側に立つラインナップという言外の意味が読み取れることもある。なぜなら、分割不可能な存在《インディヴィジュアル》としての人間を尊重する個人主義《インディヴィジュアリズム》のほうが、道徳性に関して分割可能主義《ディヴィジュアリズム》に優るなどとは、あえて主張できないから。それでもなお、「個人」の価値を傷つけようとするこの企ては、心理の面で肝心な点を見落としていると私は思う。もちろん人間はいつの時代にも、自分のことを孤立した自己以外の存在として捉えることは可能だった。そして個人と全体のどちらに重きを置くかは、人間の集団ごとに、時代や場所に応じてさまざまに異なってきた。[*8] とはいえ、たとえ人間が自分を全体の一部として考えることができるとしても、またときにはそう考えるべきだとしても、やはり自分たちの持つ本質的な単独性を認識しないでいられるわけがない。というのも、意識に上る感覚の現象学的特性のおかげで、個人は誰もが必ずそこから——まさにそれ、個人として——出発することになるからだ。さらに、このあとまもなく示すように、本来の個人主義は単純明快ではないとはいえ、当の個人にとって、そしてまた社会集団にとっても非常に有益な特質なのだ。もし道徳性がそこにかかわってくるなら、道徳的な善は個人主義を否定することを通してではなく、個人主義の存在を想定することを通して生じるのだ。

一つのまとまりとしての「自己」

さて、ここで少し説明しなくてはならない。まず、より大きな「個人的自己」を形成するということを私がどのように理解しているのか、そして、この自己は、その範囲と力が拡大するのに、なぜやはり現象的な個人のままでいるのかについて説明しなくてはならない。

第8章で、私は自己と行為というテーマについてシェリントンの言葉を引用した。だが、それより前の部分でも、別の本から彼の有名な一節を引用している。一つにまとめられた「精神的な存在」

としての自己について彼がより厳《おごそ》かな筆致で述べている箇所だ。その一節は次のように続く。

日中目覚めている時間はすべて、良くも悪くも、「自己」という登場人物が喜劇や道化芝居や悲劇を演じながら牛耳る舞台だ。そして幕が下りるまで舞台は続く。この自己は一つのまとまりだ。時間のなかにおける自己の存在の連続性(それは眠りにもほとんど破られないこともある)や、(感覚的な)空間における不可譲の「内面性」、観点の一貫性、経験の私秘性が相まって、自己に唯一無二の存在としての地位を与える。自己は多種多様な特徴を持つものの、自ずとまとまっている。自らを一体と見なし、他者もそれを一つとして扱う。一つの名で呼ばれ、その呼び名に対して応える。法と国家は自己を一つのものとして記す。自己と法や国家は、自己と肉体は一体化していると考え、両者を同一のものと見なす。ようするに、揺るぎない、疑いのない信念がそれを一つだと決めつける。文法の論理は、これに単数形の代名詞を当てることで、これを裏書きする。その多様性のすべてが単一のものとして融合している。[*9]

この登場人物――ここではそれを自我《エゴ》と呼ぼう――は明らかに、ここまでの意識についての考察に出てきた「中核的自己」とは桁が違う。このより大きな自己は、実際、複雑で多面的な存在だ。感じたり行動したりするだけでなく、考え、知覚し、記憶し、夢を見、欲する自己だ。さまざまな専門部門を持つ紛れもない生産の場であり、そこで生み出されるのは、人生の物語を持った、まるごと一つの人間なのだ。
それでいて、シェリントンが強調しているように、このエゴは一つにまとまっている。とすると、現象的なレベルで考えるとこれはどういうことだろうか？　自己というこの一大統一体の中心には、誰あるいは何が存在するのだろうか？　それが何であるにせよ、言葉にするのは簡単ではなさそうだ。あなたは、本書の初めのほうで、私が魅力に乏しい新語をいくつか考え出したと思うかもしれない。では、哲学者のガレン・ストローソンによる最新の造語「SESMET」はどうだろうか？[*10]「subject-of-experience-as-single-mental-thing（ただ一つの心的なものとしての経験の主体）」の省略形だ。だが名前をつけたからといって、その状態を解明したことにはならない。ブラジルの作家クラリス・リスペクターは、「意識の流れ」の技法を使ったデビュー作『むきだしの心のそばで（*Near to the Wild Heart*）』を一九歳で書いたときに、自分の感じる当惑を見事に表現している。「自分が何者なのかを言い表せないというのは何と奇妙なことだろう。……話そうとすると、自分が感じることを伝えられないばかりか、私が感じることが私の話していることへとゆっくり変化していく」[*11]
私たちは第2章に出てきたデカルトの渦巻きに逆戻りしたかのように思えるかもしれない。だが、私たちは勇気を奮って、自己というものの主観的経験にまつわる明白な現実をしっかりと把握するべきではないのか？　もし、自分は一、つ、の、自己だと言うときに（きっとあなたはそう言うだろうが）何が起こっているのかをよく考えてみるなら、あなたが直感的に感じるのはきっと、自身のエゴを一つのまとまりにしているのは、単にさまざまな構成要素がすべて「私」を主体と仰いでいるという事実だということだろう。「私」が感じ、「私」が考え、「私」が知覚し、「私」が記憶し、「私」が夢を見、「私」が欲する、などなど、どの場合も主体は同じ「私」だ。ここでもっと専門的な用語を使ってこれを分析すると、以下の三点で説明でき、別段謎めいたところはないはずだ。

第一に、感じる、考える、知覚する、意図するなどといった心的活動はすべて、本書ですでに定義した意味での「志向的状態」、つまり何かについての状態だ（もちろん違った種類のものについてだが）。

第二に、それらは何かについての状態なのだから、それが何であれ、そのそれぞれには主体がなくてはならない。感覚、思考、知覚、意志がそれぞれ表象される対象となる主体が。

第三に、（ここが非常に特別なところだ）、これらの状態はすべて、まったく同一の主体を持つことになる。だから、すべての表象は、言ってみれば最後は同じ編集デスクの上に行き着く（あるいは、あなたの心のコックピットのなかの同一の計器板に表示されるとでも言おうか）。そして、そこで自由で気ままなやりとりができる。[*12]

さて、あなた自身が現に物事をこのように経験しているのだから、これ以外ではありえないと思うのももっともだ。とはいえ、私たちは理論家として、当たり前だと思われているこのエゴのまとまりには、論理的必然性がまったくないということに気づかなければならない。原理上、個人の脳あるいは心が、それぞれ比較的独立して作動する複数の志向的な動作主を持てない理由はない。実際、複数の「私」がばらばらに存在していてもおかしくない。

病的な人の内部では、自己のまとまりが根本的に崩壊してしまう場合がある。[*13] また日常生活でも、ときどき心の一部がふらふらとさまよい出し、道に迷って、また戻ってくるということはもちろん起こりうる。たとえば、深い眠りから目覚めたときに、自己を少しずつ寄せ集めなければならない羽目になることさえあるだろう。

プルーストは、まさにこの奇妙な経験を見事に描写している。「真夜中に目覚めると、自分のいる所がわからず、最初は自分が誰なのかも定かでないことがよくあった。私にはただ、動物の意識の奥深くに潜み、揺らめいているような、ごく原始的なかたちの存在感覚しかなかった。……だが、それから……石油ランプや折り襟のシャツがぼんやりと目に入り、［私は］自分の自我を本来、形作っているものを少しずつつなぎ合わせていくのだった」[*14]

幼児期には物事はこんなふうに始まるのだろうか？　人間の赤ん坊は自己について一つにまとまった感覚を持っていないのだろうか？　赤ん坊の行動を研究している者なら、誰もが持っていないと答えるだろう。実際、私自身も、かつて生後二か月になる息子を観察して書いた小論で、生後数か月間、人間の赤ん坊の心には、互いに関連のないさまざまな自己、つまりそれぞれが独立している複数の「私」が存在しているに違いないと述べた。[*15]　この場合、問題となるのは、三歳ぐらいまでには子供にとって通常の状態となるまとまりを、いったい何がもたらすのか、だ。おそらく外部から強いられてそうなるのではない（もっとも、シェリントンが示唆しているように、他の人々から寄せられる期待が重要な役割を果たしているのだろう）。そうではなくて、幼児は何らかのかたちで、単一のエゴとなることを学ぶ必要がある。自分の心を形作っている各部分を、ただ一つの統一体へと、文字どおり自己組織化しなくてはならないのだ。

これはどのようにして行なわれるのだろうか？　さほど多くの答えが出揃っているわけではないので、あえて私の考えを言わせてもらおう。私は、それは心の構成要素の問題だと確信している。各要素は、当初はかなり独立しているものの、共通の事業の参加者として動的に結びつけられる。言うなれば、発売予定の最終製品の製造に共に貢献するので、工場の各部門が同じビジネスの一部になることや、共に一つの音楽作品を創り上げているので、バンドのメンバーが芸術的ユニットとして一つに結びつくようになることと同じようなもので、心を構成している各要素があなたのエゴとして一つにまとまるのは、あなたの単独の人生を創り上げるという共通のプロジェクト、つまり物理的・社会的な世界のなかを、あなた（肉体も魂も）の舵をとりながら進んでいくことにそれらがかかわっているからだ。この一大事業では、大きな自己を構成する下位の自己はそれぞれ、実際はやはり自らの役目を果たしているのだろう。すなわち、あなたに感覚情報、知能、過去の知識、目的、分別、イニシアティブなどを提供する。だが肝心なのは、一つひとつの下位の自己が自分の役目を果たしながらも、やはり自らの役目を果たしている他のすべての自己とともに、最終的には同じ進路をとるという点だ。そして生後一年間にわたって起こるこの生産システムの進化のおかげで、最初はばらばらだった「私」たちがしだいに一つにまとまっていく。ようするに、あなたの下位の自己たちは、協力することによって共意識を持つようになる。[*16]

それでは、エゴにはどんな特性が生じるのだろうか？　この、より大きな自己としてのあなたは、どの程度まで私秘的で単独でいられるのだろう？　すでに第1章でしたように、とくに注目したいのは、あなたが主体となっている心的表象の多くは、意識に上る感覚ほど本来は私秘的ではない点だ。実際、あなたの思考や知覚、願望、独自の現象的特性を持たない志向的状態の内容は、原理上、比較的容易に外在化して共有しうる（言語を使うのがいちばん明白だが、非言語的手段でも可能だ）。だから原理上、より大きなエゴの境界線は、中核的自己の境界線ほどには強固でないというのが実情だ。この点をミラン・クンデラがうまく衝いている。「私の自己は、思考という点においてはあなたの自己とそう違わない。多くの人がいても、多くの考えがあるわけではない。私たちはみな、だいたい同じようなことを考え、考えたことを交換したり、借りたり、盗用したりし合う。ところが、誰かが私の足を踏んだら、私だけが痛みを感じる。……痛みを感じている間は、自己は固有で、他者の自己とは交換できないのを猫でさえ知っている」*17

それでも――ここが肝心だ――「思考という点において」あなたの自己は、痛みの感じ手としての自己が置かれているのと同じ独特のありようにはないというクンデラの言葉はたしかに正しいのだが、しかし一方で、あなたの受け取り方は現実にはそうではない。実際には、あなたは思考する自己のことを、どこか少しでも個人的でないとか、特別でないとか、自分のものでないとか思ってはいない。そしてそれは、あなたのより大きな自己が、あなたの中核的自己のもとで一つにまとめられているからだ。

何が起こったかというと、あなたの中核的自己、それを中心にして他の部分が新たに組み合わさっているのをプルーストが看破した、あの「原始的なかたちの存在感覚」が、代表者として現れたのだ。そして、中核的自己が自己の一団のリーダーとなるのは、第6章で論じたように、感覚の現象的な特質、とくに時間的な厚みという幻想が、中核的自己を実体のある存在にするからにすぎない。あなたの心のなかで、ここが重みのある場所だ。つまり、これが重圧に耐えられる自己だ。そしてこの自己が連続性をもたらす。思考や記憶や意志は現れては消えていくが、あなたは常に感覚の存在下で生きている。こうしてあなたの中核的自己――感じるがゆえに存在する自己――は事実上、考え、知覚し、記憶し、夢を見、欲し、最終的に体に行動をとらせる自己にもなった。そして、あなたのなかのいくつもの「私」はそれぞれ、いわば代理人を通した、肩書きだけの現象的な主体ということになる。

私たちは第7章で、「借り物の現象性がこの世界を素晴らしい場所に変える」様子を見た。今度は、意味はまったく異なるものの、同じように借り物の現象性があなたのエゴを「素晴らしい存在」に変えたと言えるかもしれない。とくに、現象的な感覚の主体としてのあなたの自己が持つ驚くべき単独性は、あなたのエゴ全体にまで拡張した。単なる痛みの感じ手としてだけではなく、心的な自己全体としてのあなたは、現に一つの島のようだ。断わっておくが、住人のいる島だ。その島にはあなたを構成するありとあらゆる要素が住んでいる。島の住人どうし、お互いに気軽に会話を楽しんで暮らしているが、境界を越えて別の人間とそのようなやりとりをするのははるかに難しい。この比喩をさらに進めて、島々の浮かぶ大洋を想像してみてほしい。それぞれの島は考えや夢や願望が共有される独自の内面世界を持っているが、隣の島と連絡をとるには狼煙《のろし》を上げるしかない。*18

だが、もちろんこんなことはすべて、あなたはもう知っている。私が述べてきたのは、あなたにはわかりきったことばかりのはずだ。つまり意識ある人間として、あなたが自分のことを独立した唯一無二の精神的な存在を伴う個人だと考えるのは自然なことだ。もし、このあまりにも明白な考えに反対する強い傾向がこれまで学界にあったとしたら、科学者として、私たちはそれに立ち向かうべきだろう。本書では、進化における意識について論じている。私たちが知りたいのは、意識が何をするのかだ。もし自己というものを否定する人たちの言に左右されて、人間の生活に対する意識の影響の与え方のうちで、おそらく非常に重要な側面の一つと言えるだろうものを過小評価してしまえば、問題の核心を見失うことになる。

●——意識あるエゴという宝島

重要なのは、意識あるエゴであるとはどのようなことかについて人々が思いを巡らせたときに、当然の結果として生じた心理的な意味での個人主義が、人間が暮らす日々の風景を変えてしまったことだ。「エゴイズム（ここではその個人主義を臆面もなくこう呼ぶことにしよう）」はこれまでにないレベルでその正当性を認められるようになり、人々のもくろみと野心に新たなはけ口を見出した。それは自分たち自身のためでもあったし、今後明らかになるように他の人々のためでもあった。

まず、自分と自分でないものの区別が、以前にはなかった絶対的な重要性を帯びたに違いない。

ウィリアム・ジェイムズはこの点について、いつもながらきっぱりと明快に述べている。

宇宙全体を二分する一大分割が私たちの一人ひとりによってなされる。そして各人の興味のほとんどが、その二つのうちの一方に結びついている。だが、分割線を引く場所はみなそれぞれ違っている。私たちはみな、分割された二つのそれぞれを同じ名で呼び、その名が「自分」と「自分でないもの」だと言えば、私の言いたいことが、ただちにわかるだろう。各自の心が自分とか自分のものなどと呼べる、森羅万象のうちのこれらの部分に対して抱く、まったく独特の興味は紛れもない心的謎だが、根本的な心理的事実だ。隣人の「自分」に対して自らの「自分」に対するのと同じほど興味を持てる人はいない。隣人の「自分」は、他のすべてのものとともに、自らとは無縁のひと塊となり、それを背景として自らの「自分」が驚くほどはっきりと浮かび上がってくる。*19

「驚くほどはっきりと」とジェイムズは書いている。だが、この表現でもとうてい言い足りない。意識あるあなたのエゴは、ただ単に隣人のエゴよりも際立ち、より大きなうねりを生み出しているだけではない。隣人のエゴとは違って、あなたにとっては観察可能な実在物として存在しているのだ。たとえあなたが望んだとしても、隣人のエゴに同じように興味を抱くことはできない。それはただ、それについて知っていることがずっと少ないからだ。

ところでその「興味」とはどんな種類のものなのだろうか？　この言葉もまた、弱過ぎるように思える。ジェイムズは別の箇所でこう書いている。「私たち一人ひとりに生命を吹き込むのは、それがどのようなものであるにせよ、個人としての存在という自身の純然たる原理に対する敬意の直接的な気持ちだ」。さらに先で彼は問いかける。「どんな自己が『自己愛』において愛されているのか」と。「自己愛」というこの言葉は良い。だが私なら、「自尊心」を「自己陶酔」と組み合わせた表現のほうが、実際の感情により近いのではないかと考える。以前に私が引用したジェイムズの言葉を思い出してほしい。「私が関心を抱く自己を持つには、自然はまず、それ自体のために自分のものとしたいと私に本能的に願わせるほど興味深いものを私に提示する必要がある」。そして、意識あるエゴをあなたに与えることで、自然はまさにそれを成し遂げた——しかも、おまけ付きで。なぜなら、あなたの「興味を惹く」ものとは、まさしくこの素晴らしい宝島なのだから。

では、あなたはこのエゴを、それ自体に対する興味から、本能的に尊重するだろうか？　その問いに私は、本能的にもそうするし、理性的にもそうすると答えるだろう。なぜなら、あなたのエゴはあなたを驚かせたり、魅了したりしなくなることはけっしてないからだ。これは第6章で私が言った以上のことだ。第6章で、私は意識ある生き物が単純に「そこに存在すること」に見出す喜びについて詳しく述べた。ここで言っていることは、それとは比べものにならないほど素晴らしい。それは、ただそこに存在することの喜びだけではなく、そこに誰かとして存在することの喜びだけでさえなく、そこに自分として、またこれからなろうとしている自分として存在することの喜びなのだ。

オスカー・ワイルドはこれを、彼独特の自己陶酔的な文章で綴っている。「人生の目的は自己開発だ。自分の本質を完全に開花させること、それが、私たち一人ひとりがここにいる意義だ」[*20]。そしてまた、「自己を愛することは終生にわたる夢と冒険の物語の始まりだ」[*21]とも書いている。だが、自己陶酔的であろうとなかろうと、この生き方が与える生物学的な影響に関しては、ワイルドはまさに正しい。意識あるエゴを育み、保護することが、ひとたびあなたの目的になれば、この世界であなたはまったく異なる種類の動作主となる。この驚くべき存在である自分に己のもくろみや野心をひとたびしっかり固定したら、この世界での自分の存在をたえず肯定し続けて、自分自身でいることを願うばかりか、学問、創造力、象徴的な表現、精神的な成長、社会的な影響、他者への愛などを通して自分自身をさらに高めることを熱望するような人間に、自然になる。

世界のただ一人の相続人

私は「他者への愛」と言ったが、なぜそうなるのか？　すでにほのめかしたとおり、人間のエゴイズムに常に内在してきた、驚くべき事実をここで紹介しよう。私はここまで、意識は人間を引き離して孤立させると主張してきたし、実際、そのとおりだと思っている。つまり意識は個人主義を促すと主張してきたわけで、そのとおりだと信じている。だが、断じてこれで終わりではない。

児童心理学の研究からわかるように、人間の赤ん坊は生まれてから数年の間に、一つにまとまった自己の感覚を身につける。三歳児はすでにエゴを持ち、個人として発展していく自分の物語に魅了されている。ところが、さらに次に起こることによって、潜在的なナルシシズムや実在するナルシシズムが十分埋め合わされる。なぜなら、自分であることの輝かしさに気づいた子供はすぐに、他の人間の自己についても大胆な推測をするようになるからだ。「もし、自分にしかわからないこの驚くべき現象が自分の存在の中心にあるのなら、他の人々にも同じことが当てはまるのではないか、いや、きっとそうだ」

これほど明確に筋道を立てて考え、なるほどそうか、と悟る人がいるとは思わない。他の人々に適用可能な、「心の理論」と科学者が呼ぶものを、子供は、社会的相互作用や探究、実験を通して、ゆっくりと習得する。*22 他者も現象的意識を持っていると考えていいことを、子供は少しずつ、ためらいがちでさえあるかのように、理解する。だが、いったんそれを悟ると、人生や宇宙やあらゆるものに対する見方を急激に修正しなくてはならなくなる。というのは、重要度という点では、自分自身が意識を持っているという真実に次ぐ二番目の真実に行き当たったからで、それはすなわち、「意識を持っているのは自分だけではない」という真実だ。自分以外の人間も、誰もが自立した意識の中心なのだ。すべての人間は、誰も奪うことができず侵すこともできない自分だけの心の空間を、自然から与えられた。その空間は、私にとっての私の空間がそうであるように、持ち主にとって特別で、私秘的なもので、貴重で、重要だ。

トラハーンは物事のこの面について、喜びに満ちてこう表現している。「あなたはこの世界をまっとうに楽しむことはない——海そのものがあなたの血管を流れるまで、あなたが大空を身にまとい、星の冠を戴くまでは。そして、自分がこの世界全体のただ一人の相続人であること、さらに、それ以上のことを知るまでは。なぜならこの世界にいる一人ひとりの人間があなたと同じようにただ一人の相続人なのだから」[*23]

人間が気づくのは、自分たちがじつは自己の集合体としての社会の一部だということにほかならない。これは心理的、倫理的、政治的レベルで、途方もなく説得力のある考えだ。そしてこの考えは、私たちの祖先の間で広まったとき以来、非常に適応性の高いものだったことは疑う余地がない。というのは、この考えは最初から、それまでにないレベルで相互に尊敬し合うことを促し、各個人が自分自身と他人の人生とに置く価値をおおいに高め、人間関係を一変させたと考えられるからだ。

この章で、私は人間の個人主義を過小評価する理論家たちとの論争に重点を置いてきた。とはいえ、もうおわかりだろうが、エゴの重要性についての私の主張は、「ディヴィジュアリズム」を擁護する人々に反対するのではなく、むしろ、彼らのためにお膳立てをするものだ。この章の始めで、私はデズモンド・ツツの言葉を引用した。「あなたは、他者とつながっているからこそ人間なのだ。もし他者とつながっていなければ、あなたは何ものでもない」。これは素晴らしい言葉だ。そして言わせてもらうなら、この言葉は、私がこれまで論じてきたことと矛盾しないばかりか、じつは、私の主張が正しいからこそ成り立つ。人間には他者とのつながりが必要だ。だが、いちばん深い最良のつながりというのは、他者のなかにある自己の存在、自分自身の自己と同様に不思議で大切で、そして私秘的な、意識ある自己の存在を認める個人と個人の間に生まれることになるだろう。どの自己もが、りっぱな魂を持った対等な存在なのだ。

第3部

第10章 魂の生態的地位に入る

Entering the Soul Niche

二〇〇九年、科学と精神性に関する会議で、物理学の哲学者ミシェル・ビトボルは次のように講演を始めた。

昨夜、私は［量子力学と観察者という］今朝の話題と、この会議の議題の中心である精神性というもっと広範な問題とを、いったいどうやって関係づけるかを考えました。……私は、人間が精神性の特徴を余さず明確に述べられるとは思っていませんが、少なくともその重要な一側面とその起源についての話をさせてもらいましょう。その起源とはそこに存在すること、この独特の境遇に存在することに対する、連続的で、けっして完全には消化できない驚きです。なぜ私は今、歴史のこの特定の時代に生きているのか？　なぜ私は私で、この家族の一員として、世界のこの場所で生まれたのか？　私は、他にも多くの可能性があると教えられました。どんな人間としても、どんな時代にも存在しえたわけです。あるいは、まったく存在しない可能性さえあったのです。それにもかかわらず、私はここにいます。みなさんの前に。みなさんではなく、私として。そちらではなく、こちらに。あのときではなく、今。……もし、この免《まぬか》れようのない特異な事実の理由があるとすれば、それは何なのでしょう？　誰もがこの謎を抱えて生きているからといって、その謎が多少なりとも薄れるでしょうか？　自分の境遇にそのように気づくことには、深遠で古い、不変の畏怖の感覚が伴うもので、私は、この感覚は科学ではなく精神性の重要な基盤だと思っています。それはこう考えるからです。もし科学という、方法論において客観的な学問に執着するならば、いつとも知れぬ子供のころから自分の死という特異な瞬間までの人生に充満している独自性や運命の感覚に、対処のしようがないではありませんか。[*1]

ビトボルは「魂《ソウル》」という言葉を使っていない。だが、あなたはきっと、私自身が本書のなかでその言葉をだんだん多く使うようになってきていることに気づいただろうし、それを非難しさえするかもしれない。これほど気軽に使っていいのだろうか？　「魂」という言葉はあまりにも重い意味合いを背負っているのではないか？　そう、そのとおり。そして、私は使うべきだ。そのような意味合いを背負っているからこそ、使うべきなのだ。

ウィリアム・ジェイムズは『心理学の根本問題』の初めのほうで、「精神的なもの」に関する考察の最後にこう書いている。「多くの読者は、これまでの数ページを読みながら考えたはずだ。

『いったいなぜ、この哀れな著者は魂という言葉を使って、すっぱり片をつけないのか？』と」。彼は、その言葉を使ってしまえば、この先、方法論上の問題が待ち構えている可能性があることを指摘する。それにもかかわらず、こう書く。「じつを言うと……不思議な方法で脳の状態の影響を受け、それに対して、独自の意識ある感情によって反応する魂の存在を想定するのは、私には論理的に最も抵抗が少ない方針に思われる」[*2]

それでいて、その三章あとでは、ジェイムズはその考えを断固否定している。たしかに「魂の理論は大衆哲学の理論だ」と書いている。たしかに、その理論には実用的な用途があるように思える、という。とりわけ、「各自の個人的な意識の閉ざされた個性」を保証し、「神の前での弁論の責任」[*3]という考えを支持するのだそうだ。「魂の単純性と実在性の結果が、魂の不朽性と、当然の不滅性（それを滅ぼせるのは神が直接下す命令だけだ）、そして、いつ何時にも、何であれ今まで自らがしたことに対する責任である」

だが、これはすべて形而上学であって、科学ではないとジェイムズは主張し、こう続ける。だから「心理学者としては、形而上学的である必要はまったくない」。手短に言えば、「ようするに、魂はある種の哲学的な考察から生まれ出たもので、その種の考察の一大原則は、ホジソン博士によると、『あなたのまったく知らないことが何であれ、それが他のあらゆることの説明になっていると主張すること』だという」。そして、「そこで、実体のある魂に関する私の最終結論は、魂は何の説明にもならないし、何も保証しないというものだ。……したがって、私は何の遠慮もなく本書の残りの部分から魂という言葉を排除する」

ジェイムズがここに至るまでに三五〇ページを費やし、非常に棘々しくなった点から、内面でかなり葛藤があったことが窺われる。合理的で魂を否定するエゴが、感情的で魂を肯定するイド〔本能的衝動の源泉〕と激突しているのが聞こえてきそうだ。そして、合理主義者が議論に勝利する（毎度のことだ）。だが、そうとう手を焼いたらしいことは注目に値する。彼の内面にあるものがどれほど頑固にこのたいそうな考えにしがみついていたことか。

まあ、ジェイムズは好きなようにすればよかった。しょせん、彼の本だから。だが、これは私の本だ。だから、ジェイムズに従わなくてもかまわないだろう。実際、私たちは科学的に心理学を探究する者として形而上学的である必要がない（地球を訪れているアンドロメダの科学者と同じことだ）としても、普通の人間の意欲を高める上で形而上学的な概念が果たす役割を知っていてもいいだろうし、また、知るべきでもある。ビトボルがとても雄弁に語ったように、子供のころから死ぬときまで、あなたは形而上学的な謎の中心で生きていくことになる。そして、自分自身が精神的な存在だという事実に魅了されずにはいられない。好むと好まざるとにかかわらず、あなたは自分自身を、ジェイムズの言葉を借りれば、「さまざまな心的能力、働き、感情が本来備わっている単純な精神的実体」と見なすのだ。それが魂を持つということでなければ、私には魂を持つというのがどういうことか皆目見当がつかない。

◉——鱒は川で、ゴリラは森で、人間は魂の国で

神学者のキース・ウォードはこう書いている。「魂について語る意義は、私たちが自分の物質的存在の条件をすべて超越している事実、私たちは常に、自分のなかの化学物質あるいは電子、社会的な役割、遺伝子の総和以上のものなのだという事実を、たえず自らに喚起することに尽きる。……定義しがたく、常に目にしたり描いたりしうる以上のもので、経験や活動の主体で、特異でかけがえがないという、まさにその点において、私たちはそれらを超越しているのだ」[*4]

そう、これこそ私の目指しているものだ。人間という種の一員にとって、たいていの人が自らについてこのような意見を持っている（実際、その意見はほぼ普遍的だ）世界で生きるというのは、「魂の生態的地位《ニッチ》」と呼べる場所で生きるということだ。ここで私は「ニッチ」という言葉を従来の生態学的意味で使っている。すなわち、種が適応した環境のことで、そこでその種は繁栄するようにデザインされている。鱒は川で、ゴリラは森で、トコジラミはベッドのなかで生きている。そして人間は、魂の国で生きている。

魂の国は精神の領域だ。人間の心の、マジックのような内面性があらゆる面で影響力を持つ場所だ。他のすべての人があなたと同じように、現象的意識の、拡張した現在に生きていると、あなたが当然のように思っている場所だ。他人の個性を認めて尊び、すべての人を、生まれながらにして独立し、尊敬に値し、信頼できる、自由意志を持った意識ある存在として扱う場所だ。個人の

私秘的な喜びや苦しみという、素晴らしい可能性を認識して讃《たた》える場所だ。

そこは、あなた自身の意識と他の人の意識の運命が、常に話題となる場所だ。魂が、噂話や優しい気遣いや意地悪な憶測のトピックとなる場所だ。魂が祈りや呪い、儀式による管理の対象となる場所だ。

そこは、精神の主張が肉体の主張と同じぐらい高く評価され始める場所だ。あなたが魔法をかけた世界の美しさを、他人と手をつないで共有する（矛盾しているようだが、めいめいが自分のなかで分かち合う）場所だ。魂の国は、芸術家、僧侶、そして私が本書を通してしきりに引用してきた大衆哲学者（ジェイムズならこう呼ぶだろう）にふさわしい世界、意識の主人公たちが住むのに適した世界だ。私はこの調子でさらに続けることができるが、その必要はない。あなたはそこに住んでいるし、それがわかっているから。

この精神的な領域はほとんどの人が実際に住むだけでなく、最善を尽くす場所でもあるということに、人類の発達史の研究をする人は誰もが気づくだろう。これは、人間という種が生物学的に適応し、男女が子孫を残すための機会を最大限に活用できるニッチだということに疑問はないはずだ。それでも、このニッチは多くの点で、文化の産物であり、けっして自然界に当たり前のように存在するものでない。魂のニッチは、おおむね人間が作り出したのだ。

この場合、文化が自然に力を貸していることがわかっても驚くべきでない。人間以外の動物の種の多くも、自分が生物学的に適応したニッチを構築する上で積極的に役割を果たす。物理的・

社会的な環境を局地的に変えるのだ。[*5] ビーバーはダムを作って地形を変え、アリは巣のなかにまったく新しい生態気候を作る。ヒヒは社会的関係のネットワークを築き、それによって自然災害から自分たちを守り、住みにくい土地で生きることができるようにする。

だが、人間は「ニッチの構築」(とくに、社会的なニッチの構築)をまったく新しいレベルにまで高めた。哲学者のイアン・ハッキングは、人間が「衆を構成する」ことに注意を喚起した。人間は各個人が担う役割を生み出す。それまで存在しなかったかもしれない役割で、それは(自然が生み出したのではなく)「人間の手になる役割」として追認される。一つには、役割を演じている人が期待に応えるよう、他の人が勧めるからだ。[*6] 実際、人間が自分たちの社会の形態を構築するために使うカテゴリー(たとえば、女性、聖職者、フットボール選手、ピエロ、フランス人、物乞い、泥棒のようなありふれたカテゴリー)は、ほぼすべて、ある程度まで人為的なもので、その後このような追認過程によって強化された。もっと重要なのは、普通でないカテゴリーにもこれが当てはまるということだ。厳密に言えば、不可能な役割や意味のない役割でさえ、個人がそれを演じるのを熱望するように仕向けられ、けっきょくその真似をすることもありうる。したがって、たとえば「魔女」になることは不可能なはずなのに、中世のヨーロッパでは多くの気の毒な女性がコミュニティの圧力に負けて、この不可能を受け入れて実際に魔女もどきのものになった。

だが、作られた「人間の手になる役割」のなかで最も意外で奇妙な例は、ごくありふれたもの、すなわち、「人間」そのものという基本的なカテゴリーだ。人間(ともかくも、自分たちの所属する人間の部族のメンバー）は自然界の他の存在よりも高い階級に属していると、どこの人間の文化でも信じられているという報告を、これまで人類学者がたっぷりしてきた。文化が宣伝する、動物を超え、肉体さえ超越した存在としての「職務内容説明書」どおりに行動できる人など現実にはいないとしても、自分の可能性を信じる人々は、本当に一種のそのような存在になるのだ。

本書はそのような広範な論文を再検討する場ではない。そのかわりに、一般的な主張をするために、エッセイストのキャベルの一節を引くことにする。私はすでに第6章で彼の言葉を引用している。初めは「感覚を受け取る能力以外、ほとんど何も見当たらない」人間が、「説明のつかないさまざまな謎の間に暫定的に存在している、ただの非常に騙されやすい意識」になるというテーマについてのものだ。キャベルは風変わりで尊大な著述家だが、自分の夢を生きることで人間が自分自身を作るようになった経緯についてのこれらの言葉は意外なほど賢明だ。

そしてロマンは［人間を］騙すが、害を及ぼしはしない。なぜなら、思い出してほしい。動物のなかで人間だけが自分の夢の真似をすることを。人生は行き当たりばったりで目的のないものではないし、救いのない無駄や混乱ばかりではないと、すべての人にささやくのは間違いなくロマンだ。また、人間の存在は神聖な目利きの観客が鑑賞する見世物で、人間は強くて優秀で賢明だとロマンはささやく。そして、人間はロマンの言うことに耳を傾け、自ら進んで甘い作り話に騙される。まんまと騙される。ロマンが人に請け合うことは真実とはかけ離れている。それでも自分を天使ケルビムより少しだけ地位の低い生き物だと、単に信じることで、きわめて少しずつ進歩し、全体としてチンパンジーにははっきり優るようになった。その結果、今日、このようにおだてるようなささやきが、どれほど大げさに思われようとも、人が最初にそのような甘美なささやき声を聴き始めたときには、それとは比べようもないほど真実からは遠かったのであり、その開きは着実に縮まっていくのだ。[*7]

人間は自らを言いくるめてこの壮大な自己観を持つようになったという点で、キャベルはたしかに正しい。そして、人間は自分をほめればほめるほど、本当に成長してきた。とはいえ、新しい個人の誰にとっても一貫して、すべてのきっかけは、そこに存在することという避けようもないほど明白な謎なのだ。

渦巻き

人間が自ら作ったこのニッチの住民に初めてなったのはどれほど昔のことだったのか、想像がつくだろうか？　私はそれが「きわめて少しずつ」起こったとは思わない。むしろ、最初にこの自己観がうまくいき始めた途端に、さまざまな発明が一気に起こったのだろうと思う。それが言語に依存するとしたら、その転機は二〇万年前にアフリカで現生人類が出現したころより前のはずがない。おそらくはもっとあとのことで、せいぜい五万年前にヨーロッパで始まった上部旧石器時代の革

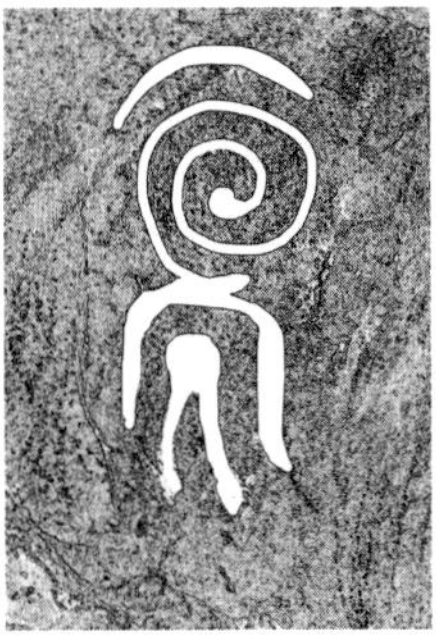

図 12
ビラファメス（スペイン）の岩絵

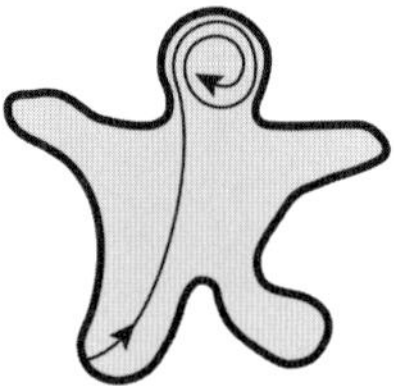

図 13
著者の論文「感覚の私秘化」（2000 年）に
掲載した絵

命と同時に起こったのではないか（ひょっとしたら、その原因となったのかもしれない）。

問題は、歴史上それほど昔に魂が登場したと結論できるような種類の肖像が考古学の記録にあるかどうか、だ。私は、あるのではないかと思いたい。いずれにしても、おおいに興味をそそる情報を紹介しよう。スペインのバレンシア地方、ビラファメスという町の城のすぐ下に洞窟があり、そこに紀元前一万五〇〇〇年ごろの岩絵が描かれている。二〇〇六年に私がその洞窟を訪れたとき、岩絵の一つ［図12］[*8]と、その何年か前に私が学術誌のために描いた絵［図13］[*9]が似ているのを見て非常に驚いた。私の絵は「感覚の私秘化」を図示するためのものだった。右側に示した人形《ひとがた》の頭のなかに入っていく渦巻きは、石器時代の画家が内包、私秘性という、意識ある自己の本質的な特性を表すために描いたものだと、私がとっさに思ったわけがわかってもらえるだろう。

だが、もし私の思ったとおりならば、もう一歩、推測

図 14
アイルランド、アイヴェラ半島デリーナブラハのロックアート
（ケン・ウィリアムズ撮影の写真を、許諾を得て掲載）

を先に進めさせてほしい。石に描かれたり彫られたりした、他の無数の渦巻きやカップや輪のなかの輪——内面性を雄弁に物語っているように見える、そのようなデザイン——はどうなのか？　この手のデザインは、新石器時代から青銅器時代にかけて、ヨーロッパばかりか、アジア、オーストラリア、アメリカに至るまで、世界じゅうのロックアートで繰り返されるモチーフなのだ。考古学者はこれまで、そのようなシンボルが何を表しているのかをうまく説明する理論を打ち立てられずにいる。アイルランドのアイヴェラ半島にあるロックアート［図14］のように複数が描かれたものは、「畑の配置図《フィールド・プラン》」の一種とされてきた。あるいは、それらは単に装飾的ないたずら書きで、意味はないのかもしれない。しかし私は当然遠慮がちにではあるものの、実際それらは意識ある人間の存在を記録した落書きなのだと言いたい。ソウル・プランと呼んでもいい。第1章の初めに書いたように、ここに魂が息づいている。

第11章 危険な領域
Dangerous Territory

「ここに魂が息づいている」。だが、今ではどうしても、「ここに魂が息づいていた」と言わざるをえない。というのも、ロックアートのシンボルについて私が正しいかどうかはさておき、それらのシンボルを描いた人間たちがもはやここにいないのは確かだからだ。岩に刻まれたしるしはずっと残るが、個々の人間はそうはいかない。

私たちはここから、無数の方向に考察を進めることができるだろう。だが、本書で取り組むべきことを考えると、重要な問題が一つ残っている。意識と死の問題だ。これについては第6章で触れた。とはいえ、私たちはその後さらに歩みを進めてきた。もともとの中核的自己は、もっと大きくてりっぱな存在であるエゴへと発展し、今やそれに伴い、魂や、おそらく死に対する人間の態度も進化を遂げたはずだ。第6章で私は、動物のなかで唯一人間だけが死を恐れることができると述べた。とはいえ、中核的自己の死に続く意識のない状態（感覚を失った状態）が、人間にとってはすでに恐るべき行く末だったとすれば、魂の死に続く、精神の完全な消滅（記憶、人格、知識、技能を失った状態）は、なおさら恐ろしいものであるに違いない。

哲学者のスーザン・ランガーが述べたように、「そして『自己』が誕生し、しだいに個人としての自主性の起源と見なされるようになるにしたがって、当然ながら人間は、それに限りがあること、つまり、死という究極の行く末について知るようになる。このような知的進歩の影響はきわめて大きい。以後、無限には維持しえないのがわかっている自分の生命が、各個人の感情面での最大の関心事となる」[*1]のだ。

これが、心理的な意味での個人主義の大きな泣き所かもしれない。高く登れば登るほど、落ちたときにはひどい目に遭う。個人のエゴの未来が人間の進化の過程で心理的な重要性を増すにつれ、このエゴの死は、（自分を愛する本人や、その人に愛着を抱く他者にも）ますます大きな悲劇と見なされるようになったに違いない。

特定の個人が消えてなくなってしまった。自分は非常に特異な重要性を持つ存在であると本人が信じるように、その意識と知性が自然によってデザインされた、まさにその人が。その人の死を、私たちはどれほど重く受け止めても足りない。詩人エフゲニー・エフトゥシェンコは、そんな私たちを代弁してくれた。


つまらない人たちなどいない。

彼らの運命は、惑星の年代記さながらだ。

そのなかに特別でないものなどなく、
星はどれ一つとして似ていない。

……………

どんな人も一生を終えれば
初めての雪も口づけも争いも、ともに逝く。
その人もろとも消えてなくなる。

……………

死ぬのは人ではなく、人のなかにある世界だ。
その世界は消え、二度と取り戻せない。
その密やかな世界が生き返ることはない。
そして、いつも、何度でも
私は死を嘆き悲しむのだ。[*2]

なんと残念なことか。死について考えるだけで私たちの胸は痛む。だが、できれば一歩下がって考えてみよう。科学の徒として、私たちはたしかにこう認めるべきだ。これほど心惹かれる個人の死を、一人の人間として悼むのは（たとえ前もって悼むにせよ）、生き物としての生存の観点に立てば、それほど悪いことではないかもしれない、と。前の考察のなかですでに述べたように、状況によっては、中核的自己を失うことへの恐れが、自分の命を救うために、もうひと頑張りする動機になる。だとすれば、それと同様に、より大きなエゴを失うことへの恐れは、おそらくなおさら強烈な動機を与えるのだろう。そして、私たちは仲間、いわば魂の友《ソウルメイト》のエゴを重んじるまでになったのだから、その恐れは彼らの命を救う意欲をもかき立てる。その喪失を恐れれば恐れるほど、それを積極的に避けようとする。進化精神医学者のランドルフ・ネシーが、「不快に感じることが何になるのか?」という論文で指摘しているように、「感情は、幸福ではなくダーウィン適応度を最大化するようにできている」[*3]

したがって、個人主義の台頭に伴って死に対する不安が大きくなったのもまた、じつは、意識が人間にとって適応上の価値があることを自ら証明したものと見なせる、これまた、意識を持つための遺伝子が選択される理由なのだ、と言いたくもなる。

●——人生には生きる価値があるか?

これには本当に多少の真実が含まれているかもしれない。とはいえ、意識の発達史をもっと幅広く眺めさえすれば、明らかにそれが全真相ではないことがわかる。じつのところ、それを示す証拠が十分過ぎるほどある。つまり、死ぬかもしれないと考えて、生物学的適応度にダメージを与えるほどひどくふさぎ込む場合もあるのだ。

問題は、現に人間は間違いなく死ぬということだ。死の恐怖が最後の清算を遅らせる一助となることはあっても、しょせん、できることといえばそれだけ――死を遅らせることだけだ。それは、たとえば、自分の家が焼け落ちてしまうかもしれないという恐れとは違う。火事への恐れは、火事がけっして起こらないようにする上で非常に有効だろうから。死の場合には、けっきょく、予防策はすべて無効になる。「この地上に不可思議なものはごまんとあるが、人間以上に不可思議なものはない」と、ソポクレスの『アンティゴネー』で合唱隊が歌う。「人の力の及ばぬものはない。人の巧みさは、どんな折にも窮することなく、危険をすべて克服する。あらゆる病に対して、人はそれを癒す道を見つけてきた。ただ一つ、死を除いて」[*4]

人間は、わずかでも希望を持つ理由があれば、どんなに不利な状況にもなんとか対処できる。だが、運命が動かしがたいことを悟れば、すべてが変わってしまうのは明らかだ。私は、今から一五〇〇億年後、宇宙は必ず熱的死に至るという話を初めて聞いてショックを受けた人たち（じつは私もその一人）のことを知っている。（「じゃあ、宿題なんかやっても意味がないじゃない」というのが、九歳のアルヴィ・シンガーの反応だった）[*5]。自分の魂がたったの一〇〇年ももたないなどという考えはとうてい容認できない。ここで再びW・H・オーデンに登場してもらおう。

木の葉は幸運だ
散るのを予測できないから。……
だが、そらんじたメロディを口笛で吹ける人間はどうすればいいのか？

> ミズナキドリの鳴き声のように、死によって不意に自分の命が断ち切られる時を、
> 　はっきりと知っているのだから。[*6]

なぜそれがこれほど重要なのだろうか？　答えはみな、わかりきっているようだが、とにかく挙げてみよう。まず、一〇〇年という年月は、あくなき希望を持つ人間の魂にふさわしい年月より、たしかに短いように思われる。トマス・ネーゲルの言葉に戻ろう。

> 自然や歴史や社会の偶然が重なって、いわれもなくこの世に生を受けた［私たち人間は］、自分が一つの生の主体であり、自分の未来はまだ定まっておらず、本質的に限りがないことに気づく。このような観点に立つと、死は、どれほど避けがたかろうと、どこまでも果てしなく続きうる幸福の唐突な解消である。……仮に普通の寿命が一〇〇〇歳だったとすれば、八〇歳で死ぬのは悲劇だ。だが現状では、それは単に、もっと一般的な悲劇なのかもしれない。どれほど生きるのが適切かという長さの制限がないのなら、悪しき最期が私たち全員を待ち受けているのかもしれないのだから。[*7]

というわけで、あなたはもっと生きたくなる。とはいえ、もちろんこれが死にたくないと思う最大の理由ではない。そのような、ありうべき幸福をすべて得ることはできそうにないと思う、不当

な扱いを受けたように感じるかもしれないが、そのこと自体で落ち込んだりはしない。人生はたとえ不完全でもなお、美しいものとなりうる。そう、もっと大きな問題は、死ぬかもしれないと考えていると、まだ生きているというのに人生の美しさが奪われかねないことだ。なぜなら、死という行く末が人生から生きる意味を奪ってしまうからだ。アルベール・カミュはずばりと言ってのけた。「本当に重大な哲学上の問題は一つしかない。それは自殺だ。人生に生きる価値があるかないかを判断するのは、哲学の根本問題に答えるのに等しい。……考え始めるというのは、揺るがされ始めるということだ[*8]」

　つまりこういうことだろう。人生に生きる価値があるかどうかが人間にとってしだいに重要な問題になってきたのは、人間の心の働き方に非常に特殊な特徴があるため、すなわち、人間が人生を正当化する物語を重視し、それを必要とするためなのだ。あなたは、自分が責任能力を持つ個人であると考えるように進化してきたのだから、人間として、自分が手掛けることなら何事にも理由があるものと信じている。言い換えれば、あなたは一つのエゴとして、「私はなぜこれをしているのか？」「なぜ～しなければならないのか？」「なぜ～すべきなのか？」「これらの手段を使ってこの目標を達成するために、なぜ～したいのか？」といった質問に答えられて当然だと思っているということだ。たしかに、事がうまく運んでいて、異議を唱える者がいないかぎり、たいていはこうした理由は口にせずにおく。ところが、何か障害にぶつかったり、厳しい選択を迫られたりした途端、あなたは心的な原動力として理由を使うものだ。気を奮い立たせるために、また、自分の活動を方向づけたり、その方向を改めたりするために、はたまた、わき道に逸れないようにするために。

この種の理性的な自己制御が発達したおかげで、人間の営みは進化の過程で新たな知性のレベルに達し、新たなレベルの責任も生まれた。エゴとしてのあなたは、今すぐ行動を起こすべく、正当な個人的理由を見つけようと先を読む。こうしてあなたは、未来に向かって鉤《かぎ》を投げ、それを手掛かりにして自らを引き上げることができる。

このように特別なかたちで理由に頼っていれば、自分の行動の根拠が正しく、価値あるものだと確信を持てるようになる（人間以外の動物にはありえないことだ）。あなたは通常、自分のしていることは正しいと信じている。だが、これには危険が潜んでいる。なぜなら、恐ろしいことに、理由に頼っていれば、疑念につきまとわれることになるからだ（これまた、動物にはありえない）。実際、理由があればあなたの決意が強固になるのとちょうど同じで、理由がなければその決意が鈍りうるし、またそうなって当然だ。そして自分のしていることが正しいと信じられなくなれば、それを完全にやめてしまうかもしれないし、やめざるをえない場合もよくある。やる価値のないことなら上手にやる価値もないとはよく言ったものだ。となれば、人生そのものに生きる価値があるのか疑問に思い始めたらどうなるか？

わかりきった、その場しのぎの答えならば、いくつか見つかるだろう。だが、人生とはその場しのぎの営みではない。誰しも束の間なら有名になれるし、一時間、一日、いや一年にわたってさえ、幸福感や充足感を見出すことはたしかにできる。だがあなたは、人生に――自分独自の人生に――生きる価値があるか否かを問うときには、はるか先に目を向けて、これまで経験してきたこと、やってきたことが全体として価値を持つとあとで説明できるような根拠に注目しているのだ。

問題はまさに、「考え始めるというのは、揺るがされ始めるということだ」という点にある。じっくり考え始めると痛ましいほどはっきりしてくるかもしれないが、あなたが人生を送る理由、ともすればとっさに飛びついてしまう理由は、批判的な精査には耐えられないかもしれない。哲学者のジョージ・サンタヤーナはそのことを率直に述べた。「人生には生きる価値があるという」考えは、「いちばん肝心な前提であり、この前提がなければ、絶対にありえない結論となる」[*9]

それはなぜか？　「人生には苦労する価値がある」と理性的に結論づけるのを阻むものがあるとすれば、それは何だろうか？　何が問題なのか？　決定的な問題が一つある。死ぬという事実だ。というのも、人生には生きる価値がある（あるいは、けっきょく価値があった）と判断するために思いつくだろう正当な根拠をすべて、死は揺るがしかねないからだ。

死ななければ必然的にすべて良しと言っているのではない。とはいえ、死んでしまうなら良いことは何もないかもしれない。未来に向かって銛を投げ、人生の目的の重みをそこにかけたとき、足元が崩れる。

ディヴィッド・ヒュームはこの問題を次のようにまとめている。「人生の短さや不確かさを思うとき、幸福の追求がすべて、どれほどあさましく見えることか。そして、たとえ自らの死後にまで関心を拡げたにせよ、どれほど規模が大きく気前の良い企てでさえ、なんと些細に見えることか……

時の流れにあわただしく運び去られ、物質の広大な海に呑まれて消える」[*10]。ウディ・アレンは、こう締めくくる。「その経験はあまりに絶望的でひどいものであり、悲劇に満ちている。……最後には――けっきょくのところ、それが何だというのだ？　衰弱と死で終わる無意味な経験といったところだ。どうでもいいこと。……つまらないことだ。人は生き、そして死に、忘れ去られる」[*11]

文芸評論家のジョージ・スタイナーは、「個人の死という不面目、不可解なもの」[*12]について書いている。「未来時制、つまり、葬儀の翌日、あるいは星々に満ちた一〇〇万年後の宇宙で起こりそうな出来事を話題にする能力は、ホモ・サピエンス特有のもののようだ。……『to be』という動詞の未来時制を人間が使うときには必ず、どれほど限られたものであろうとも、死すべき運命を否定しているという意味合いが現にそこにある」

●――一五万年間の実存的な不安

さて、「未来の欠如」についてのこのような不安は、当然、現代特有の現象であり、そうした現象は人類の進化の長い歴史とほとんど関係ないはずだと、私たちは思うかもしれない。精神分析学者のカール・ユングの見るところでは、現代人の間でさえ、「幸運にも、自然は寛大で辛抱強く、人生の意味についての致命的な問いかけの言葉を大半の人間に言わせることはけっしてなかった。誰も尋ねなければ、誰も答えを必要としない」[*13]。だが、遠慮なくユングの意見を否定しよう。私たちは、人間の才能と想像力を知っているのだから、こう思って間違いない。たとえユングは自然が

「寛大だ」と言っているにせよ、大半の人間が、あまりに無関心でそんなあからさまな問いを投げることがないようにできているとか、不面目な事実を目にしてもあまりに鈍くてそれがわからないというのは、真っ赤な嘘だ。

旧石器時代の祖先が砂地や氷上をさまよいながら、ハムレットや若きウェルテルのように存在の無意味について考えているところを想像するのは、私たちになじみがないかもしれない。だが、人間は、解剖学上は現在の私たちとほぼ同じ脳を一五万年前から持ち続けてきた。そのため、遠い祖先を思いやれば（いや、科学に照らしても）、人間が少なくとも一五万年間、実存的な不安に対して脆《もろ》い心を持ち続けてきたのだと考えざるをえないのだ。

ああ、心よ、心には幾多の山がある、幾多の滅亡の崖がある
空恐ろしいほどに険しく、その険しさは、なんぴとにも計り知れない。[*14]

このように、ジェラード・マンリー・ホプキンズは、人間が自ら生み出し、住みかとした、目くるめく光景を詩の形にしてまでも表現した。

◉――自殺

魂のニッチは、いわば危険な領域だ。あまりに無意味に終わる定めの人生には、その道中に何

かしらの意味がありうるのだろうか？　九歳のアルヴィではないが、宿題など問題外だ。今すぐ自殺してはどうか？　というのも、もちろんあなたは人間として、無意味な未来から逃げたいのであればいつでもそうできるのだから。精神科医アーウィン・ステンゲルがとくに言及しているように、「進化のある段階で、人間は動物や同胞だけでなく自分自身をも殺せることを発見したに違いない。それ以来、人間にとって生はまったく異なるものになったと思ってよかろう」[*15]

　たしかに、本当に死を恐れているのであれば、人はおそらくそれゆえに自殺しないだろう。だが、このほうがありそうかもしれないが、いずれ死ぬのだと思って意欲や希望を奪われたときには、自殺は合理的な解決策となりうる。いいではないか？　ハムレットとともに、「武器を取って苦難の海に立ち向かい、逆らうことによって果て、苦難にとどめを刺す」。それでいいではないか？　ミルトンの詩のイヴとともに、なぜ、自分と子孫のために「窮状からの救済策」を求めないのか？　イヴはアダムに言う。「惨めなのは、他者にとって不幸の種となることです。……あなたには子がありません。そして、子のないままで終わればいいのです」

なぜこれ以上、生きようとするのですか？
死以外の終わり方がないことを恐れて震えながら、しかも
数多くある死に方のうち、最も短いものを選び、
自らの死をもって死を殺す力がありながら。[*16]

死を決心するのに並外れた勇気や責任を必要とするわけでもないし、実行が技術的に難しいわけでもない。自分自身を終わらせるには、自身を存続させることを怠りさえすればいい。未来から逃れるには未来への投資を怠りさえすればいい。崖道を歩いているとき、車を運転しているとき、背の立たない所まで泳ぎ出たときはいつでも、ごくわずかな行動を起こせば（あるいは、起こさなければ）、事をやり遂げられる。

「生きようとする意志と死のうという意志は紙一重」とは批評家のスーザン・ソンタグの意見だ。「穴を……本当に深い穴を、一般の人が使えるよう公共の場所に設置してはどうか。たとえば、マンハッタンの七〇丁目と五番街の角に。……穴の脇にはこんな表示がある。

自殺　可
月・水・金
午後四時～八時

これだけだ。表示一枚。きっと、自殺などほとんど考えたことのなかった人たちも飛び込むに決まっている」[*17]

一九一三年、ルートヴィヒ・ウィトゲンシュタインは友人にこう語った。「生涯を通じて、自殺の可能性を考えなかった日はないと言っていい」[*18]。もっと一般的な例では、現在のアメリカの高校生のうち、六〇％が自殺を考えたことがあり、一四％が過去一年間に自殺を真剣に考えたことがあり、五％、すなわち一年に一〇〇万人以上の生徒が自殺を試みたという。[*19]

仮に――もちろん、裏付けがとても乏しい「仮に」だが――人間が初めて、人生には生きる価値があるかと問い始めて以来、そうした傾向が続いているとすれば、それはつまり、私たちの祖先が、文化のレベルでだろうが、生物的なレベルでだろうが、何かしらの防衛策を見つけるという非常な難題に直面していたに違いないということだ。なぜなら、自殺の傾向（あるいは、子を持たない傾向――結果的には同じことだ）があれば、人間という種の存続に深刻な脅威となったのは確実だからだ。実際、そうした傾向が抑制されなければ、人類は絶滅を免れなかったはずだ。

過去五万年の間に、あなたには直系の先祖がどれぐらいいるだろうか？　世代の間が二五年、一世代当たり二人の親とすれば、何百万にのぼるに違いない。[*20] だが、あなたにつながる直系の先祖のうちには、人生は究極的に無意味であることを気に病んで、早々と人生を終わらせたり、自分の幼な子を見捨てたりすることを選んだ者は誰一人いなかったはずだ。それどころか、何百万もの祖先のうちに、そのような者が一〇〇〇人に一人でもいたら、あなたが今ここにいる可能性はゼロに近い。

そんなことをした先祖は誰もいなかったとはいえ、その多くが、いや、ほとんどが、それについて現に考えた可能性は十二分にあると思われる。ちなみに、これは注意してほしいのだが、自殺願望は、慢性的で毎日抱いているものでなくても、死につながりうる。自殺の誘惑を感じるのが年にたった一回で（そのとき以外は幸せな生活を送っていて）も、死んでしまうことがあるかもしれない。それというのも、生と死は異なる時制を持つためだ。生は未完了形の投資を続けることが必要であり、死は完了形の一回限りの行為にすぎない。「わたしは……生と死、祝福と呪いをあなたの前に置く。あなたは命を選び、あなたもあなたの子孫も命を得るようにし」（日本聖書協会『聖書』新共同訳より）と聖書にある。[*21] だが、この両者の選択は釣り合いがとれていない。生を選べば、あとから死を選ぶこともできるが、死を選べば、それまでだ。

自殺を考える人たちに実行を踏みとどまらせるのは何だろう？　それが十分でない例もあるかもしれない。かつて、進化は他の種に関して方向を誤り、結果的にそれらの種は絶滅した。人類の系統のいくつかについても、これが当てはまるかもしれない。遺伝的な記録に残された「ボトルネック（当時広く存在していた人間の遺伝子数が激減した時代）」の形跡から、現生人類が出現して以降、突然の人口崩壊が数回起こったことがわかっているが、その原因はまだ解明されていない。[*22] 原因は疫病や、戦争による大量殺戮、火山爆発かもしれない。だが、どうだろう。原因は意識そのもの、つまり、重荷となるほど大切になった、意識ある自己こそが原因だったのではないだろうか？　セーレン・キルケゴールは書いている。「自己を持つこと、自己であることは、人間に対してなされた最大かつ無限の譲歩であるが、同時に、永遠が人間に対して突きつける所有権の請求でもある」。[*23] 人間の集団がまるごといくつも、この請求を受け入れたのだろうか？　そして、失望して死んでしまったのだろうか？

その答えは知りようがない。失望については、古人類学上の記録にそれと認められるような手掛かりはいっさい残されなかっただろう。とはいえ、たとえ他の者が死に屈したとはいえ、あなたの先祖がそうでなかったことは、はっきりわかっている。何が両者を分けたのか？　あなたの先祖が生き抜くのを手助けしたものは何か？　自殺を考える人たちに実行を思いとどまらせるものが本当にあるならば、それは、他の考えに思い至ることに違いない。

第12章 死を欺く

Cheating Death

「ほんのわずかのこと、ごく些細なことで、人間は一線を越える。境界の向こう側では何もかもが意味を失う。愛も、信念も、信仰も、歴史も。人間の生活——ここにその秘密があるのだが——は、その境界すれすれの所で、境界にじかに接してさえいる所で営まれている。境界から何キロも離れた所ではなく、わずか数ミリの所で」[*1]

このようにミラン・クンデラは書いている。彼のメッセージ（それはこの前の章のメッセージなのだが）は、人間が自分の実存的ジレンマを解決する方法は、際どいものだったし、今もそうだというものだ。その方法が何であろうと、クンデラは「秘密」というレッテルを貼る。だが、私たちがずっと強調してきたように、秘密は、自然淘汰に——さらに言うならば、文化的淘汰にも——なじまない。人間の生存がこの秘密に依存してきたなら、それは公然のもので、意識の発達史のなかで明らかになっていなくてはならない。それならば、私たちはこう問うべきだ。その発達史をあらためて眺めたとき、人々が絶望を払いのけて、そこに内在する失望をあらかじめ防ぐために、何をして、何を言っているのが見て取れるだろうか？

もちろん、この問いに正しく答えるには、人類の文明の物語を初めからそっくり語ることが必要だ。とはいえ、見てのとおり、このあとにはもう一章しか残っていない。したがって、これから私が言おうとしていることは、極めて不十分にならざるをえない。だが、これは意識の歴史についての本なので、私は意識がもう一つ巧妙な手を隠し持っていたと主張することで締めくくりたい。

「死によって不意に自分の命が断ち切られる時をはっきりと知っている人間は、どうすればいいのか？」人生に意味を取り戻す三つの戦略を検討してみよう（いや、少なくとも見てみよう）。それらは、死にまつわる不安に対する人間の反応として広く見られる戦略だ。

◎未来を割り引いて考える――そして、現在のために生きる。
◎非個人化する――そして、自分の死後も残る文化的存在と一体化する。
◎肉体の死が最終的であることを否定する――そして、個人の自己は不滅だと信じる。

●――未来を割り引いて考える

すでにたっぷり述べたとおり、現象的意識を持つ生き物にとっては、ただ「そこに存在すること」自体が喜ばしいことだ。だから、ゴルファーのウォルター・ヘーゲンにはわかっていたのかもしれない。

あなたはほんの束の間、ここを訪れているにすぎない。
あわてないこと。心配しないこと。
そして、道々、咲いている花の香りを必ず嗅ぐように。[*2]

私たちが見てきたように、有限の現在の、厚みのある瞬間に生きることを満喫できるとき、「無限」について心配して現在の瞬間を台無しにする必要が本当にあるのだろうか？　陰気な聖人とも言えるブレーズ・パスカルは、心配症の人の気持ちを代弁している。「自分の人生という短い時間、永遠のなかに――一夜限りの客の思い出のように――吸い込まれていく短い時間について考えるとき、私は恐れおののく。その永遠は、私の占める小さな空間の前後にあり、その小さな空間は、目の前で、私が何も知らず、私のことを何一つ知らぬ果てしない空間に呑み込まれる。……こうした無限の空間の永遠の静寂に私はおびえる」[*3]。だが、数学の哲学者フランク・ラムゼイは、もっと軽い見方をした。「天空の壮大さを前にしても、自分が卑小とは露ほども感じない。星は大きいかもしれないが、考えることも愛することもできない。私はこうした特性に、大きさよりもはるかに心を打たれる。私は体重が一〇〇キロ余りあるからといって、ほめられはしない。私は世界の絵を遠近法で描くのであって、同じ縮尺の模型のようには描かない。前景いっぱいに人間を描き、星は三ペンス硬貨ぐらいに小さく描く」[*4]

すでに見たとおり、デイヴィッド・ヒュームは、未来の喪失という予想には知的な問題がたしかに伴うことを認識しながらも、それにこだわるのは人間の本性ではないと大胆に言い放った。

理性はこうした雲を追い払えないので、はなはだ幸いなことに、自然そのものがその目的を十分に果たして、このような心の傾向を和らげることによって、あるいは、慰み事や私の感覚による生き生きとした印象によって、こうした妄想をことごとく抹殺して、私からこの哲学的憂いと錯乱を取り払ってくれる。私は友人たちと食事をとり、バックギャモンに興じ、会話し、楽しむ。そして、三、四時間、気晴らしをしたあとにこうした思索に戻ると、その思索がひどく面白みを欠き、不自然で馬鹿げたものに思えるため、思索をそれ以上深く進めようという気になれない。[*5]

哲学者のマイケル・フェラーリにとって、「私の『純粋な』経験という永遠の現在は、それに関心を向けているときのほうが、いつか将来の時点の永遠性よりも生き生きと感じられる」[*6]。そしてカミュにとっては、「生に対する罪があるとしたら、生に絶望することではなく、別の生を望むことと、この生の無慈悲なまでの壮大さを逃れることにあるのかもしれない」[*7]。一方で、パスカル自身は次のように考えていた。「私たちは現在にはけっしてとどまらない。あたかも到来が遅過ぎると思い、せかそうとしていたかのように、未来を待ち望む。あるいは、まるであまりに早く過ぎ去るのを止めようとするかのように、過去を思い出す。私たちはひどく愚かなので、自らのものではない時間のなかでさまよい、自分のものである唯一の時間のことを考えない」[*8]

以上は哲学者の勇ましい言葉だ。だが、この戦略にどれほど効果があるのか？　普通の人々は現在を生きることで実際に恐怖心をなんとか鎮められるのだろうか？　私は、イエスでありノーでもあると答えるしかないと思う。つまり人々は、故意に死を公然と無視して現在を大切にすることもあるが、それで生との別れが少しでも楽になることはない。

人間は死ぬまでにできるだけ多くの経験をしようとするという証拠は、いたるところにある。まさに、死を欺いて勝利を奪い取るためだ。そして、そういう状況で人間が探し求める種類の経験は、たとえば知的あるいは文化的なものではなく、断然、感覚的なもののようだ。二〇〇三年にイギリスのＢＢＣテレビは、死ぬ前にしたいことを視聴者に尋ねた。[*9]二万人が回答し、回答数の多かった上位五〇項目は、ほぼすべてがまだ試したことのない感覚的経験だった。インターネットの関連サイト上で、上位の経験が「地」「火」「水」「風」という四つの見出しの下に分類された。[*10]死ぬ前に望むのは数学をもっとよく知ることだと言ったバートランド・ラッセルに倣う人は、誰一人いなかった。[*11]

今度は、具体的な例を見てみよう。次の新聞記事は二〇〇一年のものだ。

　今月オーストラリアで、ある末期患者の少年の望みがかなえられた。……彼の望みはディズニーランドに行くことでも、有名なスポーツ選手に会うことでもなかった。その一五歳の少年は、癌で死ぬ前に童貞を失うことを望んだのだ。少年（名前は明かされていないが、オーストラリアのメディアでは「ジャック」と呼ばれていた）は、自分の願いを両親には知られたくなかった。彼は長い間入院していたので、ガールフレンドも異性の友達もいなかった。ジャックは先週亡くなったが、その前に最後の望みをかなえることができた。友人たちの計らいで、両親や病院関係者には知られずに病院の外で娼婦と会うことができたのだ。[*12]

ジャックのような人々が、死ぬ前に「新しい」経験に関心を集中させるのは理にかなっている。なぜなら、初めての経験はたしかにひと味違う、特別なものだからだ。だが、記録を調べると、人間は死を目の前にしているとき、新奇な経験に劣らず強烈な経験も求めるようだ。ヒュームはこう述べている。「トゥキュディデスによれば、誰もが死の影を目にしていた、有名なアテナイの悪疫のときには、人々の間に放縦な浮かれ騒ぎが広がって、命あるかぎり人生を享楽することを互いに勧め合ったそうだ。フィレンツェのペストに関して、ボッカチオも同じことを述べている。似たような原理によって戦争中は、兵士が他のどんな人よりも放蕩や浪費に耽《ふけ》りやすい」[*13]

たしかに、誰もがこのように振る舞うわけではない。それでも、この現象がどれほど一般的か疑問なら、現代のアメリカで死刑執行を控えた最後の朝食の儀式についての動かしがたい証拠を考えてほしい。私はブルックからホプキンズまで、詩人が念入りに作り上げた感覚的快楽のリストをいくつか引用してきたが、それよりずっと驚くべきリストをここに挙げよう。何人かの手によって書かれた散文詩のようなもので、最近までテキサス州刑事司法局のウェブサイトに掲載されていた。

フライドフィッシュ、フライドポテト、オレンジジュース、ドイツ風チョコレートケーキ。

ダブルチーズバーガー（ハラペーニョと付け合わせ添え）、麦芽入りミルクシェイク、フライドポテト、オニオンリング、ケチャップ、ホットチリソース、バニラアイスクリーム、コカコーラ二本、ドクターペッパー二本、チーズピクルスとレタス、トマトにサラダドレッシングをかけて挟んだチキンカツサンド。

目玉焼き八個（半熟を希望）、コーンミールの粥を大きな器一杯、ビスケット五枚に器一杯のバター付き、カリカリに焼いたベーコン五枚、ソーセージパティ二つ、ミルクココアをポット一杯、ブルーベル製バニラアイスクリームを二パイント〔一パイントは約四七〇ｃｃ〕、バナナ二本。

温かい紅茶一杯（ティーバッグで淹れたもの）とチョコチップクッキー六枚。[*14]

テキサス州で一九八二年から二〇〇三年にかけて処刑された三〇一人の受刑者のうち二三八人は、残されたわずかな時間の一部をこの最後の食事に充てることを選んだばかりか、どうやらメニューをかなりじっくりと考えたらしいことは、注目に値する。見てのとおり、メニューは普通のものばかりだ。この状況では誰一人、初めて牡蠣を食べる経験など選んでいないのは、意味深長ではないか。一九九二年にロバート・オールトン・ハリスは、看守の報告によると「ピザ二枚、ケンタッキーフライドチキンのエクストラクリスピーを二一ピース、ジェリービーンズ、ペプシの六本パック」を注文し、「処刑直前の死刑囚を収容する監房で立ったまま、これらを『大きな口を開けてガツガツと』食べた」という。その数時間後に彼は毒ガスで処刑された。*15

意識について考えてみよう——この自然の最も驚嘆すべき創造物について考えてみよう——こうしたリストを読みながら。これはいったい、どういうことか？　強烈な感覚のおかげで、あなたは少なくとも気を逸らし、今にも自分を呑み込もうとしている、意識のない状態について考えないで済むことは間違いない。あなたは現在を生きている間、確実に生きている。高層ビルから落下中の人のように、四〇階を通過するときに誰かに向かって「今のところは大丈夫だ！」と叫ぶことができる。今のこの瞬間は栄光に満ちているので、その後はどうでもいいと自分を言いくるめさえするかもしれない。

ところが残念ながら、人間の心理は普通、そんな具合にはならない。むしろ、大きな喜びを経験すればするほど、もっと経験したくなる。ハリスはジェリービーンズの甘い感覚を楽しむうちに、目前の死を少しでも前向きに受け入れるようになっただろうか？　それとも、またそんな感覚を味わうために、生き長らえることを以前にもまして熱烈に願っただろうか？　ヒュームは友人たちと食事をとり、楽しんで、本当にあれらの妄想を永久に追い払ったのだろうか？　それとも、妄想は朝の四時に、さらに強力になって戻ってきただろうか？　サミュエル・ジョンソンは、ヒュームの心の安らかさ（死の病を患っていたときさえ、ヒュームは安らかな様子を保っていた）はうわべだけで、神を信じる者を混乱させる「見せかけの平静」だという意見だった。[*16]　ヒュームは、自然そのものが彼の思考を死から逸らせると主張したが、私は、地下牢のなかで自分が一時間後に死ぬ運命かどうかがわかるのを待っている人が、「その時間をトランプ遊びに費やすのは……不自然だろう」[*17]と述べたパスカルを支持したい。

それでは、若いジャックについてはどうだろう？　彼はセックスの経験に失望して死んでいったほうがよかったのだろうか？　というのは、人生は——そしてセックスは——たいしたものではないと思ったほうが、たった一回の経験でこれから失うものをいっそう強烈に実感するよりも、彼にとってはきっとこの世を去りやすかっただろうから。「死は……どこまでも果てしなく続きうる幸福の唐突な解消である」というネーゲルの要約の言葉を思い出すといいだろう。

私は説教をしているようには思われたくない。論点は複雑で個人的なものだ。メアリー・オリヴァーは、「死が訪れるとき」という勇気みなぎる詩のなかで、自分の人生の終わりには、私はずっと「驚嘆に嫁いだ花嫁で……世界を腕のなかに抱き取る花婿」[*18]だったと言えるようでいたいと書いている。

終わってみれば、こうした願望が本当にオリヴァーの死に際の考えになるかもしれない。だが、私はルパート・ブルックに戻ってくる。すでに見たように、彼も世界に恋している――それと引き換えに自分も愛されていると宣言した。

私はなんともたいした恋人だった。自分の日々を
愛の讃美の輝かしさと、痛み、落着き、そして驚きで
じつに誇らしげに満たしてきた。

それにもかかわらず、彼は感覚への讃歌を、もっと幻滅した、怒りさえも含む調子で締めくくる。

これらをすべて私は愛してきた。そしてこれらは、やがて消え去る。
まったき時間のなかで消え去らぬものは何であれ、
また、私のいっさいの情熱も、私のあらゆる祈りも、力を持たないので
私はそれらを携《たずさ》えて死の門をくぐることができない。
それらは脱走者となり、裏切り者の言葉を残して踵《きびす》を返し、
私たちが結んだ強い絆を断ち切り、愛の信頼と
聖なる契約を塵《ちり》に売り渡す。*19

「脱走者」に「裏切り者」。ブルックは満足しないだろう。彼は意識を巡る自然の欺瞞という衝撃的な現実へと私たちを突き返す。自然は、人間の魂が経験との永遠に続く結婚を期待するようにデザインしておきながら、魂を維持する肉体が早期の離婚を求めることも同時に許した。

前述のBBCテレビの調査をまとめた本には『死ぬまでにすべき忘れられないこと（*Unforgettable Things to Do before You Die*）』という奇妙な題名がついているが[20]、あいにく、死んだらすべてを忘れてしまう。

非個人化

それでは個人として、他のどこに慰めを求めればいいのか？　明快な答えがあるかもしれない。たとえ自分がいつもそこに存在することはできなくても、あなたの世界、つまりあなたが作り、未来に向かって進ませるのを手伝った世界は、自分の死んだあとも続いていくと自分に思い込ませるのだ。

少なくとも最初の何ステップかは簡単だ。死んだらすべてを忘れるというのは本当だが、もちろん、すべてが忘れ去られるわけではない。もう世界を輝かせる役目を果たさなくなるというのも事実だが、世界がもう輝かなくなるわけではない。ジョン・ダンは、「もしこれが世界の最後の夜だったらどうだろう？」[21]と、ぞっとするような詩句で問いかけた。もしあなたの意識がこの世に存在するただ一つの意識だったらと考えてみてほしい。その場合、あなたが死ねば世界じゅうの現象的特性が消滅してしまう。それは個人の責任という点で間違いなく最悪の事態だろう。そして、あなたがその責任を認めているならば、当然、完全なパニックに陥るはずだ。だが、どうしてそんなことを考えたりするのか？　あなたは魂のニッチに住んでいる。だから主観的にどれほど自分が特別で孤独だと感じようが、自分は一人ではないと思って安心できる。ありがたいことに、自然はその喜びを広めてくれたのだ。

限界のある意識を持つ個人の自己は、自分は誰で何者かという人間観の中心でなければならないと、私は最初のほうの数章で強硬に主張してきた。その立場から後退したくはない。とはいえ、その先に進める余地があることはわかる。もっと別の見方、ことによると、もっと慰めになるような物事の見方がありうるのだ。けっきょく、分割可能主義《ディヴィジュアリズム》はある種の道理にかないうる。

一つにまとまった自己は構築されたものだと、私は前に主張した。あなたが赤ん坊として発達段階にあったとき、個人としてのエゴは、そのさまざまな構成要素がまとめられて一つの自己となった。それは、いつしかそれらの要素が共通の営み、つまりあなたの人生を創り出すプロジェクトに参加していたからであり、それはまた、参加するかぎりにおいてのことだった。だが、ここでそのプロジェクトが自分の一人称的な人生だけでなく、他者の人生も含むまでに拡げられるとしよう。その場合、あなたの自己はそもそも一つにまとまった、まさにそのプロセスによって、この、もっと広範囲に及ぶ権限を持つことになるだろう。

バートランド・ラッセルは老年に達したころ、こう書いている。

［死の恐怖を］克服する最良の方法、少なくとも私にはそう見える方法は、徐々に関心を拡げ、非個人的にしていき、やがて少しずつ自我の壁を遠のかせ、しだいに人生を普遍的な生命に溶け込ませることだ。個人としての人間の存在は川のようであるべきだ。最初は小さく、左右の土手に狭められているが、そのうち勢いよく大岩の間を過ぎ、滝を流れ落ちる。川幅はだんだん広がり、土手が後退し、流れは静かになり、最後は目に見える境目もなく海に流れ込み、痛みもないまま個としての存在を失う。老年になって自分の人生をこのように見られる者は、死の恐怖に苦しむことはない。自分が大切にするものは存在し続けるからだ。[*22]

私も同感だし、これはごくまっとうに聞こえる。じつに自然にも思える。自分の死後もなお、血のつながった子孫の成功に対して抱く、あまり利己的でない関心には、きっと人間の（そして、人間以外の多くの動物の）心のなかに本能的な基盤があるはずだ。だから、血のつながった家族を大切にするにふさわしいまでに進化した感情ならば、象徴的な家族や仲間にも簡単に拡げられるかもしれない。これはラッセルの言う「普遍的な生命」ということにはならないかもしれないが、文化によって定義づけられる社会集団の生命なら楽に受け入れられるだろう。

こうした非個人化はたしかに恐怖を和らげる助けになるはずだ。だからといって、将来の不安がまったくなくなるわけではない。というのも、「自分が大切にするもの」が本当に存在し続けるかどうか、相変わらず心配しなければならないからだ。存続の責任は文化の機構に託されることになる。そうした機構はたしかに個人としての自分より脆弱でないとはいえ、けっして永続することが保証されているわけではない。文化は外部の力によって倒されることもあれば、内部から崩壊することもある。世界の文明の歴史は、予期しなかった崩壊の歴史だ。自らを永遠だと思っていながら、この世から消し去られた帝国や国家、宗教の歴史なのだ。もし自分が個人として大切にするものが生き続けると知って幸せに死のうというなら、自分の文化は他とは違うと信じていなければならない。

それを踏まえて、社会学者のピーター・バーガーとトーマス・ルックマンは、象徴的不滅性の重要さをこう説明している。

> 死は日常生活の自明視された現実にとって最も恐ろしい脅威となる。社会的存在の至高の現実のなかへ死を統合することは……結果的には象徴的世界の成果のうちでもとりわけ重要なものの一つである。……死を正当化するものはすべて、同じ本質的な課題を遂行しなければならない。たとえばそれは、意味ある他者の死後も個人に社会のなかで生き続けていく力を与え、自分自身の死についても予想できるように仕向けなければならない。……日常生活の決まった手順の継続的な遂行を停滞させないように恐怖を十分和らげて……。意味のレベルでは、制度的秩序は恐怖から守ってくれる盾ということになる。……象徴的世界は、制度的秩序の防御構造に究極的な正当性を与えることによって、個人を究極的な恐怖から守る。*23

それでは、人間は実際にそんなふうに考えるのだろうか？　もしそう考えるなら、つまり、もし人間が自分より長持ちする機構やシンボルと同一化することで個人的な消滅の脅威に対処しているのなら、人間は個人の死を喚起させるものに反応して、すぐさま文化的価値を守る行動に出ると思っていいかもしれない。

ちょうどその証拠となるものが、死を想起させられた被験者の反応に関する、注目すべき新しい調査結果から得られた。その調査を先導してきたのは、いわゆる恐怖管理理論に携わる研究者たちだ。[*24]　彼らが何度となく研究で明らかにしてきたのはこういうことだ。彼らが「死の顕現性誘発」と呼ぶもの（たとえば、何分間か自分の死について文章を書いたり、致命的な自動車事故の映像を見たり、単に画面にぱっと写し出された「死」という文字を見たりすること）を経験すると、人々の態度に著しい変化が数多く起こるのだ。予想にたがわず、その即時反応は防衛と否定になりやすい。被験者は個人としての自分が直接的な危険にさらされていない理由を探す。だが、いったん被験者が警戒を緩め、意識下の考えの表出を許したときに生じる遅延反応は、もっと驚くべきもので興味深い。被験者はさまざまなかたちで、社会的な順応性を増し、集団の価値観を重視し、権威主義に傾き、逸脱行為に対しては無理解・不寛容になり、その分だけ積極的に変わり者や部外者をひどい目に遭わせ、主流派のヒーローたちを讃える。

実験結果を少しだけ挙げてみよう。アメリカで地方の裁判所判事が売春容疑者の保釈金の額を決定するよう求められたとき、自分の死に関するアンケートに答えてから決めた人の金額は平均四五五ドルだったが、もっと当たり障りのない質問に答えてから決めた人たちはたった五〇ドルだった。また、アメリカの学生たちが、ある外国人が書いたという小論（一つはアメリカを称讃し、もう一つは批判する内容）の感想を求められたときは、死の顕現性誘発を経験していた学生は、称讃する小論の書き手に強い好意を、批判する小論の書き手には嫌悪を示した。そして、批判した書き手に対し、悪意に満ちた罰を与える機会が得られれば、進んでそれを行なう気持ちを強く見せた。さらには、学生が実地の課題を解決するために、黒い染料を国旗でこさざるをえない立場や、十字架で釘を打ち込まざるをえない立場に置かれると、死の顕現性誘発を経験していた学生は、その文化を汚す行為を行なうことに対して激しい抵抗を見せた。

こうした影響は、社会心理学研究室のどちらかというと人為的な状況だけのものではないし、アメリカ人に限ったものでもない。ドイツの調査（その後、アメリカでも同様の調査が繰り返された）では、死の顕現化は、葬儀場の真正面かその前後一〇〇メートルの路上で人を呼び止めるというもっと自然な設定で巧みに行なわれた。被験者が、異論の多い政治や宗教の問題について、自分と同じ意見の人が全人口のどれだけの割合を占めるかを予想するように求められると、葬儀場の真正面で止められた人は、自分と同意見の人の割合を（とくにそれが実際は少数派の意見だった場合）過大に見積もる傾向が強かった。アメリカの調査では、被験者は公立の学校でキリスト教の価値観を教えるべきかどうかを尋ねられた。教えるべきだという意見の人が葬儀場の真正面で質問されると、六一パーセントが自分と同意見だと考えたが、前後一〇〇メートルで聞かれると、その予想はそれぞれ四二パーセントと四六パーセントに落ちた。
一九九〇年代に五か国で行なわれた九〇以上の調査によって、こうした影響が実際にあることが証明されている。そして悲惨なことに、二〇〇一年には、これ以上は望みようもないかたちでこの調査が現実世界で裏付けられた。九月一一日に世界貿易センターが攻撃されると、実験的に死の意識が喚起されたあとで見られた反応パターンがすべて、アメリカ人の特定の層で強烈に（そして他の層でもある程度）表れた。愛国心、熱狂的ナショナリズム、国家の価値観に対する過剰な自信、外国人への非難、反同性愛感情、囚人の虐待などだ。この大事件の数日後、キリスト教原理主義の伝道者ジェリー・フォルウェルが、パット・ロバートソンのラジオのトーク番組で言ったことは、その過程を生々しく物語っていた。「私は固く信じています。異教徒、中絶賛成者、フェミニスト、同性愛もライフスタイルの一つの選択肢にしようと積極的に取り組んでいるゲイやレズビアン、そしてACLU（アメリカ自由人権協会）、ピープル・フォー・ジ・アメリカン・ウェイ――アメリカから宗教を排除しようとしてきた、ああいう輩の全員――私は連中の顔に指を突きつけ、『こんな事態になったのには、あなたがたもひと役買っているのだ』と言ってやります」[*25]
私たちはこうした結果をどう捉えるべきだろうか？　実験が示している事実は明白だし、議論の余地はない（あまりにも歴然としているので、あなた自身も、これまでずっと読んできた文章で死がことさら取り上げられていたために、この一時間で政治的な意見が変わっただろうと、私は見ている）。
こうした調査に対しては、相容れない解釈があれこれ出されてきたとはいえ、人は死を喚起させるものにたしかに反応し、自分の文化的世界が揺るぎなく、法が順守され、外部の影響から守られている、だから永続する可能性があるといった安心感を求めるのだという研究者の主張[*26]には説得力があると思う。もっとも、人間が実際にこう振る舞うという証拠を示したところで、非個人化という戦略が実際に成功している、つまり、死の恐怖を克服できるようにするという、その第一の目的とされるものが成功しているのを証明したことにはならない。たしかに非個人化、つまり自分より長く残る文化的存在と同一化すれば、苦痛をいくらか和らげる助けにはなる。だから当然、象徴的不滅性は手に入れる価値はある。何もないよりはましだ。象徴的不滅性がないと、もっと困ったことになる。だが、象徴的に生き残れさえすればいい、あるいは、それが自分の望みの本当に重要な部分を占めるとさえ、あなたは心から言えるだろうか?

古代ローマの詩人ホラティウスが詩に書いたように、「自然は長柄の三叉で追い払えるが、必ずまた戻ってくる」。同じように、個人主義は文化で手なずけられるが、必ずまた歯向かってくると言えるかもしれない。それに明日をも知れないわが身を案じながら、まんじりともせず横たわっているとき、「けっきょく私たちはみな互いの一部だ」という考えを、あなたはそう長くは盾にしていられないだろう。たしかに、個人主義に対抗する助けとなる、高度の仏教修行のような洗脳(私はこの言葉を最も良い意味で使っている)のかたちはいろいろある。とはいえ、大変な知的努力もせずに最終目標に到達できるとは誰にも言わせない。

仏教に格別な興味を持つ精神科医、デイヴィッド・ガーリンはこう説明している。

仏教の習いでは、凡夫が生まれつき持っている、自己が永遠の存在だという誤った見方が苦悩の原因だと考える。凡夫は、たえず流転し、移ろいゆく状況の外では存在しえないものにしがみつこうとするからだ。だからこそ、それを矯正する新たな自己の経験が必要となる。仏教では、自己の単なる抽象的概念よりも、自己の経験の仕方に大きな関心を寄せる。仏教の修行は、新たな（正しい）経験に導かれるように意図されているからだ。自己を永続的で不変のものとして経験する天性の状態を修正したり克服したりするには、厳しい鍛錬が必要となる。[*27]

だが「自己を経験する天性の状態」はもちろん天性のものだ。自分の経験を「矯正する」厳しい鍛錬を積めば、いや、積まなくとも、「一般的な生命」に、さらには「一般的な心」の運命にさえ関心を持つようになる人がいるかもしれない。とはいえ、現実には、最大の関心が自分の生命、つまり「今、自分が生きている」この一つの生命にとどまらない人は稀だ。

ウィリアム・ジェイムズの批判者ジョージ・ハウイソンは、その点を力説した。ジェイムズは「人間の不滅性」と題する講演で、肉体が死んだあとは、個々の心がみな、ある種の超越的な集団の心（「母なる海」）の一部になると推測したが、そのあとでハウイソンはこう反論したのだ。「あなたの説明の弱点は、論拠を個人の不滅の可能性としっかり結びつけていないことのように私には見えます。……「もし」そういう超越的な心が私たちのものでなければ、心が自分の脳の死を乗り越えても、この世で何の役に立つというのでしょうか？」[*28]

ウディ・アレンも同じことを見事に言ってのけている。「私は自分の仕事を通して不滅性を達成したいとは思わない。死なないことで成し遂げたいのだ。同胞の心のなかで生き続けたくはない。自分のアパートで生き続けたいのだ」[*29]

●――死を否定する

それでは、次はどこに慰めを求めればいいのか？　人間が、生身の肉体のなかで一時的に存在する必滅の個人であることにも、集団文化のなかで永遠に生き続ける不滅の非個人であることにも耐えられないというなら、残された道は一つしかないだろう。ある種の永遠の精神世界で、永遠に存在し続ける不滅の個人になるしかない。

前章の最後で述べたように、悪い考えに打ち勝てるのはそれより良い考えだけだ。悪い考えは、肉体が死ねば、個人としての意識も滅びるという見通しに直接由来しているのだから、もちろん、実際はそんなふうな見通しを持つ必要はないというのが最良の考えだろう。ウディ・アレンは不死を願っているが、たしかに、それは欲張り過ぎというものだ。とはいえ、彼の願いは、別の解決策を指し示している。ウディ・アレン個人の自己が、肉体から分離したかたちで生き続けるという道だ。科学的心理学の開祖の一人、カール・シュトゥンプは、これまたジェイムズ宛ての手紙に次のように記している。「個人の不滅性という問題が私の目の前に立ちふさがっています。……理想の成就は、個人の不滅性という前提があって初めて可能になります。精神的な価値は足し合わせることはできません。人生がまったく慰めと意味を持たぬものとならないためには、私には、これが第一の条件なのです」[*30]

もちろん、一つ厄介な問題がある。この解決策がうまくいくには、個人の不滅性を信じなくてはならないのだ。そして、これはかなり無茶な注文に思えるかもしれない。個人の不滅という考えが常識に真っ向から反しているとすれば、どうしてそんなものを信じられるだろうか？　だが、いざやってみると、これはけっきょく、それほど難しくないのかもしれない。それというのも、進化を遂げた意識あるエゴには、人間の思考を個人の不滅性に向けて駆り立てるのに必要なものがすべて、すでに備わっているからだ。実際、常識に反するどころか、ほとんどの人にとって、個人の不滅性を信じるのが常識と言っていい。証拠に基づいた常識なのだから、なおいい。

その証拠とは何だろう？　私の見るところ、不滅性を信じるには最低限の条件が三つ必要だ。第一に、あなたの意識あるエゴは明らかに、肉体に縛られない非物質的存在でなくてはならない。原理上、肉体の死後も生き続けられるように。第二に、意識あるエゴは明らかに、独立した生を営めなくてはならない。原理上、「あなた」として死後も生き続けられるように。第三に、意識あるエゴには明らかに、無限の耐久性がなくてはならない。

非物質性がけっして問題にならないことは、これまでの章で多くの言葉を割いて示した。非物質性は、現象的意識の実態と思われるものの土台にある。二〇〇年近く前、啓蒙主義の哲学者サー・ウィリアム・ハミルトンは「天性の二元論者」という言葉を作った。「意識において原始的な二元論は既定の事実であるとして、これを暗黙のうちに受け入れる人たちを、私は『天性の二元論者』と呼びたいと思う。……〔彼らは〕精神と物質という二つの世界の存在を立証する。その根拠となっているのは、二つの世界の一連の現象に関して私たちが持っている直接の知識だ」[*31]。ハミルトンは、進化論の立場から考えていたわけではない。だが、ここ二〇年間、心理学者と人類学者の間で、二元論的思考法は人間の天性にほかならないとする認識が広まりつつある。[*32]

たとえば発達心理学者のポール・ブルームは、いみじくも人間を「生まれながらの二元論者」[*33]と表現し、人類学者のアルフレッド・ジェルは、「通常の人間は『天性の二元論者』であり、程度の差はあれ、生まれつき、『機械のなかの幽霊』といった類のものを信じ、社会的他者の行動を、こうした他者の『頭のなかに』ある心的表象に帰する傾向にあるようだ」[*34]と書いている。神経心理学者のポール・ブロックスはこう述べている。「肉体と精神が分離しているというのは、原始的直観だ。それは、人間が社会的存在として進化する過程で生じ、中枢神経系のハードウェアとしてまとまった。人間は生まれながらにして魂の作り手であり、自分自身のものをはじめ、目に見える肉体の行動から、目に見えない心を抽出することに長けている」[*35]。しかもこれは、本書でこれまで論じてきた、現象的意識に関する新たな考え方をまだ受け入れていない学者たちから上がった声なのだ。わかってもらえると思うが、人間が二元論者でなかったなら、意識をミステリアスなマジックショーになぞらえた私の主張はすべて崩れ去る。ショーは失敗に終わったことになる。

したがって、第一の必要条件は簡単に満たされる。とはいえ、意識あるエゴが不滅となるには、非物質であるだけでは十分ではない。エゴは、物質的な肉体から独立してもいなくてはならない。だが、非物質的であれば必ず独立しているとは言えない。一部の人が言うように、意識は神経活動の単なる「付帯現象」で、いわば、エンジンが動いているときに聞こえるブーンという音にすぎないとしよう。その場合、意識は完全に非物質的であっても、独立した存在でありうると考える根拠はなくなる。

　それでは、他にどのような証拠を頼りに、意識あるエゴが、実際に独立した命を持つと証明できるだろうか？　一九世紀の社会人類学者エドワード・タイラーは、その答えはおそらく、人間が直接経験する眠りと夢だろうと考えた。タイラーの説によれば、夢は、魂が肉体に別れを告げて独立して生き続けられることを裏付ける、願ってもない証拠だそうだ。あなたの肉体が眠っているとき、すなわち活動を停止し、刺激を受け取っていないとき、あなたの夢のエゴは独自の道を歩み、何かをしたり感じたりという劇的な冒険に精を出す。私はタイラーの言うとおりだと思う。意識あるエゴの独立性を信じたい人にとって、肉体が単に活動を停止しただけでなく塵に帰したときにも、魂が生き続けられることを期待させるこれ以上の証拠はないだろう。

　もっとも、不滅性を勝ち取るには、肉体から独立しているだけではまだ十分とは言えない。第三の必要条件として、魂には無類の耐久性がなくてはならない——実際、あなたの魂として未来永劫存在し続けられなくてはならない。だが、これは並大抵のことではない。周りを見渡せばわかるように、この世に存在するもので、その姿を永遠にとどめておけるものはほとんどない。万物は変化し、朽ち果てる。それでは、希望的観測以外の何を根拠に、あなた自身の魂には無限に生き続ける奇跡の力が備わっているはずだなどと言えるだろう?

これに対する答えも、眠りに根拠を求められると思う。眠りの属性のうち、いちばん明白で確かなものについてはすでに触れた。その属性とは、あなたの経験では(七〇歳になるまでには二万五〇〇〇回の実例に裏付けられているかもしれない)、必ず目覚めて意識が戻るというものだ。だが、この「目が覚める」という現象には、驚くべきことが少なからずある。眠りに落ちると肉体は休止状態に入るが、それはアイドリング状態になっただけで、生きていることに変わりはなく、活動を停止した時点の状態でいつでも再始動できる。ところが、あなたの意識は完全に消滅している。アイドリング状態になどない。あなたは、どこかに行ってしまう。そして、夢のなかであれ、最終的に目を覚まして活動を再開したときであれ、再登場するとき、あなたは無から現れる――ただし、あなたは以前のあなたにほかならない。

あなたの自己が、自力で元の存在に戻るという事実は、あまりに日常的な出来事であるため、あなたも本来感じるべきほどには驚きを覚えないかもしれない。それでも、何が起こっているかに気づかずにはいられないはずだ。そしてそれは、不滅性に関するあなたの推論に不可欠な根拠を与えうるだろう。なぜなら当然、このように、無から何度でも復活する能力が証明されることによってのみ、あなた個人としてのエゴが未来永劫存在する――少なくとも復活する――ことが本当に保証されるからだ。[*36]

これまでの話をまとめると、控えめに言っても、人間は死後の生を信じるに足る言い訳をひとセット持っていることがわかる。だが、私はもっと強く言おう。外部からの主張が働きかけてこないかぎり（いちばん油断ならないのが現代の自然科学による主張だ）、人間には信じるに足る十分な理由がある。合理的に考えれば、人間は死後の生を信じて当然なのだ。そのため、世界じゅうのほぼすべての人間が、何らかのかたちで死後の生を信じており、その信念が実質的に人類全体の特質となっているのも不思議ではない。

だからといって、死後の生が存在するという信念が、単に「天性の直観」として備わっていて、文化的刷り込みがなくても、誰もがそれに至るというわけではない。自分たちの形而上の状況を理解しようとして苦労している子供たちは、この問題を注意深く考える必要があり、他の人の話に進んで耳を傾けようとすることは請け合いだ。幽霊や天使、天国、地獄、その他、何であれ地域文化が伝えるものについての考えの影響を受けるにつれ、子供は死後の生を強く、明確なかたちで信じるようになるという証拠がある。とはいえ、一部の人類学者に倣って、死後の生にまつわる信念は、文化によって制約されており、画一的でも普遍的でもないので、意識ある心が進化させた属性に負うところはほとんどないと言うのは誤りだろう。[*37]

心理的ゾンビについてもう一度考えてほしい。こうしたゾンビは、日曜学校で何を教わったところで、死後も自分たちが個人的に生き続けると信じるようにはけっしてならないと推定できる。だがもちろん、私が正しければ、そんな信念などなくてもゾンビたちは一向にかまわないのだ。第6

章で述べたように、彼らにはそもそも死や意味の喪失に対する恐れがないのだから。

●――途中で降りたほうがましなゲーム

これでは話がうま過ぎると思えるかもしれない。けっきょく、私はこう主張することになったのだから。すなわち、意識は、個人の人生に目的を与えることに成功したがために主《あるじ》である人間を死に対する不安の牢獄へ危うく閉じ込めるところだったが、間一髪のところで「刑務所釈放カード」を差し出せたというのだ、と。これが類《たぐい》稀《まれ》なる幸運に思えるという意見には私も同意する。とはいえ、うまい話も現にある。それが進化の物語だ（うまい話がなかったら、私たちは今ここにこうして存在し、うまい話がなかったと知ることもないだろう）。いずれにしても、自然淘汰による進化には、運がかかわる場合もあるにせよ、まったくの運任せのものなど一つとしてない。

私は、意識の顕在化した影響と自分が見なしたものの一つひとつに関して、本書のいたるところで問うてきた。それは適応性があるだろうか、自然淘汰は、それをデザインによって組み込まれた特徴として維持するのを助けているだろうか、と。だから今、同じ問いを、魂の不滅性に関する信念について繰り返すべきだ。たしかに、高いレベルの文化的利点のなかから、低いレベルの生物学的利点を選り分けるのはどんどん難しくなっているかもしれない。それどころか、そんなことはやってみる意味もあまりないかもしれない。不滅性にまつわる考えは、今では人間社会のなかにしっかり織り込まれているため、死後の生を信じないと公言する少数の人（アメリカでは現在でも五人に一人に満たない）までもが、文化全体に浸透している不死への信念が生み出すポジティブなエネルギーの恩恵に浴しうる。

それでも同じ問いを投げかけることはできる。一般に、ある特質が生物学的適応度を上げるのに貢献しているかどうかを知る最善の方法は、その特性が現れるのを妨げられたときに何が起こるかを調べることだ。だから、本当はこう問うべきなのかもしれない。個人は不滅だという信念が奪われたらどうなるか？　つまり、そうした信念をすでに持っていて、まさにそのおかげで不安とうまくつき合っている人からその信念を奪ったら、どうなるか、ということだ。

さて、それは思考実験にすぎないのではないか、とあなたは思うかもしれない。現実の世界では、実験者が、死後の生に関する証明不可能な信念を個人から奪うことなどできないのだから（たとえその実験者が、奪おうと願うほど邪悪だったとしても）、と。ところが、じつはこれは完全に正しいとは言えない。なぜなら、奪うことができる実験者は現実に存在するからだ。それは、信念を持っている本人だ。人は、自ら疑いを抱くことはできる。自分自身の信念は間違いではないかと想像できる。

説明するまでもなく、こうした疑念はありふれている。実際、ほとんどすべての人が、人生のある時点で、死後の生は幻想ではないかと考えた経験があるだろう。信念を失いかけて取り戻した人の証言は掃いて捨てるほどある。ここで一つだけ、ただしとりわけ参考になる例を紹介しよう。なぜ参考になるかと言えば、その疑いが親友によって植えつけられたからだ。

一八四六年、イギリスの詩人エリザベス・バレットは、その年に結婚することになるロバート・

ブラウニングに宛てた手紙のなかで、次のように書いている。

ミス・ベイリーは言いました……自分は最も厳格な唯物論者なのだ、魂や死後の世界などいっさい信じていない、と。こうした結論を前にして、穏やかな諦めの境地にあるそうです。とてもそんな心境にはなれそうにありませんと、私は告白しました。この世での苦労に、これほど惨めな結末しか待っていないのなら――塵に帰るだけで、栄光に浴することもないのに悪戦苦闘しているのなら、心の底から悲嘆に暮れずにはいられません。もし私がこんな考えを信じていたら、抗いようのない憂鬱に襲われることでしょう――そして、ひどく投げやりな気持ちになるに違いありません。すべては悲しみに終わるのですから！　喜びもすべて砂上の楼閣で、どんな愛も永遠の別れをしきりに予感させるのですから！　なんとわびしく、ぞっとする考えでしょう！　そんな惨めな信念を抱いていたら、あなたを愛する力など持てないでしょう。そして、人生そのものにしても、……このような制約があるとしたら、送る価値があるでしょうか？　どちらを向いても、私たちがむやみに掲げる理想にあざ笑われ、しかめ面をされるのならば？　こんな人生は、途中で降りたほうがましなゲームも同然です。最後までやり通す価値などないのですから！[*38]

死後の生を信じる気持ちが、この世での使命をまっとうしようとする個人の意欲に必要不可欠であることをこれほど雄弁に伝える証拠はないだろう。バレットの手紙は、生物学的適応性にかかわることに満ちている。生命も愛も家族も、すべて死後の生の有無にかかっている。だが、これがバレットの心理にどう作用しているのかに注目してみよう。なぜなら、それはじつに微妙だからだ。自分の魂が不滅だと信じることで、バレットの現世の人生には生きる価値が生まれる。魂は消滅する運命にないというただそれだけの理由から。このように、死後の生が存在するという見通しによって、現世での人生に意味が与えられ、そのおかげで、バレットには何より重要な生きる理由ができた。個人はいずれ滅びるという見通しのもとでは、そうした理由は失われていただろう。たしかに、死をそれほど恐れる理由がなくなれば、生きるために戦う意欲は薄れる。だが、これは、人生そのものに加えられた価値によって十二分に埋め合わせられる。[*39]

複雑な話だ。だが、進化論に即した結論を導くのをためらう必要はないと思う。死後の生を信じる気持によって実際に生物学的適応度が高まるのなら、それを維持する上で役立つ精神構造がことごとく選択されるだろう。つまり、現象的意識と意識ある自己が選択されるだろう。ついでに言えば、人々に魂の不滅を納得させるのを助ける補足証拠資料——私が正しければ、とくに、夢を見るという傾向——が選択されたと考えられる。

人間以外の多くの動物も、おそらく夢のようなものを経験するだろう。だが、実験心理学者の間では、物語性のある夢を見るのは人間だけだという結論にほぼ落ち着いている。その夢のなかで、個人のエゴは、夢を見ている肉体が存在している場所とは違う場所で起こる現実そっくりの物語の中心にいる。[*40] 人間の場合、このような夢には、いくつかの生物学的機能があるらしいが、なかでも魂の独立を信じるように促す機能はとりわけ重要かもしれない。

◉——魂の不滅

こうしたことをすべて踏まえ、また、人類の子孫が精神を健やかに保つためには死後の生を信じる気持ちがどれほど重要かを考えると、あなたも私と同じような疑問を感じるかもしれない。人々が死後の生を信じる気持ちは安泰だろうか、と。先ほど述べたとおり、この信念を揺るがしかねないのが現代の科学だ。不滅の魂の存在を否定するミス・ベイリーの唯物論的主張には、明らかに、エリザベス・バレットの考えを改めさせるほどの説得力がなかった。だが、科学が意識の幻想の正体を暴き、合理的な人はみな、事実を受け入れざるをえなくなる日が来るかもしれない、いや、その日は近いとさえ言える。

その結果どうなるだろうか？　ポール・ブルームはその可能性に思いを巡らせ、まったく楽観していない。二〇〇七年にエッジ・クエスチョンセンター〔エッジ財団という非営利組織が運営するサイト〕。多数の著名な科学者が参加している〕が出した「あなたが抱いている危険思想は何か？」という問いに対して、ブルームは次のように答えている。「私が抱いている不穏な思想は……あなたにとって『魂』という言葉が非物質的で不滅のもの、脳から独立して存在するものを意味するのなら、魂は存在しない、という考えだ。……魂の存在が広く否定されたら、人々は、死んだらどうなるのか考え直し、自分の魂は肉体の死後も生き続け、天に昇るという考え（現在アメリカ人の九割はそう考えている）を放棄しなくてはならなくなる。これ以上に危険な考えはないだろう」[*41]

この点について、私も彼に賛成だ。とはいえ、もっと明るい側面に目を向け、幻想のなかには、じつにうまい構造になっていて科学的真実による侵略を巧みにかわせるものもあることを指摘しよう。リチャード・グレゴリーのグレガンドラムを、本当の形が明らかな場所から眺め［第1章図2、16ページ］、次にありえないように思える唯一の場所から見ると［図1、同ページ］、あなたは毎回相変わらず、退屈な真実ではなく、不思議な、ありえないものを目にするだろう。意識についても同じだと私は思う。一から始める人間の新生児はみな、自然が意図したように、クオリアのマジックのような属性を目にすることになる。そして、私が行なっているような唯物論的説明が、科学者たちの心を勝ち取ることがあったとしても、こうした説明を知ったからといって、人々がどう意識を直接経験するかが変わるわけではなく、彼らがその土台の上に人間の精神を讃える記念碑を建てるのをやめるわけでもない。不滅の魂という信念を、私たちがこの先も長らく持ち続けるのは間違いない。

結び
Envoi

トマス・ネーゲルは「コウモリであるとはどのようなことか」のなかで、こう書いた。「意識抜きでは、心身問題はずっとつまらないものになってしまう。だが、意識を考えに入れると、絶望的に見える」[*1]。私は、これまでずっと考えてきた意識の心理的影響に照らして、こう言い換えたい。意識抜きでは、人間はずっとつまらないものになってしまう。だが、意識を考えに入れると、人間はあまりに面白過ぎてほとんど言葉にできないほどに思える。

ネーゲルはこう続けている。「意識ある心的現象の最も重要で独特の特徴は、ろくに理解されていない。還元主義の理論はたいてい、その特徴を説明しようとさえしない。そして、念入りに調べてみれば、現存する還元主義の概念で、その説明に応用できるものはないことがわかるだろう。この目的のために新しい理論的形態が考案できるかもしれないが、仮にそのような解決策があったとしても、それは知的な歴史のはるか未来にならないと出現しないだろう」

二〇一一年は、そのはるかな未来とはとうてい言えない。だが、本書の第1部で見たとおり、現象的意識とは何かという還元主義的な理論の探究で、私たちはすでにある程度成功したと主張できる。それは、あなたが自分の頭のなかで自ら上演するマジックショーだ。第2部で見たとおり、意識が何をするかについて有力な手掛かりがいくつか、発達史の証拠から得られる。意識は世界を輝かせ、あなた本人に特別で超越的な感覚を抱かせる。そして、今度は第3部で見たように、人間の場合には個人が自分自身の境遇についてよく考えてみたときに、これが精神性への道をつける。その結果、人間は魂のニッチで暮らす見返りを手にすると同時に、不安も受け取る。そして最後に見たように、この途方もない物語の締めくくりの数段階で、自然と文化が共謀して人間を説得し、魂が肉体の死後も生き続けられるかもしれないと思い込ませた。そのため、この世での人生に新しい意味が加わる。このように、けっきょく、この還元主義的な理論の持つ強みの一つは、次の点にある。すなわち、意識を持つという経験が、どんな還元主義的理論も誤りに違いないと人間に思い込ませることで人生にプラスになるのを説明できるのだ。

　私たちは、これがすべて作り物の幻想である、感覚のイプサンドラムに基づいていると主張してきた。イプサンドラムはセンティションが進化によって発達したもので、幻想的な現象的属性を持っていると主体には見えるようにデザインされている。意識はありえない虚構、いや、ありえないものの虚構と言ったほうがなおいいかもしれない。とはいえ、じつは、この虚構は奇跡を起こし、主体の人生をより良いものにした。それに由来する心理的属性は、主体に途方もない能力を与えてくれた。もっと最近の、それでいて関連のある所産である宗教について、ウィリアム・ジェイムズが書いているように、「人生の悪を処理するための、あらゆる種類のエネルギーと耐久力、勇気と能力は、宗教上の信仰を持つ人のなかで解き放たれる。それゆえに、人間の歴史という戦場では、精力的な人が鷹揚な人よりも常に長生きし、宗教は非宗教を完膚なきまでに打ちのめす」[*2]
い。

本書もずいぶん終わりに近づくまで宗教について触れなかったものだと思う人がいるかもしれない。そしてあなたは、この時点で、どうしてもっと詳しく扱わないのかと問うかもしれない。私がこれまで沈黙してきたのは、宗教が人間の営みにとって重要でなかったと考えているからではなく、宗教、少なくとも有神論の宗教は、進化にとって重要ではなかったからだ。宗教が人間文化に足場を築き始めるよりもはるか昔に、人間はすでに魂の国に暮らしていたに違いない。実際、人類学者のモーリス・ブロックによれば、人間がまず「超越的に社会的なもの」を発明し、「宗教はたんにこの一側面として現れるだけであり、単独では持ちこたえられない」[*3]。宗教は精神性に寄生しているのだ（そして、その逆ではない。一部の信心家なら本末転倒だと言うだろうが）。

たしかに、進化心理学者のなかには、宗教的信念がりっぱな生物学的適応だと言う人もいれば、人間の脳には遺伝的に構築された「神のモジュール」があると主張する人さえいる。だが、これは証拠と合致しないと私は思う。神が存在するという信念は十分古いものである証拠も、そうした信念は個人の生存の可能性を高めるという証拠もない。[*4]対照的に、意識が原動力となった精神性には適応性があるという主張は、ずっと長い歴史を持つ証拠や、個人が生きていく上で成功するのにずっとかかわりの深い証拠に基づいている。それどころか、精神性はおそらく宗教抜きのほうがずっと適応性があると私は主張してもいいぐらいだ（が、本書のこれほど遅い段階で、そんなことは控える）。なぜなら、宗教的な信念（とりわけ、神が存在するという信念）は、精神性にとって、いわば、足手まといになるからだ。[*5]

●――意識の進化

もうあと少しでおしまいにしよう。だが、これまでの数章は、すべて人間の意識についてのものであり、何であれ進化の理論はもちろん、一つの種だけを取り上げるわけにはいかない。だから、人間の意識が、過去や現在の他の生き物の意識とどうかかわっているかについての疑問に答えるという仕事が残っている。

　ここまでの六章にわたる考察がずっと、おもに人間についてのものだったという事実について、言い訳するつもりはない。別に、人間以外の種を差別していたわけではないのだから。しかし、動物界全体の意識の発達史を広く見渡している、アンドロメダからの訪問者のような観察者なら誰でも、人間の意識が独特だと言わずにはいられないだろう。いくつか明確な点で、意識は他のどの動物よりも人間にとって重要だ。意識は人間の生活や関係を形作る上で、他の動物の場合よりも大きく複雑な役割を果たす。実際、今では人間は、意識のために、思いつくかぎりで最高の宣伝材料を提供している。

　というわけで、意識は人間以外の動物よりも、人間でより大きな自然淘汰の圧力にさらされてきたと思っていいだろう。したがって、人間は他のどんな生き物よりも意識を進化させてきたと考えていいのではないか？　つまり人間の場合、意識がとりわけ顕著で、心の前面に近いのだ。とはいえ、人間では意識が特別な種類の淘汰圧にさらされてきたとまで思うべきなのだろうか？　そして、もしそうなら、人間が発達させた意識は、程度の点ばかりか質の点でも違うと考えるべきなのだろうか？　その結果、人間にとって感覚を経験するのが「どのようなことか」は、他のどんな種とも質的に違うのか？

私は第6章の終わりに、動物のなかで人間だけが自分の死を恐れるという考察と関連して、進化の過程で現象的特性の違いが出てきた可能性を初めて示した。これは人間の意識が従来とはまったく違う方向に向かい、イプサンドラムが作り変えられたことを意味するのかどうかというのは、じつに興味をかき立てられる疑問だと私は書いた。さて、その後の章では、他の分野を探究してきた。それは、意識の意味に思いを巡らせる人間の傾向が、イプサンドラムをまたしても新しい進化の力にさらしたかもしれない分野だ。だから、私たちには、その興味をかき立てられる疑問を投げかける理由がなおさらあるわけだ。それでは、いよいよここで、できるかぎりそれに答えてみよう。

二つの筋書きが考えられるようだ。

まず、単に人生を愛する気持ちや、実体のある中核的自己を持つ価値といった、他の要因の影響のもとで進化した現象的意識は、人間や知的熟慮が登場するよりもはるか前に安定期に入っていたという可能性だ。その場合、意識の特性は、おおむね固まっており、今日この地上のどこに存在していようと、意識は前とほとんど同じままということになる。意識は他の動物では見られなかったかたちで人間の生存に貢献しているだろうが、そしてまた、たとえば夢を見るときのように、人間が意識にアクセスする方法に変化をもたらしたかもしれないが、基本的特性には修正は必要なかったはずだ。

一方、人間は意識を新しいかたちで使うようになったため、現象的経験の特性自体を「改善すること」によって、意識がさらにうまく機能する機会が現に生まれたかもしれない。とくに、滅びることへの恐怖を増したり、畏怖の念を強めたり、孤独や個人性を強調したり、不滅性についての思考を促したりするような改善によって。その場合、イプサンドラムは人間の進化の終盤で、繰り返し作り直され、その結果、「それがどのようなものか」に、今や人間独特の次元がいくつか加わっているかもしれない。

それがどこまで進んだのか、誰にわかるだろう？　少なくとも、人間が他の動物とは根本的に違う（そしておそらく、ずっと素晴らしい）かたちの現象的経験をするように進化した可能性を認めるべきだと私は思う。正直に言って、私はこの可能性に魅了されると同時に懸念を覚える。魂のニッチに暮らす人間にとっての慰めの一つは、他の人も自分と同じく意識があることや、自分が同じ現象的世界を他人と共有していることに気づいてしまえば、人間以外の多くの動物も同様だろうと考えるのが簡単で自然なことだ。だが、もしそれが事実ではないのなら、人間は再び実存的孤立のカーテンによって周りから閉ざされ始める。あなたの飼い犬は、あなたが想像しているようには、くすぐられるのを楽しんでいないのだろうか？　ヒバリは自分の鳴き声の見事さに気づいていないのだろうか？　懸念を覚えようが覚えまいが、その可能性を否定するまっとうな理由を私は知らない。

人間の感覚は他の動物には見られない特徴を備えていることを裏付ける解剖学的根拠さえあるかもしれないことはすでに述べた。

それでもなお、(私のことを意気地なしと呼びたければ、そうしてもかまわない) 真相はその中間にあると考えたい。つまり、意識経験は動物よりも人間にとってのほうが豊かで、感動的で、胸に迫るもの——例の便利な表現をまた使うとすれば、本当にもっと魂を揺さぶるもの——なのはほぼ確実ではあるとはいえ、同じ基本的なトリックを相変わらず使っている。だから、ずっと昔に確立された現象的意識の特性は、認識できるかぎりでは、現存する意識ある種のすべてで依然として同じだ(あるいは、アンドロメダから来た科学者も、同じものとして識別できるはずだ——まだ私たち地球の科学者にはできない比較が、彼女には可能だとすれば)。人間とそれ以外の動物との違いはあるのだが、それほど大きくはないので、動物であるとはどういうことかを人間が想像しようとしても、完全な的外れになることはない。

これに関する私の見方を、私のお気に入りの比喩に戻ってさらに説明しよう。ただし、あまり文字どおり受け止めないようにと、もう一度断っておかなければならないが。第1章で私がペンローズの三角形と呼んだありえない三角形は、スウェーデンの画家オスカー・ロイテルスヴァルドが一八歳だった一九三四年に、ラテン語の授業中、教科書の余白にいたずら書きをしていたときに発見した。まず、六つの頂点を持つ星形を描き、次に、頂点と頂点の間に挟まるように立方体を、その周りに加えていった。描いているうちに、見たこともないような驚くべきものを自分が発見し

図 15　オスカー・ロイテスヴァルド「作品 1」（1934 年）

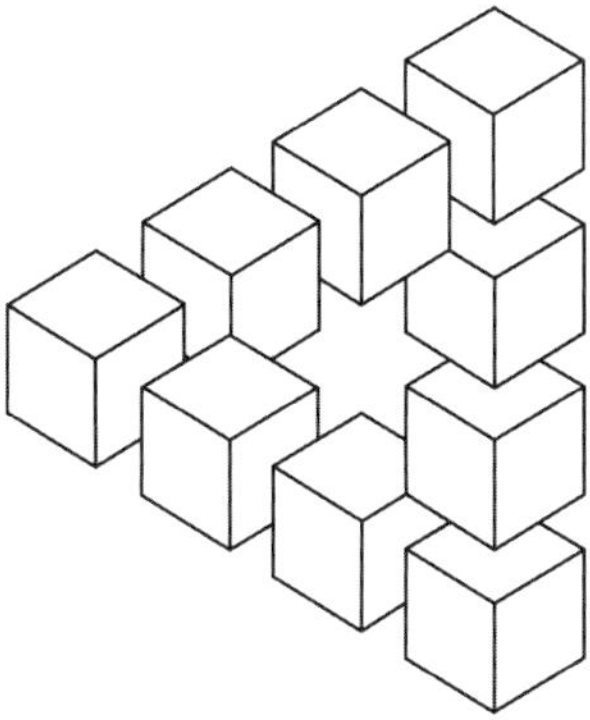

たことに気づいた〔図15〕。[*6]
　これを皮切りに、ロイテルスヴァルドはその後も数多くのありえない物体を生み出し続けることになる。だが、これらの物体の進化も精密化も、ただちに起こったわけではない。それどころか、自分が三角形で見つけた「視覚的な欺き」を使えば似たような矛盾を孕む図形をいくつも生み出せることにロイテルスヴァルドが気づいたのは、ロジャー・ペンローズが独自に同じデザインに行き着いた一九五〇年代になってからだった。ロイテルスヴァルドはやがて、最初の「ありえない階段」と、最初の「悪魔のフォーク」を作り出した。そして、まもなく他の人々もこのアイデアを取り上げ、潤色するようになった。なかでも有名なのがオランダの版画家M・C・エッシャーとスイスのサンドロ・デル・プレテだ。こうして、その後の一〇年間に、ロイテルスヴァルドの最初の絵から、しだいに複雑な、ありえない物体を描いた作品が生み出されていった。[*7] のちの類似の作品で、サンドロ・

図 16
サンドロ・デル・プレテ
「四次元の入口」(1966 年)
(著作権はサンドロ・デル・プレテに帰属。許可のもとに掲載)

デル・プレテの「四次元の入口」を図16に示しておく(女神がもともとの三角形を左手に持っていることに注意)。[*8]

さて、イプサンドラムについても、同じような進化上の発展があったと私は考えたい。肝心の最初のステップは自然が発見したのだろう(「自然のいたずら書き」を通して)。感覚刺激に対する評価の表現反応の変種、つまりセンティションが、たまたまフィードバック・ループのなかで反射活動を新しい種類のアトラクター状態へと導いた。その状態が、「厚みのある時間」のなかに存在しているという幻想を生み出し、そうすることで、感覚を現象的な次元に引き上げたのかもしれない。

当然、この革新的なステップは特定の進化の系統で特定の時点に起こったに違いない(ただし、のちに別の系統でも繰り返された可能性はある)。その時点は妥当な範囲でどこまでさかのぼれるだろうか? 私は、鳥類と哺乳類の祖先の原始的な爬虫類で、三億年前に起こったと思う。そのころに選択されたのだから、この革新は生存に直結する利益をもたらしたに違いない。そこでそれが、第6章と第7章で論じた種類の利益にかかわるものだったとしよう。もっとも、最初は比較的ささやかなかたちだったはずだが。このように、これら古代の意識ある爬虫類はすでに、中核的自己を持つ利益や、魔法をかけられた世界に存在する利益を享受し始めていたのだろう。

その後は、非現象的感覚を持つ状態に逆戻りしようとすると、自然淘汰によって厳しく罰せられただろう。とはいえ、些細な調整や洗練を除けば、イプサンドラムが新たな発達をまったく遂げなかった、長い安定期もあったかもしれない。たとえば心臓のような、他の古い生物学的発明と同じで、意識はそれ以上の改善が必要とされないほど効率的な段階に到達した。というわけで、意識が古代の爬虫類にとってどのようなものだったかは、現在の生き物にとってどのようなものであるかと変わらないし、それが持っていた進化上の機能も、今日それが持っている進化上の機能と同じだ——カラスや猫からイルカまで、のちに分かれた意識ある動物のあらゆる種にとって。

ただし、一つ例外がある。人間の出現とともに、自分の経験について斬新なやり方で思いを巡らせる種が誕生した。人間は、そこに存在するとはどういうことかにまつわる現象的詳細に前例がないほどの関心を抱き、その形而上の副次的な影響についてじっくり考える、意識の目利きとして出現した。だから、以前ならどうということもなかった現象的特性のさまざまな側面が重要になった。これは、より大きな哲学的要求を持つこの観衆を満足させるための、感覚の提示の仕方における大きな変化の、いや、マジックショーの完全な刷新のきっかけになりえたかもしれない。もっとも、たまたまそれは不要だったと思う。おおもとの伝統から劇的に離れることなく、新しい要求を満たすための「未使用」の可能性が、意識の既存の特性のなかに、すでにたっぷりあったからだ。意識が唯一必要としたのは（そして、もたらしたのは）、巧妙な再演、つまり、新しい照明、より大胆なセット、幻想に新たな層を加えるための追加の鏡だけであり、本質的にはほとんど変わらなかった。現象的意識は、この点で、人間のなかで拡張された役割を引き受けるべく、前適応していたのだ。

●――アンドロメダの科学者は地球に来ない

科学を探究する者として、私たちはどうすればそれが正しいとわかるだろうか？　第1章で強調した方法論上の真理を繰り返させてほしい。意識の発達史の研究家として、私たちが目にできるのは、行動上の結果だけであり、そうした結果は、それを引き出した内なる心的状態と必ずしも一対一で呼応していない。前に使ったたとえに戻ると、同じ微笑みが多くの違ったジョークから引き出されうるということになる。

けっきょく、答えを知る方法は一つしかない。それは、脳の活動と意識の表象との間を取り持つ適切な神経現象学的法則で武装して、主体の頭のなかに入り込むことにほかならないだろう。アンドロメダの科学者は必要な手段をすでにすべて持っていると仮定したので、今の私たちと違い、彼女は種や個体の壁を越えて意識を比較し、明確な答えを見つけられるはずだ。『目が覚めるとはどういうことか』という彼女の本は、完成すれば、どれであろうとこの地球上の動物種であるとはどのようなことか（あるいは、おもに、どのようなことでないか）を説明する詳細な分類学的手引きさえ含んでいるかもしれない。

あなたと私はこれについて、少し悔しい思いを抱くかもしれない。私たちは自分の世界についての疑問に魅了されてはいるものの、当面は自らは答えが得られそうにないのに、その疑問に対する答えにエイリアンの科学者がたどり着けるとは、とうてい公平とは思えない。だが、少なくとも科学哲学者は、こうした質問に経験に基づいて答えられる者がどこかにいると知ったらほっとするだろう。なぜならそれは、それらの質問が適切な科学的質問であることは、最低限意味するからだ。

とはいえ、一つ告白しなければならないことがある。アンドロメダの科学者は、けっして地球を訪ねてこないだろう。

彼女を紹介したとき、私はこう書いた。「彼女は科学者だから、このあとがじつに楽しみだ」。なぜこう書いたかというと、それは、彼女が私たちのような科学者だと仮定したからだ。自然を研究するのは「楽しいからであり、楽しいのは、自然が美しいから」というポアンカレの語る学者、あるいはドーキンスのように、「多彩な色がきらめき、豊かな生命を擁する壮麗な惑星で目を開いた」から、朝わざわざ起き出す学者だ。

ところが、このアンドロメダ人は、そもそも彼女を登場させる条件として、当の本人が現象的意識を持たない。だからといって彼女が非凡な分析的心を持てないことにはならないと、私は書いた。

だが、彼女自身は心理的ゾンビであるという事実に変わりはない。そして、その後わかったとおり、そのようなゾンビは意識ある生き物のようには物事に関心を抱かない。とくに、彼らは自分の仕事を「宇宙と恋をすること」とは見なさない。私はアンドロメダからの訪問者が地球の夜明けを眺め、意識ある心が目覚めるのを目にして胸を躍らせるところを想像した。だが、あらためて考えれば、残念ながら彼女はベッドにとどまっていただろう。

つまり、すべては少しばかり先のことになるわけだ。私たち人間の誰かが、かわりに彼女の本を書かなければならないだろうから。

謝辞
Acknowledgments

私は本書の初期のバージョンを二〇〇七年にスコットランドのスターリング大学で行なったジョン・デイミアン講義で発表し、以後、オックスフォードやケンブリッジ、ロンドン、ニューカッスル、ベルファスト、ジェノヴァ、京都で本書のさまざまなアイデアを試してみた。聴衆のなかにあって、私の主張に質問を投げかけたり異議を唱えたりしてくれた方々全員に感謝したい。おかげで、私は回を重ねるごとに言いたいことをうまく言い表せるようになった。二〇〇八年にはダニエル・デネットが、大学院生たちとともに私にフィードバックを与えるために、自分のヨット「クサンティッペ」号でセミナーを開いてくれたので、メイン州の沖で三日にわたってあれこれ楽しく検討できた。多くの友人が本書の草稿に目を通し、貴重なコメントを寄せてくれた。ロス・アンダーソン、ルース・ブランドン、ディラン・エヴァンズ、エイラ・ハンフリー、ペター・ヨハンソン、ジャスティン・ユング、エリアン・マック、アンソニー・マーセル、ナティカ・ニュートン、マット・リドレー、ルパート・シェルドレイク、ジョン・スコイルズには、とくにお礼を申し上げる。意識にまつわる大きな疑問の数々に果てしない興味を抱く著作権エージェント、ジョン・ブロックマンに代理人になってもらえたのは光栄だった。本書を完成させるにあたっては、すべての段階で創造力を発揮して力になってくれた編集陣、クワーカスのニック・ジョンストンとリチャード・ミルナー、プリンストン大学出版局のロブ・テンピオ、そして、とくに同出版局で原稿整理を担当してくれた編集者ダリア・ゲフェンに大変お世話になった。

訳者あとがき

本書は、ニコラス・ハンフリーの最新作 *Soul Dust: The Magic of Consciousness* の全訳だ。冒頭の「招待の口上」にあるとおり、前作 *Seeing Red: A Study in Consciousness*（邦訳『赤を見る——感覚の進化と意識の存在理由』紀伊國屋書店、二〇〇六年刊）を出発点とし、意識の本質と進化、その意義という問題に取り組み、著者の言葉を借りれば、「驚天動地の一冊」となることを目指して、「これまで科学が示してきたものとは似ても似つかない」答えに行き着く。

著者はロンドン大学ロンドン・スクール・オブ・エコノミクスの心理学の名誉教授で、理論心理学者・哲学者として長年、意識の研究に打ち込んできた。前作刊行の翌二〇〇七年には早くも本書の企画を著作権エージェントに送り、その年、訳者がお目にかかったときにも、この企画について語ってくれた。そして昨年、ついに原書が刊行され、このたびこうして邦訳ができ上がり、日本の読者の方々にもご紹介できてうれしいかぎりだ。

ニコラス・ハンフリーの魅力は、専門とする分野での卓抜で柔軟な発想と鋭い洞察に加え、文学や芸術、音楽、宗教にも及ぶ該博な知識、そして、生命に対する温かく肯定的な姿勢だろう。ハンフリーは本書でもその魅力をいかんなく発揮しながら、考え抜かれた手順で意識の難問に真っ向から立ち向かっていく。

それにしても、意識のように直接観察のしようがないものの存在や、その存在理由は、どう確かめればいいのか？　仮に外から観察できたとしても、中身まで知りようがないではないか？　だが、心配は無用だ。「プレリュード」を見ればわかるとおり、著者が拠り所とする進化論と還元主義が救いの手を差し伸べてくれる。意識は、その持ち主に適応性を与えるから進化したはずで、その適応性は外部世界とのかかわり方の変化として現れるに違いない。自然淘汰の目に留まったはずのその変化は、原理上、観察可能だし、それを観察すれば、意識が進化した理由も自ずと明らかになると著者は言う。ごもっとも。

意識の中身に関しては、還元主義の出番だ。すべての現象には物質的原因があり、それを観察すれば、それがもたらす結果を、原理上は推論できるはずだからだ。ただし、それには脳の状態を、脳の持ち主が経験しているものと結びつける理論が必要になる。そこで、意識とは何か、意識は脳とどう関係しているかについて、妥当に思える理論（あるいは、その取りかかり）を見つけるのが、次の第1部の役割となる。

「プレリュード」で紹介した「ありえない三角形」のたとえをふくらませながら、第1部では、意識とは一種の幻想の産物であると、著者は大胆に言ってのける。おおかたの人が直感的に考えているような実在のものではないというのだ。意識は自分を対象とする自作のマジックショーであるという理論を構築したあと、著者は生物の進化史をたどり、感覚刺激に対する自分の反応を内部モニターする仕組みの発生を想定し、どのようにしてマジックショーの舞台が整ったかという、一つの筋書きを語る。最後に、既存の感覚フィードバック・ループを微調整することで、そのショーにマジックをもたらしたという仮説を、なんと、遅延微分方程式やアトラクター状態という数学的概念を導入して示す。

理論の取りかかりが得られたところで第2部に入り、今度は意識の存在理由に話が移る。その理由の根底には、やはり進化論がある。意識が生まれ、進化してきたのは、その持ち主が生存上優位に立てたからに違いない。では、その優位性とは何か？ ここで著者は劇的なパラダイムシフトを提案する。これまで意識の存在理由があやふやだったのは、意識が「何かを行なう能力を高めるもの」と考えていたからだ。だが、意識はその持ち主の一生を、いっそう生き甲斐のあるものにすることだったら？ このパラダイムシフトを経ると、意識の存在理由は、俄然明確になる。人間は現象的意識を持つことを満喫する（第一のレベル）。自分が現象的意識を持って生きている世界を愛する（第二のレベル）。現象的意識を持っている自己を尊ぶ（第三のレベル）。そして著者は、そのすべてに正真正銘の生物学的価値があるとし、例証にかかる。

第一のレベルの裏付けとして列挙される、文学や動物の行動観察の例にはうなずかざるをえない。著者は第二のレベルの根拠として、V・S・ラマチャンドランらによる衝撃的な実験結果と、向精神薬を服用したオールダス・ハクスリーの意識の変容体験を引いて、私たちが感覚を外界に投影していることを明らかにする。ちなみに、本書のタイトルもそこから来ている。この感覚の投影が、著者の詩的な表現にかかると「ソウルダスト」、すなわち魂の無数のまばゆいかけら、現象的感覚のマジックが周りじゅうのものに振りまかれ、世界を輝かせている、ということになるのだ。

そして、その輝きをもたらしているのが自分自身であるのに気づいたとき、人間は「最初どれほどがっかりしようと、天啓のように悟るだろう。自然の退屈さではなく、あなた自身の心の素晴らしさを」、と著者はあくまで明るい展望を示し、こうして第三のレベルに至ったおかげで、個人の自己の持つ重要性が新たなかたちで強調されるようになったと主張する。

だが、意識の恩恵を享受できる精神的な領域には大きな危険が待ち構えていた。死だ。第3部では、著者の言う「魂のニッチ」に入った人間が、魂の死に続く、精神の完全な消滅という見通しにどう対処するかという、まさに人類にとっての死活問題が取り上げられる。幸い人間は、現在のために生きたり、自分の死後も残る文化的存在と一体化したり、個人の自己は不滅だと信じたりして、この問題を克服し、未来に絶望して自殺したり子孫を見捨てたりして絶滅の途をたどるという事態を免れてきた。なかでも、死後の生を信じるという、歴史を通じてほぼ普遍的とも思えるこの気持ちはとりわけ重要だったし、今なお重要だろう。

だとすれば、科学が意識の幻想の正体を暴き、不滅の魂の存在が否定されたらどうなるのか？

著者はあくまで楽観的で、意識の潜在能力を信頼し、こう言いきる。たとえ著者らの唯物論的な説明が勝利を収めても、「人々がどう意識を直接経験するかが変わるわけではなく、彼らがその土台の上に人間の精神を讃える記念碑を建てるのをやめるわけでもない。不滅の魂という信念を、私たちがこの先も長らく持ち続けるのは間違いない」

著者は「結び」で語る。「意識はありえない虚構、いや、ありえないものの虚構と言ったほうがなおいいかもしれない。とはいえ、じつは、この虚構は奇跡を起こし、主体の人生をより良いものにした。それに由来する心理的属性は、主体に途方もない能力を与えてくれた」

意識の科学的な解明は、「プレリュード」に登場するアンドロメダの研究者にはけっきょく無理なことが最後にわかる。彼女には意識がないからだ。そして、その任務には人間が、現象的意識のある私たちがあたることになる。なぜ人間は、その研究に取り組めるのか？　それは、ポアンカレに言わせれば、自然を研究するのが「楽しいからであり、楽しいのは、自然が美しいから」であり、ドーキンスに言わせれば、「多彩な色がきらめき、豊かな生命を擁する壮麗な惑星で目を開いた」からだ。そして、自然が美しいのも、この地球が壮麗なのも、私たち人間に意識があるからにほかならない。なんとよくできた虚構、なんという人間讃歌、意識への讃歌だろう。

最後になったが、この作品を訳す機会を与えてくださった紀伊國屋書店、『赤を見る』のときと同様、私が質問を送るたびにすばやく丁寧に答えてくださった著者、やはり前作同様、デザインを手がけてくださった中垣デザイン事務所、そして今回、編集に力を揮《ふる》ってくださった紀伊國屋書店出版部の和泉仁士さん、そのほか刊行までお世話になった多くの方々にこの場を借りてお礼を申し上げる。

二〇一二年三月　柴田裕之

索引

（原注ページには「*」で注番号を付す）

か

さ

ま

や

ら

わ

原注

招待の口上

*1 http://www.humphrey.org.uk/nick2_007.htm の評を参照のこと.

*2 Walter Mischel, Editorial, *APS Observer* (September 2008).

*3 Bill Rowe, "The Innocent Illusion," *American Journal of Psychology* 121 (2008): 506-13.

*4 Steven Poole, *Guardian*, 29 May 2006.

〈プレリュード〉

第1章　目が覚めるとはどういうことか

*1 Colin McGinn, "Consciousness and Cosmology: Hyperdualism Ventilated," in *Consciousness*, ed. M. Davies and G. W. Humphrey (Oxford: Blackwell, 1993), pp. 155-77.

*2 Jerry Fodor, "Headaches Have Themselves," *London Review of Books*, 24 May 2007, p. 9.

*3 リチャード・グレゴリーは次のように述べて許可してくれた.「ペンローズの三角形の木製の模型を作ったのは私が最初だと思う. 名前はない. どんな名前がふさわしいだろう?　グレガンドラムというのは, なかなか気に入った」. 2008年5月16日にグレゴリーからもらった電子メールより.

*4 Arthur Conan Doyle, *The Sign of Four* (1890; repr., Harmondsworth: Penguin Classics, 2001), ch. 6, p. 42. [『四つの署名』日暮雅通訳, 光文社文庫, 2007年, 他]

*5 アンドロメダ(あるいは火星)の科学者のたとえ話は, これまでにも使われてきた. 私は Humphrey, "Thinking about Feeling," in *Oxford Companion to the Mind*, ed. R. L. Gregory (Oxford: Oxford University Press, 2004), pp. 213-14 で, 火星人には意識について何がわかるか考察した. ダニエル・デネットは "A Third-Person Approach to Consciousness," in *Sweet Dreams* (Cambridge, MA: MIT Press, 2005), pp. 25-56 [『スウィート・ドリームズ』土屋俊・土屋希和子訳, NTT出版, 2009年]で, このテーマをさらに効果的に取り上げている. ダニエルと私はこ

の発想をずいぶん昔から語り合っているので，どちらが最初に思いついたのかはわからなくなってしまった．

*6 Jeffrey Gray, "The Contents of Consciousness: A Neuropsychological Conjecture," *Behavioral and Brain Sciences* 18 (1995): 659-722, p. 660.

*7 Owen Flanagan, *Consciousness Reconsidered* (Cambridge, MA: MIT Press, 1993), p. 5 (強調は，この引用でも他の引用でも，すべて原著者による)．

*8 John Searle, *The Rediscovery of the Mind* (Cambridge, MA: MIT Press, 1992), p. 71. [『ディスカバー・マインド!——哲学の挑戦』宮原勇訳，筑摩書房，2008年]

*9 David Chalmers, comp., "Zombies on the Web," http://consc.net/zombies.html.

*10 私は哲学者ダニエル・デネットと考え方がいちばん近いが，この点に関しては意見が異なる．彼は，自分が「ヘテロ現象学」(行動に表れるもののいっさいに着目する手法)を使えば，知るべきことはすべて突き止められると主張している．Dennett, *Consciousness Explained* (New York: Little Brown, 1991) [『解明される意識』山口泰司訳，青土社，1998年]を参照のこと．

*11 Dan Lloyd, *Radiant Cool* (Cambridge, MA: Bradford Books, 2003), p. 16. [『マインド・クエスト——意識のミステリー』谷徹・谷優訳，講談社，2006年]

*12 マイク・ビートンは，クオリアを説明する上での論理的問題について高度な考察を展開している．彼は，ある概念レベルで記述された事物を別の概念レベルでの記述の観点から語るときに，科学的説明は一方向にしか進みえないという重要な指摘をした．たとえば，化学組成から水の属性を推論できても，水の属性から化学組成は推論できない．そして，クオリアと脳についてもおそらく同じことが言える．脳の状態からクオリアは推論できるが，クオリアから脳の状態を推論するのは無理だ．したがって，純粋に内省だけから自分の脳のレベルで何が起こるかを推論できるなどとは，考えてはならない．Beaton, "Qualia and Introspection," *Journal of Consciousness Studies* 16 (2009): 88-110.

*13 John Searle, "The Mystery of Consciousness," pt. 2, *New York Review of Books*, 16 November 1995.

*14 私は，感覚経験を余すところなく記述しようとするフッサールやメルロ=ポンティといった「現象学派」の哲学者や心理学者の勇敢な努力をそっくり退けているわけではない．ただ，彼らがあまり成功しなかったと考えているだけだ．

*15 Nicholas Humphrey, *Seeing Red: A Study in Consciousness* (Cambridge, MA: Harvard University Press, 2006). [『赤を見る——感覚の進化と意識の存在理由』柴田裕之訳，紀伊國屋書店，2006年]

*16 類似の例はこの地球上でも見られる．複素数の理論は，応用物理学で使われる

ようになるはるか以前から，たんに数学的研究をするという目的のために開発されていた．

*17 詩人で医師のデイヴィッド・サーナーは，本書の発想とウォーレス・スティーヴンズの哲学を比較する論文のなかで，詩歌がいわく言いがたいものを捉えうることについて詳しく述べている．「クオリアと，その延長線上にあるものとして，統合された現象的経験全般は，その核心において，『逐語的』記述を許さない．その結果私たちは，一例を挙げれば，『赤色の赤さ』のような冴えない表現に甘んじている．物事の経験において感じ取ったニュアンスを再現する試みのなかで詩人が用いるのは，おもに修辞（たとえばシンボルや直喩，スティーヴンズがある詩のなかで「捉え所のない隠喩」と呼ぶもの）から成る詩的技巧だ．意識経験を拡大し，新奇なものにするような巧妙な詩的トリックを可能にする手法には，他にアンティメリア（たとえば，名詞を動詞として使うこと）や共感覚（あるタイプの感覚を別の感覚様相《モダリティ》の用語で記述すること），並列（接続詞を使わず，勢いを与えること），反復（たとえば行頭反復）を使って宗教的な感じや催眠状態のような感じを呼び起こす方法がある．まだこれ以外にもある．詩人は行の構成（句またがりによって二重の意味を持たせたり，緊張感をもたらしたり，暴力的な感覚さえ与えたりできる）や韻律（それによって激しさ，スピード，鎮静剤のような効果，ぎこちない感覚を与えられる）を念入りに工夫する．こうした手法によって詩的描写の可能性を拡げ，経験が実際に感知される様式をより綿密になぞり，その経験の効果や，意味に満ちた強烈さを余すところなく伝えることを試みる」．David Sahner, “Phenomenal Experience as a Basis for Selfhood in the Poetry of Wallace Stevens: Communion with a New Theory,” manuscript under submission, 2010.

*18 Colin McGinn, “Can We Solve the Mind-Body Problem?” *Mind* 98 (1989): 349-66.

〈第1部〉

第2章　「何かのよう」であるということ

*1 René Descartes, *Meditations on First Philosophy*, trans. John Cottingham, Second Meditation (1641; repr., Cambridge: Cambridge University Press, 1986), p. 16. ［『省察』山田弘明訳，ちくま学芸文庫，2006年，他］

*2 「意識にまつわる難問」というのはデイヴィッド・チャーマーズの造語で，質的な現象的経験を私たちが持つ理由を説明する問題を指す．その対極にあるのが，知覚，識別，情報の統合，心的状態の報告，注意の集中といった，純粋に機能的な能力を説明する「簡単な問題」だ．簡単な問題が簡単なのは，それを解決するには，その機能を実行できる計算メカニズムを特定するだけでいいからだ．チャーマーズによれば，難問は「それにかかわる機能をすべて挙げ，それがどう実行されるかを説明しても，なお解決されない」点で，簡単な問題とは異なるという．(Chalmers, “Facing Up to the Problem of Consciousness,” *Journal of Consciousness Studies* 2 [1995]: 200-219).

*3 Thomas Nagel, “What Is It Like to Be a Bat?” *Philosophical Review* 83 (1974): 435-50.

*4 これからも，何であれ私たちが論じている経験に関しては，その経験の主体を代表して「あなた」という言葉を使うことにする．論じる側を指しては，「私たち」と「私」を使う．

*5 Bridget Riley, “Colour for the Painter,” in *Colour: Art and Science*, ed. Trevor Lamb and Janine Bourriau, pp. 31-64 (Cambridge: Cambridge University Press, 1995), p. 31.

*6 Natika Newton, “Emergence and the Uniqueness of Consciousness,” *Journal of Consciousness Studies* 8 (2001): 47-59, p. 48.

*7 Koran 42:11. http://www.islam-muslims.org/Quran/42/11/default.htm を見ると，この一節を訳す試みが，じつに興味深い一覧になっている．

*8 ダニエル・デネットにはさらに借りがあることを，この時点で認めておくべきだろう．彼は，意識は本当に一種の虚構かもしれないと，断固として――断固としてかつ見事に――主張している．とくに，Dennett, “Heterophenomenology Reconsidered,” *Phenomenology and the Cognitive Sciences* 6 (2007): 247-70 での，エリック・シュヴィッツゲーベルに対するデネットの回答を参照のこと．

*9 もちろん，誰もがこれほど合理的に考えるわけではない．人間は，既知の物理的世界の範疇に収まらない事象が存在するという証拠を目の当たりにしたとき，マジックのように不思議な解釈や超常的な解釈をする場合もある．たとえば，数学者のジョン・テイラーは，ユリ・ゲラーのスプーン曲げを最初に目撃したときに，見境もなく物理学の本をそっくり捨ててしまった．(John Taylor, *Superminds: An Enquiry into the Paranormal* [London: Macmillan, 1975]).

*10 Wassily Kandinsky, *Concerning the Spiritual in Art*, trans. M. T. H. Sadler (1911; repr., New York: Dover, 1977), p. 25. ［カンディンスキー著作集『抽象芸術論――

芸術における精神的なもの』西田秀穂訳, 美術出版社, 2000年, 他]

*11 Dennett, *Consciousness Explained*, p. 107. [前掲『解明される意識』]

*12 バーナード・バースは「意識の劇場」という比喩を, たとえば, Baars, "In the Theatre of Consciousness: Global Workspace Theory; A Rigorous Scientific Theory of Consciousness," *Journal of Consciousness Studies* 4 (1997): 292-309 でしっかりと定義している(ただし, 私とは重点の置き方が違うが).

第3章　私秘化した反応

*1 トマス・ベイズが断言しているように, どんな理論であれ, それが役目を果たすかどうかだけでなく, 直観的にどれほど正しそうかも問題となる. たとえば, 神が紀元前4004年に, 地層や化石なども含めて宇宙をそっくり創り上げたという理論を考えてみよう. これは, たしかにデータの説明にはなっているが, その他の点からは, まったく信じられない.

*2 あなたはそうは思わないだろうか?　まあ, あまり本気で受け止めないでほしい. だが, 私はこうすればロボットに赤のクオリアを与えられると思う. まず, ロボットが, 光センサーに当たる赤い光に手の込んだ反応を示すように調整しておき, 同時に, 自分がやっていることを把握し続けて, その内的表象を計算するようにさせる. 当初, ロボットはこのような自分自身の反応の表象に格別感心することはないだろう. 表象は興味深いかもしれないが, けっしてマジックのように不思議ではない. だが, 反応のデザインにあれこれ手を加え, いつかロボットが突然それまでとはまったく違ったかたちでその反応を目にするようになることを目指す. もしうまくいけば, しめたものだ. ロボットは自分の経験が魂を揺さぶるものだと主張し始める. そうなれば, どうして私たちにそれを否定できるだろうか?

*3 たとえば, Daniel Dennett, *Kinds of Minds: Towards an Understanding of Consciousness* (New York: Basic Books, 1997) [『心はどこにあるのか』土屋俊訳, 草思社, 1997年]; Eva Jablonka and Marion J. Lamb, "The Evolution of Information in the Major Transitions," *Journal of Theoretical Biology* 239 (2006): 236-46; and Derek Denton, *The Primordial Emotions: The Dawning of Consciousness* (Oxford: Oxford University Press, 2005).

*4 これは, 以下で詳しく練り上げた考え方の概要だ. Nicholas Humphrey, *A History of the Mind* (New York: Basic Books, 1992); "The Privatization of Sensation," in *The Evolution of Cognition*, ed. L. Huber and C. Heyes, pp. 241-52 (Cambridge, MA:

MIT Press, 2000); そして, とくに *Seeing Red*.［前掲『赤を見る』］

*5 植物の感受性を裏づける最近の証拠は, Carol Kaesuk Yoon, "Study Hints Plants Have Sensibilities," *New York Times News Service*, 19 June 2008, http://legacy.signonsandiego.com/uniontrib/20080619/news_1c19plants.html で論じられている. 何かしら脳の類がかかわっている可能性は, Amedeo Alpi and thirty-five others; "Plant Neurobiology: No Brain, No Gain?" *Trends in Plant Science* (2008): 12 によって退けられている.

*6 ここでフィリップ・ステッドマンの言葉を紹介しておくべきだろう. 彼は, カラシナの種でできた「感光板」を使ったカメラを作れたそうだ. カラシナは板の上の, 光の当たった箇所でしか成長しなかったからだ. (Steadman, personal communication, October 2008).

*7 感覚と身体表現の驚くべき類似点をいくつか挙げると,

(1) **所有権** 感覚は常に主体に帰属する. たとえば, あなたが視野のなかで赤の感覚を経験するとき, あるいは, 足の指の痛みを経験するとき, あなたはその感覚を所有している. それはあなたのものであり, 他の誰のものでもない. あなたただ一人が, その創り手だ. ……たとえば, あなたが微笑むときは, あなたがその笑みを所有し, その創り手であるのと, ちょうど同じように.

(2) **身体的所在** 感覚はつねに指示的で, 主体の体の特定部位と結びついており, そこを指し示している. あなたは赤の感覚を視野の特定の部位で経験し, 痛みを足の特定の部位で感じる. ……あなたが微笑むとき, 唇という, 顔の特定の部位が本質的にかかわっているのと, ちょうど同じように.

(3) **現在性** 感覚は常に現在時制で, 進行中で, 未完了だ. あなたが赤の感覚を経験したり痛みを感じたりするとき, その感覚はそのときだけのものにすぎない. それ以前には存在しなかったし, あなたがそれを感じなくなれば消えてしまう. ……あなたが微笑むとき, 笑みがそのとき限りで存在するのと, ちょうど同じように.

(4) **質的様相《モダリティ》** 感覚は常に, 質的に異なるモダリティのうち, どれか一つの感じを持っている. あなたが赤の感覚を経験するとき, それは視覚的感覚の部類に属するが, 痛みを感じるときには, それとはまったく異なる, 体性感覚の部類に属する. どのモダリティも, それぞれ独自の部類の感覚器官に結びついており, いわば, 特有の現象的様式を持っている. ……あなたが唇を動かして微笑むとき, この表現は顔による表現という部類に属しており, たとえば, 声による表現や涙による表現とは違う. 表現のモダリティはそれぞれ独自の部類の実効器官に結びついており, 特有の表現の様式を持っている.

(5) 現象的直接性　これが最も重要なのだが，主体にとって感覚は常に，現象的に直接的なもので，これまで挙げた四つの属性は自己開示的だ．したがって，あなたが赤の感覚を経験するとき，あなたの印象は単に「今私は，自分の目の，視野のこの部分で赤の感覚を経験している」というもので，それが(他の人ではなく)あなたの目である事実や，(自分の体の他の部位ではなく)あなたの目のこの部分である事実，(他のときではなく)今起こっているという事実，(たとえば，聴覚的な，あるいは嗅覚的なかたちではなく)視覚的なかたちで起こっているものだという事実に，あなたは直接，即時に気づく．それは，赤の感覚の作り手のあなたが，これらの事実を生み出すからにほかならない．あなたが唇を動かして微笑むとき，あなたの印象が単に「今，私の唇が微笑みをたたえている」というもので，この行為に呼応する属性のいっさいは，この微笑みの作り手であるあなたが即時に気づく事実であるのも，ちょうど同じ理由からだ(Humphrey, *Seeing Red*. pp. 82-83［前掲『赤を見る』］に基づく)．

第4章　ループをたどる

*1　Francis Crick and Christof Koch, “A Framework for Consciousness,” *Nature Neuroscience* 6 (2003): 119-26, p. 119.

*2　この図は http://www.mgix.com/snippets/?MackeyGlass から転載．

*3　物理学者ポール・ゲイリーとの会話から，クオリアの説明に遅延微分方程式を利用できるかもしれないことに初めて気づいた．

*4　Aristotle, *De anima* 3.2.426b.［『魂について』中畑正志訳，京都大学学術出版会，2001年，他］Daniel Heller-Roazen, *The Inner Touch: Archaeology of a Sensation* (New York: Zone Books, 2007), pp. 54-55 での引用．

*5　Douglas Hofstadter, *Gödel, Escher, Bach: An Eternal Golden Braid* (New York: Basic Books, 1979).［『ゲーデル，エッシャー，バッハ――あるいは不思議の環』20周年記念版，野崎昭弘・はやしはじめ・柳瀬尚紀訳，白揚社，2005年，他］

*6　Douglas Hofstadter, *I Am a Strange Loop* (New York: Basic Books, 2007), p. 102.

*7　Google で “Shepard-Risset glissando” と入力して検索のこと．

*8　Steve Jones, in *The Third Culture*, ed. John Brockman (New York: Simon and Schuster, 1996), p. 207.

〈第2部〉

第5章　意識の重要性

*1　Chalmers, "Zombies on the Web."

*2　現象的経験をまったく持たない心理的ゾンビは実際には存在しない. だが, 脳に損傷を受けたために部分的に「ゾンビ」状態になっている患者がいる. 最も有名な例は盲視の症候群で, この症候群では, 視覚野に損傷を受けたあと, 患者は視覚的感覚を経験せずに見ることができる. (これについては拙著『赤を見る』でさらに詳しく述べている). 私たちが想像したアンドロメダの科学者は, 心理的ゾンビだ(もちろん哲学的ゾンビではない).

*3　Jerry Fodor, "You Can't Argue with a Novel," *London Review of Books*, 3 March 2004, p. 31.

*4　コールリッジは自分と意見の異なる著述家の主張を扱うにあたり, 自ら黄金律と呼ぶ決まりを守っていた. その著述家がどのようにして誤った見解を抱くようになったかがわからないうちは, おこがましくもその主張が誤っていると言ってはいけない. つまり, 「彼の無知を理解する」までは. Samuel Taylor Coleridge, *Biographia Literaria* (New York: Leavitt, Lord, 1834), ch. 12, p. 140.

*5　たとえば, クリストフ・コッホを見てみよう. 「生物の生存ためにはどんな利点が意識から生じるのだろうか?　これまでに出会ったことのない状況を評価し, すみやかに適切な反応へと至る能力である知能は, 統合された情報を必要とするというのが, 私の望む答えだ」. "A Theory of Consciousness," *Scientific American Mind*, 16-19 July 2009, p. 19.

*6　Thomas S. Kuhn, *The Structure of Scientific Revolutions* (Chicago: University of Chicago Press, 1970), p. 111. [『科学革命の構造』中山茂訳, みすず書房, 1971年]

*7　Daniel Dennett, *Sweet Dreams* (Cambridge, MA: MIT Press, 2005), p. 26. [前掲『スウィート・ドリームズ』]

*8　Todd M. Preuss and Ghislaine Q. Coleman, "Human Specific Organization of Primary Visual Cortex," *Cerebral Cortex* 12 (2002): 672-91, p. 687.

第6章　そこに存在すること

*1　バイロン卿がアナベラ・ミルバンク(のちのバイロン夫人)に宛てた1813年の手紙より. Benjamin Woolley, *The Bride of Science: Romance, Reason and Byron's Daughter* (London: Macmillan, 1999), p. 28 での引用. [『科学の花嫁――ロマン

ス・理性・バイロンの娘』野田秀勝・門田守訳, 法政大学出版局, 2011年]

*2 Thomas Nagel, *Mortal Questions* (Cambridge: Cambridge University Press, 1979), p.2. [『コウモリであるとはどのようなことか』永井均訳, 勁草書房, 1989年]

*3 John Galsworthy, *The Silver Spoon* (London: Heinemann, 1926), p. 65.

*4 物理哲学の「現在主義(presentism)」という用語と混同してはならない.

*5 ジョン・キーツがC. W. ディルクに宛てた, 1819年9月22日付けの手紙. *The Life and Letters of John Keats*, ed. Lord Houghton (London: J. M. Dent & Sons, 1954), p. 179 所収.

*6 Albert Camus, "Nuptials at Tipasa," in *Lyrical and Critical Essays*, ed. Philip Thody, trans. Ellen Conroy Kennedy (1938; repr., New York: Vintage, 1970), p. 65.

*7 Rupert Brooke, "The Great Lover," in *1914 and Other Poems* (London: Sidgwick & Jackson, 1915).

*8 Allan Fallow, "Gombe's New Generation," *National Geographic Magazine Online Extra*, 2003, http://ngm.nationalgeographic.com/ngm/0304/feature4/online_extra.html.

*9 Marc Bekoff, "Are You Feeling What I'm Feeling?" *New Scientist*, 26 May 2007, p. 44.

*10 George B. Schaller, *The Last Panda* (Chicago: University of Chicago Press, 1993), p. 66. [『ラスト・パンダ——中国の竹林に消えゆく野生動物』武者圭子訳, 早川書房, 1996年]

*11 *New Scientist*, 29 October 1994, p. 108 に掲載された報告.

*12 A . A. Milne, "Spring Morning," in *When We Were Very Young* (London: Methuen, 1924), p. 34. [『ちいさなちいさなときのこと——六つになったよ』山田正巳訳, 中部日本教育文化会, 1981年, 他]

*13 Nicholas Humphrey, field notes, Camp Visoke, Rwanda, 12 May 1971.

*14 Aristotle, *De sensu et sensibilibus* 7.448a-448b. Heller-Roazen, *The Inner Touch*, p. 59 での引用.

*15 Paul Valéry, "Cantiques spirituels," in *Variété*: Œuvres, vol. 1 (1924; repr., Paris: Pléiade, 1957), p. 450.

*16 Milan Kundera, *Immortality*, trans. Peter Kussi (London: Faber & Faber, 1991), p. 225. [『不滅』菅野昭正訳, 集英社文庫, 1999年]

*17 Gottlob Frege, "The Thought: A Logical Inquiry," in *Philosophical Logic*, ed. P. F. Strawson (1918; repr., Oxford: Oxford University Press, 1967), p. 27.

*18 Johann Gottlieb Fichte, *The Science of Knowledge*, ed. and trans. P. Heath and J.

Lachs (1794-1802; repr., Cambridge: Cambridge University Press, 1982), p. 97.

*19 Marcel Proust, *Swann's Way*, vol. 1 of *Remembrance of Things Past*, trans. C. K. Scott Moncrieff and T. Kilmartin (1913; repr., London: Chatto & Windus, 1981), p. 5. [『スワン家の方へ』(『失われた時を求めて』第一篇)鈴木道彦訳, 集英社, 1996年, 他]

*20 Paul Valéry, *Cahiers*, vol. 2 (1974). Heller-Roazen, *The Inner Touch*, p. 76 での引用.

*21 Charles Sherrington, *The Integrative Action of the Nervous System* (Cambridge: Cambridge University Press, 1947), p. xviii.

*22 "Talk with Nicholas Humphrey," *Edge*, online edition 144, 5 August 2005 (http://www.edge.org/documents/archive/edge144.html) に対するトマス・メッツィンガーの応答. 詳しくは, Metzinger, *The Ego Tunnel: The Science of the Mind and the Myth of the Self* (New York: Basic Books, 2009) を参照のこと.

*23 James Branch Cabell, *Beyond Life: Dizain des Démiurges* (New York: Robert McBride, 1919), p. 353.

*24 William James, *Principles of Psychology*, vol. 1 (New York: Henry Holt, 1890), p. 319. [『心理学の根本問題』現代思想新書第6巻, 松浦孝作訳, 三笠書房, 1940年]

*25 Nagel, *Mortal Questions*, p. 9. [前掲『コウモリであるとはどのようなことか』]

*26 Philip Roth, "It No Longer Feels a Great Injustice That I Have to Die," interview by Martin Krasnik, *Guardian*, 14 December 2005, section G2, p. 14.

*27 John Dryden, "Translation of the Latter Part of the Third Book of Lucretius: Against the Fear of Death," in *Dryden: Selected Poems* (1685; repr., Harmondsworth: Penguin Classics, 2001).

*28 Jesse Bering, "Never Say Die: Why We Can't Imagine Death," *Scientific American Mind*, 22 October 2008, p. 34.

*29 Philip Larkin, "Aubade," *Times Literary Supplement*, 23 December 1977.

*30 Ernest Becker, *The Denial of Death* (New York: Free Press, 1973), p. xvii. [『死の拒絶』今防人訳, 平凡社, 1989年]

*31 Jean-Jacques Rousseau, *Julie, or The New Eloise*. D. J. Enright, ed., *The Oxford Book of Death* (1761; repr., Oxford: Oxford University Press, 1983), p. 22 での引用.

*32 Joe Simpson, *Touching the Void* (London: Jonathan Cape, 1988), p. 109. [『死のクレバス――アンデス氷壁の遭難』中村輝子訳, 岩波書店, 2000年, 他]

*33 William Shakespeare, *Measure for Measure*, 3.1.129. [『尺には尺を』小田島雄志訳, 白水社, 1983年, 他]

*34 Dylan Thomas, "Do Not Go Gentle into That Good Night," in *Dylan Thomas:*

Selected Poems (London: J. M. Dent & Sons, 1974), p. 131.

*35 サミュエル・ジョンソンの言葉. James Boswell, *The Life of Samuel Johnson* (1791; repr., London: Wordsworth, 2008), p. 600 での引用.

*36 人間以外の動物が一般に心的タイムトラベルの能力を持っているかどうかは, 今なおはっきりしない. だが, 特別な状況では, チンパンジーもカラスも実際に将来のために計画を立てられることを示す有力な証拠がある. たとえば, Mathias Osvath, "Spontaneous Planning for Future Stone Throwing by a Male Chimpanzee," *Current Biology* 19, no. 5 (2009): R190-R191 を参照のこと. もっと懐疑的な見方としては, Thomas Suddendorf and Michael Corballis, "The Evolution of Foresight: What Is Mental Time Travel, and Is It Unique to Humans?" *Behavioral and Brain Sciences* (2007): 30, 299-313 を参照のこと.

*37 W. H. Auden and Christopher Isherwood, chorus, *The Dog beneath the Skin* (London: Faber & Faber, 1935).

*38 ヴォルテールの言葉. *Oxford Book of Death*, p. ix での英語での引用.

*39 これは, 松沢哲郎のフィールドノートの編集版. この編集版は http://www.greenpassage.org/green-corridor/education/JokroPamphlet.pdf で読むことができる. http://www.pri.kyoto-u.ac.jp/chimp/Bossou/Jokro.html で映像をダウンロードすることもできる. Dora Biro et al., "Chimpanzee Mothers at Bossou, Guinea, Carry the Mummified Remains of Their Dead Infants," *Current Biology* 20, no. 8 (2010): R351-R352 も参照のこと.

第7章 **魔法をかけられた世界**

*1 Bridget Riley, *Bridget Riley: Dialogues on Art*, ed. Robert Kudielka (London: Zwemmer, 1995), pp. 79-80.

*2 ポール・セザンヌの言葉. Joachim Gasquet, *Cézanne: A Memoir with Conversations* (London: Thames & Hudson, 1991), p. 162 での引用.

*3 Walter Pater, *The School of Giorgione*, Studies in the History of the Renaissance (London: Macmillan, 1877), p. 138.

*4 William Shakespeare, *Much Ado about Nothing*, 2.3.62. [『空騒ぎ』福田恆存訳, 新潮社, 1962年, 他]

*5 Gerard Manley Hopkins, "Pied Beauty," in *Poems, 1918* (London: Humphrey Milford, 1918).

*6 Oscar Hammerstein II, *The Sound of Music* (1965).

*7 第3章で指摘したように，赤い物体を見るとき，あなたは赤い光によって刺激されているという感覚だけでなく，そこに赤い物体があるという知覚も持つ．感覚は「自分に起こっていること」の表象であり，知覚は「そこで起こっていること」の表象だ．両者は心理的に異なる機能を持ち，おおむね別個の神経経路によって実行される（Humphrey, *Seeing Red*［前掲『赤を見る』］を参照のこと）．だが，18世紀の哲学者トマス・リードが言っているように，「知覚とそれに対応する感覚は同時に生み出される．両者が分離されている状態を私たちが経験することはない．そのため，私たちは両者が一つのものであると考え，両者に一つの名前を与え，両者の異なる属性を混同してしまう．両者を分けて考え，それぞれに別個に取り組み，一方の属性を他方に帰さないようにするのが，非常に難しくなった」．(Thomas Reid, *Essays on the Intellectual Powers of Man*, pt. 2 [1785; repr., Cambridge, MA: MIT Press, 1969], ch. 17, p. 265).

*8 K. Carrie Armel and V. S. Ramachandran, "Projecting Sensations to External Objects: Evidence from Skin Conductance Response," *Proceedings Royal Society Lond. B*. 270 (2003): 1499-1506. 図11は許可を得て転載.

*9 『赤を見る』で私はこの実験の説明を一部誤った．絆創膏を引き剝がしたとき，「被験者は痛みを感じたと報告し」と書いた．彼が痛みを予期したと書くかわりに，実際に痛みを感じたというふうに誇張してしまったことを後悔している．

*10 この発見には前例がまったくないわけではない．1996年にトゥーレット症候群の男性の事例研究が発表されている．この男性の場合，「運動性チックに先立つむずがゆさの感覚は，他の人やものにも起こりえた．体外の感覚は，引っ掻いたり，かゆみを感じるものを特定のやり方で触ったりする必要性と結びついている．体外の感覚は，肘やテーブルの縁，コンピューター画面の縁といった，ものの角や隅，尖った部分で最も頻繁に起こる．……この患者は幼いころ，よくそれに伴う衝動に突き動かされて，姉の肘を引っ掻いたものだった」．B. I. Karp and M. Hallett, "Extracorporeal 'Phantom' Tics in Tourette's Syndrome," *Neurology* 46 (1996): 38-40.

*11 もし，視覚と触覚の類似がこじつけぎみに思えるのなら，両者は進化上の起源を共有していることを指摘したい．「光受容体が進化したとき，それは完全に新しい種類の受容体ではなかった．……感光性の色素で満たすことで，感覚繊毛を光にとりわけ反応しやすくできる．私たちの目の網膜にある桿状体《かんじょうたい》や錐状体《すいじょうたい》でさえ，このようなかたち（本来，接触に対して敏感な繊毛）で進化の道を歩み始めた形跡を示している」．(Nicholas Humphrey, *A History of the Mind* [London: Chatto & Windus, 1992], p. 53).

*12 Reid, *Essays on the Intellectual Powers*, ch. 16, p. 242.

*13 Aldous Huxley, *The Doors of Perception* (New York: Harper and Row, 1954), p. 19.［『知覚の扉』河村錠一郎訳, 平凡社ライブラリー, 1995年, 他］

*14 Marcel Proust, *The Captive*, vol. 3 of *Remembrance of Things Past*, trans. C. K. Scott Moncrieff and T. Kilmartin (1923; repr., London: Chatto & Windus, 1981), p. 184.［『ゲルマントの方』(『失われた時を求めて』第三篇)鈴木道彦訳, 集英社, 1998年, 他］

*15 William Rothenstein, *Men and Memories* (London: Faber & Faber, 1931), p. 325.

*16 フィンセント・ファン=ゴッホがテオ・ファン=ゴッホに宛てた1888年9月17日と27日付けの手紙. "Van Gogh's Letters: Unabridged and Annotated," at http://www.webexhibits.org/vangogh.

*17 Created by G. J. Sawyer and Viktor Deak; text by Esteban Sarmiento, G. J. Sawyer, and Richard Milner, with contributions by Donald C. Johanson, Meave Leakey, and Ian Tattersall, *The Last Human: A Guide to Twenty-two Species of Extinct Humans* (New Haven: Yale University Press, 2007).

*18 Marten Shariff, S. Psarakos, and D. J. White, "Ring Bubbles of Dolphins," *Scientific American* 275, no. 2 (1996): 82-87. Don White, "Mystery of the Silver Rings," http://www.earthtrust.org/delrings.html も参照のこと.

*19 William James, *Varieties of Religious Experience* (New York: Longmans, 1902), p. 137.［『宗教的経験の諸相』桝田啓三郎訳, 岩波書店, 1969・1970年］

*20 Robert Louis Stevenson, "Happy Thought," in *A Child's Garden of Verses* (London: Chatto & Windus, 1911).［『子どもの詩の園』よしだみどり訳, 白石書店, 2000年, 他］

*21 George Santayana, *The Life of Reason*, vol. 1 (New York: Dover, 1905), ch. 10.

*22 ルパート・ブルックがF. H. キーリングに宛てた1910年9月20〜23日付けの手紙. Christopher Hassall, *Rupert Brooke: A Biography* (London: Faber & Faber, 1964), pp. 236-38 での引用.

*23 Milne, "Spring Morning."［前掲『ちいさなちいさなときのこと』］

*24 Alison Gopnik, Andrew Meltzoff, and Patricia Kuhl, *The Scientist in the Crib* (New York: William Morrow, 1999), p. 85.［『0歳児の「脳力」はここまで伸びる——「ゆりかごの中の科学者」は何を考えているのか』峯浦厚子訳, ＰＨＰ研究所, 2003年］

*25 Richard Dawkins, *Unweaving the Rainbow* (Harmondsworth: Penguin Books, 1998), p. 6.［『虹の解体——いかにして科学は驚異への扉を開いたか』福岡伸

一訳, 早川書房, 2001年]

*26 Henri Poincaré, *Science et méthode* (Paris: Flammarion, 1908), p. 22 (著者による翻訳). [『科学と方法』吉田洋一訳, 岩波文庫, 1953年]

第8章 そうか、それが私というものだったのか!

*1 本書の執筆中に, アリソン・ゴプニクの新作が出た. Alison Gopnik, *The Philosophical Baby: What Children's Minds Tell Us about Truth, Love and the Meaning of Life* (London: Bodley Head, 2009). [『哲学する赤ちゃん』青木玲訳, 亜紀書房, 2010年]

*2 John Locke, *An Essay Concerning Human Understanding*, ed. P. Nidditch, bk. 2 (1690; repr., Oxford: Clarendon Press, 1975), ch. 32, sec. 15, [『人間知性論』大槻春彦訳, 岩波文庫, 1972-1977年, 他]

*3 「逆転スペクトル」の問題は, 聡明な子供なら誰もが自分で発見すると, 私が哲学者のデイヴィッド・ローゼンタールに言うと, まったく信じられないと言われた. 真相(捉え所のない意識の発達史)を裏づける研究が行なわれるまでは, 埒が明かないだろう.

*4 James, *Principles of Psychology* 1:226. [前掲『心理学の根本問題』]

*5 John Lindner, "The Conscious Universe" (1997), physics course online: http://www3.wooster.edu/Physics/lindner/FYS/introduction.html.

*6 John La Touche, lyric for "Ballad for Americans" (1939).

*7 Charles Sherrington, *Man on His Nature* (Cambridge: Cambridge University Press, 1940), pp. 324-27.

*8 Thomas Huxley, "On the Hypothesis That Animals Are Automata, and Its History," *Fortnightly Review* 95 (1874): 555-80. 自由意志という心的状態についての, もっと新しくはあるが本質的には同様の説明としては, Daniel Wegner, *The Illusion of Conscious Will* (Cambridge, MA: MIT Press, 2003) と Daniel Dennett, *Freedom Evolves* (Harmondsworth: Penguin, 2004) [『自由は進化する』山形浩生訳, NTT出版, 2005年]を参照のこと.

*9 Katherine Nelson, *Language in Cognitive Development: The Emergence of the Mediated Mind* (Cambridge: Cambridge University Press, 1998), p. 162.

*10 A. A. Milne, "In the Dark," in *Now We Are Six*. [前掲『ちいさなちいさなときのこと』] G. Miller, "Foreword by a Psychologist," in Ruth Hirsch Weir, *Language in the Crib* (The Hague: Mouton, 1962), pp. 13-17 を参照のこと.

*11 Proust, *Swann's Way*, p. 460. ［前掲『スワン家の方へ』］

*12 William Blake, "A Vision of the Last Judgement," Descriptive Catalogue, in *The Complete Writings of William Blake*, ed. Geoffrey Keynes (1810; repr., Oxford: Oxford University Press, 1957), p. 617.

*13 Thomas Traherne, *Centuries of Meditation*, Century I.21 (1670; repr., London: Dent, 1908).

*14 Oscar Wilde, *De Profundis: The Complete Text,* ed. Vyvyan Holland (1905; repr., New York: Philosophical Library, 1950), p.104.

*15 A. N. Whitehead, *Science and the Modern World* (Cambridge: Cambridge University Press, 1926), pp. 68-69. ［『ホワイトヘッド著作集第6巻 科学と近代世界』上田泰治・村上至孝訳, 松籟社, 1981年］

*16 Rainer Maria Rilke, "Duino Elegies: Ninth Elegy," ［『ドウィノの悲歌』武田治郎訳, 市井社, 1987年他］ in *Rilke: Selected Poems*, trans. J. B. Leishman (1922; repr., Harmondsworth: Penguin, 1964).

*17 Thomas Traherne, *Centuries of Meditation*, Century III.3 (1670; repr., London: Dent, 1908).

第9章　自分自身であること

*1 Jacob Burckhardt, *The Civilization of the Renaissance in Italy* (1878; repr., Oxford: Oxford University Press, 1981), p. 81. ［『イタリア・ルネサンスの文化』新井靖一訳, 筑摩書房, 2007年］

*2 ピーター・アブスの言葉. Anthony Storr, *Solitude* (London: Flamingo, 1988), p. 80 での引用.

*3 Marilyn Strathern, *The Gender of the Gift: Problems with Women and Problems with Society in Melanesia* (Berkeley: University of California Press, 1988).

*4 Desmond Tutu, "Reflections on the Divine," *New Scientist*, 29 April 2006.

*5 Douglas Hofstadter, *New Scientist,* 10 March 2007 のインタビュー.

*6 Friedrich Nietzsche, *The Gay Science*, trans. W. Kaufmann (New York: Vintage Books, 1974), p. 300. ［『ニーチェ全集8　悦ばしき知識』信太正三訳, 筑摩書房, 1993年］

*7 個人性の概念を分析しようとする継続的な試みについては, Raymond Martin and John Barresi, *The Rise and Fall of Soul and Self* (New York: Columbia University Press, 2006) を参照のこと.

*8 Steven J. Heine, *Cultural Psychology* (New York: W. W. Norton, 2008).

*9 Sherrington, *Integrative Action*, p. xviii.

*10 Galen Strawson, *Selves: An Essay in Revisionary Metaphysics* (New York: Oxford University Press, 2009). トマス・ネーゲルは書評で次のように書いている.「この主体とは何か? 経験のなかに示されているように, それはただ一つの心的なものに違いない(だからといって主体が物質的なものでもあるという事実を排除しているわけではないが, いずれにしても, 現象学はこれについて私たちにどちらとも語らない). そのときどきにおける私の意識の内容がいかに複雑なものであっても——たとえば, シューベルトを聴いているとき, 夕日を眺めているとき, ワインを飲みながら車のキーをどこに置いたのか思い出そうとしているとき——それらはすべてただ一つの主体とともにある. もし自己が実際に存在するのなら, ストローソンによれば, それはこの種の心的な個に違いないという. ストローソンはこれを指して,『ただ一つの心的なものとしての経験の主体』の省略形であるsesmetという, 魅力に乏しい言葉を作り出した」. Nagel, "The I in Me," *London Review of Books*, November 2009, pp. 33-34.

*11 Clarice Lispector, *Near to the Wild Heart*, trans. Giovanni Pontiero (1944; repr., New York: New Directions Publishing, 1990).

*12 これはいわゆる「カルテジアン劇場」への復帰ではないことは明言しておこう. むしろ, バーナード・バースの「グローバルなワークスペース」という, じつに素晴らしい考え方に近い. Baars, *In the Theater of Consciousness: The Workspace of the Mind* (New York: Oxford University Press, 1997)［『脳と意識のワークスペース』現代基礎心理学選書4, 苧坂直行監訳, 協同出版, 2004年］を参照のこと.

*13 最も劇的な例としては, 多重人格障害(現在は解離性同一性障害という名称に変わった)がある. Nicholas Humphrey and Daniel Dennett, "Speaking for Ourselves: An Assessment of Multiple Personality Disorder," *Raritan* 9 (1989): 68-98 を参照のこと.

*14 Proust, *Swann's Way*, p. 5.［前掲『スワン家の方へ』］

*15 Nicholas Humphrey, "One Self: A Meditation on the Unity of Consciousness," *Social Research* 67, no. 4 (2000): 32-39. 幼児の自己の問題に関してさらに知りたい場合は, Gopnik, *Philosophical Baby*［前掲『哲学する赤ちゃん』］を参照のこと.

*16 音楽の分野で見られる, とりわけ明快な例としては, コンピューターによるジャズの演奏システム「GenJam」が挙げられる. このシステムは, トランペット以外の四つの楽器を使って人間のトランペット奏者と即興演奏することを学

び，最終的には五つの楽器がクインテットとしていっしょに演奏できるようになる．このシステムの開発者であり，伴奏者でもあるアル・バイルズはこう述べている．「GenJamは一曲まるごとソロで即興演奏をするだけでなく，私がトランペットで演奏するのを聴いて，四小節や八小節ずつの交替演奏の際に，相手に応じた演奏をする．また共同での即興演奏もできる．この場合，私たちは同時にそれぞれが演奏するのだが，GenJamは一拍から一小節遅れて，私の即興に合わせて当意即妙に演奏する．さらに，私が旋律の『頭』の部分をソロ演奏するのを聴き，それを受けて，私の小節を彼なりの意図をもってふくらませていく．そのソロ演奏の旋律は，私がまさに自分の旋律で演奏したものの方向に向かっていく」(http://www.it.rit.edu/~jab/GenJam.html).

*17 Kundera, *Immortality*, p. 225.［前掲『不滅』］

*18 いわゆる「拡張した心」についてはどうだろう？　哲学者のアンディ・クラークは次のように述べて議論を先導してきた．心は，(他の人々も含めて)外界に存在するあらゆる種類の付加要素を包含するための，脳を超えて広がる認知アーキテクチャーを持っていると考えるべきだ，というのだ．(Clark, *Supersizing the Mind: Embodiment, Action, and Cognitive Extension* [New York: Oxford University Press, 2009] を参照のこと)．ただし，クラーク自身は拡張した意識という考え方の手前で一線を画している．新しい重要な論文のなかで彼はこう述べている．「私はこの論文で，拡張した意識ある心を支持するさまざまな論拠を洗い直し，それらには不備があると考える．拡張した認識を支持する論拠は，拡張した意識ある心を支持する論拠に一般化されないというのが私の結論だ」．Clark, “Spreading the Joy? Why the Machinery of Consciousness Is (Probably) Still in the Head,” *Mind* 118 (2009): 963-93, p. 963.

*19 James, *Principles of Psychology* 1:289.［前掲『心理学の根本問題』］

*20 Oscar Wilde, *The Picture of Dorian Gray* (London: Bigelow Smith, 1909), p. 185.［『ドリアン・グレイの肖像』仁木めぐみ訳，光文社古典新訳文庫，光文社，2006年，他］

*21 Oscar Wilde, *An Ideal Husband* (1895; repr., London: Dover, 2000), p. 50.［『理想の結婚』厨川圭子訳，角川文庫，2000年］

*22 心の理論の発展に関する初期の記述については拙著 *The Inner Eye* (London: Faber & Faber, 1986)［『内なる目――意識の進化論』垂水雄二訳，紀伊國屋書店，1993年］を参照のこと．最新のものについては，Gopnik, *Philosophical Baby*［前掲『哲学する赤ちゃん』］を参照のこと．

*23 Traherne, *Centuries of Meditation*.

〈第3部〉

第10章　魂の生態的地位に入る

*1　ミシェル・ビトボルの言葉. 2009年6月, イタリアのコルトーナで開かれた,「科学と精神性」と題する会議での講演より.

*2　James, *Principles of Psychology* 1:180-81. ［前掲『心理学の根本問題』］

*3　同書. この段落と次の段落の引用は, pp. 344-47 より.

*4　Keith Ward, *In Defence of the Soul* (Oxford: Oneworld, 1998), p. 142.

*5　F. J. Odling-Smee, K. N. Laland, and M. W. Feldman, *Niche Construction: The Neglected Process in Evolution*, Monographs in Population Biology 37 (Princeton: Princeton University Press, 2003). ［『ニッチ構築――忘れられていた進化過程』徳永幸彦・佐倉統・山下篤子訳, 共立出版, 2007年］

*6　Ian Hacking, "The Looping Effect of Human Kinds," in *Causal Cognition: An Interdisciplinary Approach*, ed. D. Sperber et al. (Oxford: Oxford University Press, 1995), pp. 351-83.

*7　Cabell, *Beyond Life*, p. 356.

*8　スペイン, バレンシア地方のビラファメスにある岩絵. ユネスコの世界遺産登録地874-359 (1998年) として http://whc.unesco.org/en/list/874 に挙げられている(写真はない). 高さ25cm. ここに載せた画像は私の写真からとったもので, CorelDrawという画像処理ソフトによる「輪郭トレーシング」を施してある. この肖像を撮影し, 公開することを許可してくれた, ビラファメス町役場の考古学研究家ザビエル・アレプス・マルザに感謝する.

*9　Humphrey, "The Privatization of Sensation," p. 249.

第11章　危険な領域

*1　Susanne Langer, *Mind: An Essay on Human Feeling*, vol. 3 (Baltimore: Johns Hopkins University Press, 1982), p. 103.

*2　Yevgeny Yevtushenko, "People," in *Selected Poems*, trans. Robin Milner-Gulland and Peter Levi (1961; repr., London: Penguin, 2008), p. 85.

*3　Randolph Nesse, "What Good Is Feeling Bad? The Evolutionary Utility of Psychic Pain," *The Sciences* (November/December 1991): 30-37, p. 37.

*4　Sophocles, *Antigone* ［『ギリシア悲劇全集3』岡道夫・引地正俊・柳沼重剛訳, 岩波書店, 1990年, 他］, in *The Theban Plays*, trans. E. Watling (Harmondsworth:

Penguin Classics, 1947), p. 136, l. 370.

*5 Woody Allen, *Annie Hall* (1977), http://www.imdb.com/title/tt0075686/quotes?qt=0373302.

医師：どうしてふさぎ込んでいるんだい, アルヴィ?

アルヴィの母：この子が読んだことのせいなのです.

医師：読んだことのせい?

九歳のアルヴィ：宇宙はふくらんでいるんだよ.

医師：宇宙がふくらんでいるだって?

アルヴィ：うん, 宇宙って何もかもでしょ. だから宇宙がふくらんだら, いつかばらばらになって, 何もかもが終わりっていうことになるんだよ！

アルヴィの母：あなたには全然関係のないことでしょう.［母親は医師の方を向く］

アルヴィの母：宿題をやらなくなってしまったのです！

アルヴィ：宿題なんかやったって, 意味がないじゃない.

アルヴィの母：宇宙が宿題とどう関係があるというの?　あなたはこのブルックリンにいるのよ！　ブルックリンはふくらんじゃいません！

医師：まだこの先何十億年もふくらまないよ, アルヴィ. だから私たちはここにいる間, 楽しまなくちゃ！

*6 Auden and Isherwood, *The Dog Beneath the Skin*.

*7 Nagel, *Mortal Questions*, p. 9.［前掲『コウモリであるとはどのようなことか』］

*8 Albert Camus, *The Myth of Sisyphus*, trans. Justin O'Brien (1942; repr., New York: Penguin, 1975), p. 4.［『シーシュポスの神話』清水徹訳, 新潮社, 1969年, 他］

*9 Santayana, *The Life of Reason*.

*10 David Hume, "The Sceptic," in *Essays: Moral, Political and Literary*, ed. E. F. Miller, pt. 1, essay 18 (1742; repr., New York: Cosimo, 2007), p. 161.

*11 S. ハウプトとの対談でのウディ・アレンの言葉. *Globe and Mail*, 23 April 2002, R-1.

*12 George Steiner, *Grammars of Creation* (London: Faber & Faber, 2001), p. 5.

*13 C. G. Jung, *The Development of Personality*, trans. R. F. C. Hull (1934; repr., London: Routledge, 1992), p. 169.

*14 Gerard Manley Hopkins, "No Worst, There Is None," in *Poems, 1918* (London: Humphrey Milford, 1918).

*15 Erwin Stengel, *Suicide and Attempted Suicide* (Harmondsworth: Penguin, 1969), p. 37.［『人間はなぜ自殺をするか』田多井吉之介訳, 講談社ブルーバックス, 1974年］

*16 John Milton (1663), *Paradise Lost*, bk. 10, l. 981. [『失楽園』平井正穂訳, 岩波書店, 1981年, 他]

*17 Susan Sontag, *The Volcano Lover* (London: Jonathan Cape, 1992), p. 116. [『火山に恋して』富山多佳夫訳, みすず書房, 2001年]

*18 デイヴィッド・ピンセントに対するルートヴィヒ・ウィトゲンシュタインの発言. David Edmonds and John Eidinow, *Wittgenstein's Poker* (London: Faber & Faber, 2001), p. 155 での引用. [『ポパーとウィトゲンシュタインとのあいだで交わされた世上名高い一〇分間の大激論の謎』(二木麻里訳, 筑摩書房, 2003年)]

*19 Ann F. Garland and Edward Zigler, "Adolescent Suicide Prevention," *American Psychologist* 48 (1993): 169-82.

*20 同系交配がなければ, その数はなんと2の2000乗となる！　もちろん, 実際には先祖の多くが血縁関係にあるため, それよりもはるかに小さい.

*21 旧約聖書「申命記」第30章19節.

*22 Stanley H. Ambrose, "Late Pleistocene Human Population Bottlenecks, Volcanic Winter, and Differentiation of Modern Humans," *Journal of Human Evolution* 34 (1998): 623-51; W. Amos and J. Hoffman, "Evidence That Two Main Bottleneck Events Shaped Modern Human Genetic Diversity," *Proceedings of the Royal Society, Biological Sciences*, 7 October 2009.

*23 Søren Kierkegaard, *The Sickness unto Death*, trans. Alastair Hannay (1849; repr., Harmondsworth: Penguin, 2008), p. 51. [『死にいたる病, 現代の批判』桝田啓三郎訳, 中公クラシックス, 2003年, 他]

第12章　死を欺く

*1 Milan Kundera, *The Book of Laughter and Forgeting*, trans. Aaron Asher (New York: Viking Penguin, 1980), pp. 206-7. [『笑いと忘却の書』西永良成訳, 集英社, 1992年]

*2 Walter Hagen, *The Walter Hagen Story* (New York: Simon and Schuster, 1956), ch. 32. [『ウォルター・ヘーゲン物語――ヘイグ自ら語った反骨の生涯』大澤昭一郎訳, 文芸社, 2006年]

*3 Blaise Pascal, *Pensées*, trans. A. J. Krailsheimer (1669; repr., Harmondsworth: Penguin, 1966), pp. 48, 95. [『パンセ』前田陽一・由木康訳, 中公文庫, 1973年, 他]

*4 Frank Ramsey, *The Foundations of Mathematics* (London: Routledge & Kegan Paul, 1931), p. 291.

*5 David Hume, *A Treatise of Human Nature*, ed. L. A. Selby-Bigge (1739; repr., Oxford: Oxford University Press, 1978), bk. 1, pt. 4, sec. 7, p. 269. [『人性論』土岐邦夫・小西嘉四郎訳, 中公クラシックス, 2010年, 他]

*6 Michel Ferrari, "William James and the Denial of Death," *Journal of Consciousness Studies* 9 (2002): 117-40, p. 134.

*7 Albert Camus, "Summer in Algiers," in *Lyrical and Critical Essays*, p. 91.

*8 Pascal, *Pensées*, p. 43. [前掲『パンセ』]

*9 BBC 1 TV, 17 September 2003.

*10 http://www.beforeyoudie.co.uk/50-Things-To-Do-Before-You-Die.htm を参照のこと.

*11 「野を通ってニューサウスゲートに抜ける小道があって, 私はしばしば一人でそこに行き, 日没を眺め, 自殺を考えたものだった. だが, 私は自殺しなかった. なぜなら, 数学についてもっと知りたかったからだ」. Bertrand Russell, *Autobiography*, vol. 1 (London: Allen & Unwin, 1967), p. 43. [『ラッセル自叙伝 I』日高一輝訳, 理想社, 1968年]

*12 Benjamin Errett, "Australians Debate Ethics of Dying Boy's Wish for Sex," *National Post* (Canada), 22 December 2001.

*13 Hume, "The Sceptic."

*14 "「テキサス州死刑囚の最後の食事リスト」は現在, テキサス州のオフィシャルサイトからは削除されているが, その後「メモリーホール」というウェブサイトに掲載された(http://www.thememoryhole.org/deaths/texas-final-meals.htm). 〔現在このサイトは閲覧できなくなっており, 以下のアーカイブで見ることができる. http://wayback.archive-it.org/924/20071204091042/http://thememoryhole.org/deaths/texas-final-meals.htm〕タバコを求める受刑者もいたが, 健康と安全に関する刑務所規定によって禁じられた.

*15 A. Lin Neumann, "Death Watch: A Night at the Gas Chamber," *Columbia Journalism Review*, July/August 1992.

*16 サミュエル・ジョンソンの言葉. Michael Ignatieff, *The Needs of Strangers* (London: Chatto and Windus, 1984) [『ニーズ・オブ・ストレンジャーズ』添谷育志・金田耕一訳, 風行社, 1999年], p. 86 での引用.

*17 Pascal, *Pensées*, p. 82. [前掲『パンセ』]

*18 Mary Oliver, "When Death Comes," in *New and Selected Poems, 1992* (Boston:

Beacon Press, 1992), p. 10.

*19 Brooke, "The Great Lover."

*20 Steve Watkins and Clare Jones, *Unforgettable Things to Do before You Die* (London: BBC Books, 2005).

*21 John Donne, "Holy Sonnet XIII" (1663). [『対訳　ジョン・ダン詩集　イギリス詩人選(2)』湯浅信之編, 岩波書店, 1995年]

*22 Bertrand Russell, *Portraits from Memory and Other Essays* (New York: Simon and Schuster, 1956), p. 52. [『自伝的回想』中村秀吉訳, みすず書房, 2002年, 他]

*23 Peter Berger and Thomas Luckmann, *The Social Construction of Reality: A Treatise in the Sociology of Knowledge* (New York: Anchor Books, 1966), p. 101. [『現実の社会的構成――知識社会学論考』山口節郎訳, 新曜社, 2003年]

*24 J. Greenberg, S. Solomon, and T. Pyszczynski, "Terror Management Theory of Self-Esteem and Cultural World Views: Empirical Assessments and Conceptual Refinements," *Advances in Experimental Social Psychology* 29 (1997): 61-139.

*25 2001年9月13日に放送されたパット・ロバートソンのラジオのトーク番組「700クラブ」でのジェリー・フォルウェルの言葉. 2001年9月14日付けの「ニューヨーク・タイムズ」紙での引用.

*26 恐怖管理理論への最近の批判とそれに対する強力な反論に関しては, C. D. Navarrete and D. M. T. Fessler, "Normative Bias and Adaptive Challenges: A Relational Approach to Coalitional Psychology and a Critique of Terror Management Theory," *Evolutionary Psychology* 3 (2005): 297-325 と M. J. Landau, S. Solomon, T. Pyszczynski, and J. Greenberg, "On the Compatibility of Terror Management Theory and Perspectives on Human Evolution," *Evolutionary Psychology* 5 (2007): 476-519 を参照のこと.

*27 David Galin, "The Concepts 'Self,' 'Person,' and 'I,' in Western Psychology and in Buddhism," in *Buddhism and Science*, ed. B. Allan Wallace, pp. 107-44 (New York: Columbia University Press, 2003).

*28 ジョージ・ハウイソンの1898年11月18日付けの手紙. William James, *Essays in Religion and Morality* (Cambridge, MA: Harvard University Press, 1982), p. 183, n. 75.2 での引用.

*29 広くウディ・アレンの言葉とされているが, 出所は不明.

*30 カール・シュトゥンプの1904年3月26日付けの手紙. Ralph Barton Perry, *The Thought and Character of William James*, vol. 2 (Westport, CT: Greenwood Press, 1996), p. 342 での引用.

*31 William Hamilton, *The Metaphysics of Sir William Hamilton*, Collected, Arranged, and Abridged by Francis Bowen (1836; repr., Ann Arbor: University of Michigan Press, 2005), p. 201.

*32 私は「天性の二元論者」という言葉を拙著 *Leaps of Faith*（New York: Basic Books, 1995）で使った．この言葉を復活させたのは私が最初だったかもしれないが，それとは無関係に，この用語はその後もっと広い範囲で使われるようになった．

*33 Paul Bloom, *Descartes' Baby* (New York: Basic Books, 2004). [『赤ちゃんはどこまで人間なのか——心の理解の起源』春日井晶子訳，ランダムハウス講談社，2006年]

*34 Alfred Gell, *Art and Agency* (Oxford: Clarendon Press, 1998), p. 127.

*35 Paul Broks, "Out of Mind," *Prospect*, April 2005, p. 10.

*36 ガレン・ストローソンはこうした物の見方をきっぱりと否定し，*Selves* で，意識の空白のあとに戻ってくる自己は，消えた自己と同一ではないと主張している．この現実の形而上学について私にはわからないが，それでも本人がそれは同じ自分だと考えるのであれば，十分ではないか．

*37 死後の生を信じることの「自然さ」については，最近，心理学者と人類学者の間で激論が起こっている．ジェシー・ベーリングは，こうした信念は進化による適応であるという強力な主張をしている．Jesse Bering, "The Folk Psychology of Souls," *Behavioral and Brain Sciences* 25 (2006): 253-498 を参照のこと．リタ・アストゥティとポール・ハリスは，こうした信念はむしろ文化の産物だと主張している．Rita Astuti and Paul L. Harris, "Understanding Mortality and the Life of the Ancestors in Rural Madagascar," *Cognitive Science* 32 (2008): 713-40 を参照のこと．私はどちらも正しいと言いたい．

*38 エリザベス・バレットがロバート・ブラウニングに書いた1846年5月7日付けの手紙．*The Letters of Robert Browning and Elizabeth Barrett Browning, 1845-1846*, vol. 2 (New York: Harper and Brothers, 1899), p. 136.

*39 死後の生を信じる気持があると，場合によっては，死を先延ばしにするのではなく，死に急ぐことにつながる．稀ではあるが，より良い人生への入口として死を歓迎する人は現に存在する．その最たる例は自爆テロの実行犯だ．

*40 拙著 *The Inner Eye*［前掲『内なる目』］第7章の夢についての考察を参照のこと．

*41 Paul Bloom, "The Rejection of Soul," in *What Is Your Dangerous Idea?* ed. John Brockman (New York: Harper Perennial, 2007), pp. 4-5.

結び

*1 Thomas Nagel, "What Is It Like to Be a Bat?", p. 435.

*2 William James, *Essays in Pragmatism* (1970; repr., New York: Hafner, 1948), p. 86.

*3 Maurice Bloch, "Why Religion Is Nothing Special but Is Central," *Philosophical Transactions B*. 363 (2008): 2055-61.

*4 そもそも宗教は, 超自然的な神が存在するという信念を伴っていなかったはずだ. 魂のニッチが生み出されたのが, 仮に, 5万年前の上部旧石器時代に起こった革命のころだったとしよう. その直後に儀式的埋葬や洞窟壁画, 音楽, シャーマニズムが続いたという証拠はあるが, 神が存在するという信念は約6000年前まで皆無だ.

*5 宗教の機能についての最も科学的な評価として挙げられるのが, Robert A. Hinde, *Why Gods Persist*, 2nd ed. (Abingdon: Routledge, 2010) だ.

*6 http://im-possible.info/english/art/reutersvard/sketch01.html を参照のこと.

*7 ロイテルスヴァルドが真っ先にありえない絵を描いたことを讃えて, 1982年にはスウェーデンで切手のシリーズが発行されている.

*8 サンドロ・デル・プレテの絵にはいくつかのバージョンがあり, これは http://im-possible.info/english/art/delprete/delprete1.html で閲覧可能.

著者
ニコラス・ハンフリー Nicholas Humphrey
1943年生まれ. ロンドン大学経済学部名誉教授.
ケンブリッジ大学でph.Dを取得（心理学）. ダイアン・フォッシーと, 脳を損傷したサルで「盲視（ブラインド・サイト）」の存在を最初に証明した. 人間の知性と意識の進化をめぐる業績で国際的に知られ, マーティン・ルーサー・キング記念賞や英国心理学会図書賞などを受賞している. 邦訳に『内なる目――意識の進化論』『喪失と獲得――進化心理学から見た心と体』『赤を見る――感覚の進化と意識の存在理由』（以上, 紀伊國屋書店）がある.

訳者
柴田裕之（しばた・やすし）
翻訳家. 早稲田大学理工学部, 米・アーラム大学卒業. 訳書に『なぜ $E=mc^2$ なのか?』『共感の時代へ』『赤を見る』『神々の沈黙』『ユーザーイリュージョン』（以上, 紀伊國屋書店）,『繁栄』（共訳, 早川書房）,『「うつ」がこの世にある理由』（河出書房新社）,『ピュタゴラスの音楽』（白水社）,『叛逆としての科学』（みすず書房）他多数.

ソウルダスト
〈意識〉という魅惑の幻想

2012年5月11日　第1刷発行

発行所……株式会社紀伊國屋書店
東京都新宿区新宿3-17-7

出版部（編集）電話 03-6910-0508
ホールセール部（営業）電話 03-6910-0519
〒153-8504　東京都目黒区下目黒3-7-10

装丁……中垣信夫＋中垣呉（中垣デザイン事務所）
組版……中垣デザイン事務所
印刷・製本……図書印刷

ISBN978-4-314-01095-5 C0010 Printed in Japan

定価は外装に表示してあります